2023年度教育部哲学社会科学研究重大专项项目
"习近平总书记关于人的全面发展与共同富裕重要论述研究"（2023JZDZ035）

浙江省哲学社会科学规划领军人才项目
"从发展型政府到共富型政府：浙江经验与理论创新"（25QNYC019ZD）

中国共同富裕研究文库编委会

中国共同富裕研究文库·典型案例

共同富裕
实践探索

| 嘉兴案例 |

主　编◎文雁兵　黄国强
副主编◎顾骅珊　胡勤芳　欧阳仁根

PRACTICE EXPLORATION
OF COMMON PROSPERITY

JIAXING CASE

ZHEJIANG UNIVERSITY PRESS
浙江大学出版社
·杭州·

图书在版编目(CIP)数据

共同富裕实践探索:嘉兴案例 / 文雁兵,黄国强主编. --杭州:浙江大学出版社,2025.5. --ISBN 978-7-308-26165-4

Ⅰ. F127.553

中国国家版本馆 CIP 数据核字第 20258RG596 号

共同富裕实践探索:嘉兴案例

文雁兵　黄国强　主编

策划编辑	吴伟伟
责任编辑	丁沛岚
责任校对	陈　翮
封面设计	雷建军
出版发行	浙江大学出版社
	(杭州市天目山路 148 号　邮政编码 310007)
	(网址:http://www.zjupress.com)
排　　版	大千时代(杭州)文化传媒有限公司
印　　刷	杭州高腾印务有限公司
开　　本	710mm×1000mm　1/16
印　　张	21.5
字　　数	290 千
版 印 次	2025 年 5 月第 1 版　2025 年 5 月第 1 次印刷
书　　号	ISBN 978-7-308-26165-4
定　　价	98.00 元

总　序

　　在全面建设社会主义现代化国家、向着第二个百年奋斗目标迈进的新征程中,扎实推进共同富裕是重大战略任务。党的十九大报告提出,到 21 世纪中叶,"全体人民共同富裕基本实现,我国人民将享有更加幸福安康的生活"①。党的十九届六中全会进一步提出,要"立足新发展阶段、贯彻新发展理念、构建新发展格局、推动高质量发展,全面深化改革开放,促进共同富裕","协同推进人民富裕、国家强盛、中国美丽"。② 完成这样的战略任务,需要就共同富裕涉及的一系列重大问题,就理论与实践的结合做出符合我国实际的回答。由嘉兴大学中国共同富裕研究院与浙江大学出版社共同策划的以共同富裕为主题的综合文库的出版发行,适应了时代和实践发展的需求,是极具意义的事情。我们向文库的出版表示热烈祝贺! 向为文库出版做出贡献的学者们和出版社的同志们表示衷心的感谢!

　　共同富裕是马克思主义的一个基本目标,也是自古以来我国人民的一个基本理想,是中国共产党自成立以来团结带领人民矢志不渝艰苦奋斗的基本希望。在新民主主义革命时期,中国共产党团结带领人民,经过艰苦卓绝的反对帝国主义、封建主义、官僚资本主义,争取民族独立人民解放的斗争,取得革命的胜利,建立了新中国,为实现国家繁荣富强和全体人民共同富裕创造了根本社会条件。在社会主义革命和建设时期,经过艰苦奋斗,实现了从新民主主义到社会主义的转

---

　　① 习近平.决胜全面建成小康社会　夺取新时代中国特色社会主义伟大胜利[N].人民日报,2017-10-28(001).

　　② 中共中央关于党的百年奋斗重大成就和历史经验的决议[N].人民日报,2021-11-17(001).

变,建立了社会主义制度,为实现中华民族伟大复兴和共同富裕奠定了根本政治前提与制度基础。在改革开放和社会主义现代化建设新时期,经过艰辛探索打破传统体制束缚,推动解放和发展社会生产力,创造了改革开放和社会主义现代化建设的伟大成就,实现了从高度集中的计划经济体制到充满活力的社会主义市场经济体制、从封闭半封闭到全方位开放的历史性转变,实现了从生产力相对落后的状况到经济总量跃居世界第二的历史性突破,实现了人民生活从温饱不足到总体小康、奔向全面小康的历史性跨越,推进了中华民族从"站起来"到"富起来"的伟大飞跃。

党的十八大以来,以习近平同志为核心的党中央将实现全体人民共同富裕摆在更加重要的位置上,采取有力措施保障和改善民生,带领人民打赢脱贫攻坚战,全面建成小康社会,创造了世所罕见的经济快速发展奇迹和社会长期稳定奇迹,为促进共同富裕创造了更加良好的条件。2021年,国内生产总值达到114万亿元,人均生产总值超过1.25万美元,超过世界平均水平。在实现共同富裕的实践奋斗中,习近平总书记指出:"共同富裕是社会主义的本质要求,是人民群众的共同期盼。我们推动经济社会发展,归根结底是要实现全体人民共同富裕"[1],"共同富裕本身就是社会主义现代化的一个重要目标。我们要始终把满足人民对美好生活的新期待作为发展的出发点和落脚点,在实现现代化过程中不断地、逐步地解决好这个问题"[2]。"共同富裕是全体人民的富裕,是人民群众物质生活和精神生活都富裕,不是少数人的富裕,也不是整齐划一的平均主义,要分阶段促进共同富裕。"[3]"实现共同富裕不仅是经济问题,而且是关系党的执政基础的重大政

---

[1]　习近平.关于《中共中央关于制定国民经济和社会发展第十四个五年规划和二〇三五年远景目标的建议》的说明[N].人民日报,2020-11-04(001).

[2]　完整准确全面贯彻新发展理念　确保"十四五"时期我国发展开好局起好步[N].人民日报,2022-01-30(001).

[3]　在高质量发展中促进共同富裕　统筹做好重大金融风险防范化解工作[N].人民日报,2021-05-18(001).

治问题。我们决不能允许贫富差距越来越大、穷者愈穷富者愈富，决不能在富的人和穷的人之间出现一道不可逾越的鸿沟。"①这些主张，标志着中国共产党对共同富裕的认识达到了更高的理论高度。

但要看到，逐步实现全体人民共同富裕，也面临发展不平衡不充分的挑战：地区、城乡居民收入差距和城乡居民内部收入差距需要进一步缩小，中等收入群体需要进一步扩大，教育、卫生、社会保障等领域需要进一步实现社会公平，特别是受新冠肺炎疫情冲击和外部环境影响，当前经济发展还面临需求收缩、供给冲击、预期转弱三重压力。这说明扎实推进共同富裕是一项长期任务。在新的征程上，要逐步实现全体人民共同富裕，更好满足人民日益增长的美好生活需要，必须进一步推动经济高质量发展，全面深化改革，付出更为巨大的努力。必须进一步推动经济高质量发展。发展是解决一切问题的基础和关键，没有高质量发展，就不可能实现共同富裕。因此，要坚持以人民为中心的发展思想，坚持以经济建设为中心，贯彻新发展理念，大力发展生产力，以现代经济的高质量发展促进共同富裕。实现高质量发展，一要大力推动创新，包括科技创新、制度创新、理论创新和文化创新等，着力解决发展不充分的问题。二要大力调整结构，着力解决发展不平衡的问题。调整区域结构，实施区域重大战略和区域协调发展战略，解决区域发展不平衡问题，缩小地区差距；调整产业结构，解决产业不平衡问题，促进三次产业协调发展；调整城乡结构，实施乡村振兴战略，推动"四化"同步，推动城乡协调发展，缩小城乡差距。三要大力推进绿色发展，加强环境保护，建设生态文明。加强生态环境综合治理和生态保护修复，持续改善生态环境；发展低碳经济，全面提高资源利用效率，稳步推进碳达峰、碳中和；促进人与自然和谐共生，在绿色发展中实现高质量发展。四要大力进行开放发展。抓住全面建设社会主义现代化国家新阶段和世界百年未有之大变局的新机遇，构建以

---

① 习近平.把握新发展阶段,贯彻新发展理念,构建新发展格局[J].求是,2021(9).

国内大循环为主、国内国际双循环相互促进的新发展格局；构建对外开放新体制；构建人类命运共同体。五要大力促进共享发展。坚持全民共享、全面共享、共建共享、渐进共享。

同时要全面深化改革，为扎实推进共同富裕提供强大动力和制度保证。一要在改革实践中坚持和完善社会主义基本经济制度。坚持公有制为主体、多种所有制经济共同发展，毫不动摇地巩固和发展公有制经济，毫不动摇地鼓励支持引导非公有制经济的发展；坚持按劳分配为主体、多种分配方式并存，允许鼓励支持一部分地区和个人靠诚实劳动和合法经营先富起来，先富起来的地区和个人要带动相对落后的地区和个人，实现共同富裕；坚持社会主义市场经济体制，充分发挥市场在资源配置中的决定性作用，更好发挥政府作用。二要深化企业改革。企业是最主要的市场主体，既是实现经济高质量发展的主力军，也是通过初次分配"分好蛋糕"，扎实推动共同富裕的主力军。据国家市场监督管理总局统计，至 2021 年底，在我国 1.54 亿户市场主体中，企业有 484.3 万户。这些企业的效益如何、初次分配如何，对实现高质量发展和共同富裕至关重要。企业改革要分类进行，但要坚持建立和完善中国特色社会主义现代企业制度的共同目标，着力探索公有制为主体、多种所有制经济共同发展的实现形式，培育社会主义市场经济具有活力和创造力的市场主体。在努力提高企业效益的基础上，坚持效率与公平统一的原则，处理好初次分配关系，处理好资本与劳动的分配关系。三要深化宏观领域改革，更好发挥政府作用。加强科学宏观政策调节，合理调节城乡、区域、不同群体间分配关系。构建初次分配、再分配、三次分配协调配套的基础性制度安排，鼓励高收入人群和企业更多回报社会。加大税收、社保转移支付等调节力度并提高精准性，增加低收入群体收入，扩大中等收入群体比重。建立全国统一大市场，完善要素市场，规范市场秩序，充分发挥价格、供求、竞争等市场机制的调节作用。整顿收入分配秩序，坚决取缔非法收入，依法保护合法收入，合理调节过高收入，促进社会公平正义。四要深化社会保障制度改革。建立科学的公共政策体系,促进基本公共服务均等化,不断提升公共服务水平,着力解决人民群众普遍关心关注的民生问题。要尽力而为量力而行,形成人人享有的合理分配格局。重点加强基础性、普惠性、兜底性民生保障建设,为人民提高受教育程度、增强发展能力创造更加普惠公平的条件,给更多人创造致富机会,形成人人参与的发展环境。完善养老和医疗保障体系、兜底救助体系、住房供应和保障体系。五要全面深化供给侧结构性改革。提高发展的平衡性、协调性、包容性,增强区域发展的平衡性,强化行业发展的协调性。尤其要在全面脱贫基础上,巩固拓展脱贫攻坚成果,全面推进乡村振兴,千方百计增加农民的收入,加强农村基础设施和公共服务体系建设,改善农村人居环境,促进农民农村共同富裕,以缩小城乡收入差距。六要深化上层建筑领域改革,促进全体人民精神生活共同富裕。培育和践行社会主义核心价值观,深化群众性精神文明创建。繁荣新闻出版、广播影视、文学艺术、哲学社会科学和档案等事业,不断满足人民群众多样化、多层次、多方面的精神文化需求。浙江,是中国革命红船起航地、改革开放先行地、习近平新时代中国特色社会主义思想重要萌发地。2021 年 5 月,中央赋予浙江高质量发展建设共同富裕示范区、率先破解共同富裕普遍性难题和创新共同富裕体制机制的光荣使命,这是习近平总书记亲自谋划、亲自定题、亲自部署、亲自推动的重大战略决策,既体现了党中央对浙江的高度信任,也寄托了全国人民的殷切期望。

嘉兴大学,是中国革命红船旁的百年红色学府,时刻牢记习近平总书记"努力把学校办成一所有特色、善创新的综合性大学"的殷切嘱托,大力弘扬伟大建党精神、红船精神,自觉扛起总结共同富裕实践经验和推进理论创新的使命担当。2021 年 3 月,嘉兴大学联合省市相关政府部门组建中国共同富裕研究院,构建集共富论坛、共富讲堂、共富宣讲团、共富案例库、共富数据库于一体的"共同富裕十"研究和活动矩阵,努力打造宣传中国共同富裕思想创新、理论创新和实践创新的重要阵地，奋力建设展示浙江高质量发展建设共同富裕示范区重要成效的"重要窗口"。嘉兴大学中国共同富裕研究院成立虽然时间不长，但已经得到学界、政界、社会和媒体的广泛支持，取得了阶段性的系列重要成果，正在产生共同富裕研究的广泛社会影响。

"中国共同富裕研究文库"是嘉兴大学中国共同富裕研究院与浙江大学出版社共同策划出版的共同富裕主题综合文库，包括学术研究、典型案例、发展报告、指数分析、名家谈、青年说等系列，内容丰富，分量厚重，意义深远。立时代之潮头，通古今之变化，发思想之先声，积极为党和人民述学立论，既是责任，更是担当。热切地期望，该文库的出版能够以多角度、多维度、多层次的理论创新，为浙江高质量发展建设共同富裕示范区和全国扎实推进共同富裕，提供思想、理论和智力支持。

实践在发展，时代在前进。在社会主义现代化建设和实现共同富裕的征程中，必定会出现许多新情况，面临许多新问题，让我们紧跟实践发展和时代前进的步伐，探索不止，创新不止，为建成社会主义现代化强国、实现中华民族伟大复兴贡献智慧和力量！

逄锦聚　南开大学讲席教授

嘉兴大学中国共同富裕研究院学术委员会主任

缘　由

南湖之畔,星火萌生,作为中国革命红船启航地、红船精神发源地,嘉兴是是红船起航、初心始发的根脉之城,是名家辈出、底蕴深厚的人文之城,是城乡均衡、生活富庶的幸福之城。

2004 年,时任浙江省委书记的习近平同志指出,"嘉兴完全有条件成为全省乃至全国统筹城乡发展的典范"[①]。20 多年来,嘉兴始终牢记嘱托、久久为功,走出了一条以统筹城乡发展为重点,缩小"三大差距"、促进共同富裕的新路子。2024 年,嘉兴所有县(市、区)全部进入"中国城乡统筹百佳县市榜",所有村集体年经常性收入均超过 160万元,城乡居民收入比全省最优,农民收入连续 20 年领跑全省,基层公共文化服务评估全省十连冠,义务教育优质均衡发展、医联体医共体建设、共同富裕现代化基本单元建设等走在全国全省前列,正以"千万工程"为牵引,加快从"统筹城乡发展典范"向"高水平城乡融合发展典范"的共富路子迭代跃升。

2021 年 7 月开始,嘉兴大学中国共同富裕研究院、嘉兴市社会科学界联合会联合开展"嘉里共富"案例调研和征集活动,总结提炼和宣传展示嘉兴"逐步共富""共建共富""全民共富""全面富裕"的经验做法、实践创新和路径探索,为推进嘉兴高质量发展建设共同富裕典范城市和社会主义现代化先行市展现"嘉大贡献""社科担当",为浙江高质量发展建设共同富裕示范区提供"嘉兴经验"和"嘉兴智慧"。

---

① 打造共同富裕的典范城市[N].浙江日报,2022-06-22(007).

《共同富裕实践探索：嘉兴案例》从"嘉里共富"案例调研和征集活动中择优选择 24 篇镇、村（社区）代表性案例，系统总结嘉兴"产业共富""善治共富""文化共富""民生共富""生态共富"等做法与经验，用物质富裕、精神富裕、生态富裕一体化、立体化、多样化展示全面嘉兴建设共同富裕典范城市的人文之美、生态之美、和谐之美。《共同富裕实践探索：嘉兴案例》由文雁兵（嘉兴大学中国共同富裕研究院）、黄国强（嘉兴市社会科学界联合会）担任主编，顾骅珊（嘉兴大学中国共同富裕研究院）、胡勤芳（嘉兴市社会科学界联合会）、欧阳仁根（嘉兴大学中国共同富裕研究院）担任副主编，每个案例由作者直接署名，相关支持单位在出版说明体现。

目　录

第五单元 优生态促共富,擦亮共富底色

第六单元 汇"数智"促共富,激活共富动能

导　言

共同富裕是社会主义的本质要求，是人民群众的共同期盼。2020年10月，党的十九届五中全会对扎实推动共同富裕作出重大战略部署。2021年6月，《中共中央国务院关于支持浙江高质量发展建设共同富裕示范区的意见》正式颁布，作出了支持浙江高质量发展建设共同富裕示范区的决定，赋予了浙江重要改革示范任务，为促进全体人民共同富裕先行先试。嘉兴是革命红船起航地、统筹城乡发展先行地，是习近平总书记特别寄予厚望的地方，在推动共同富裕上有着特殊的意义、坚实的基础和独特的优势。近年来，嘉兴市全面贯彻落实《中共中央国务院关于支持浙江高质量发展建设共同富裕示范区的意见》和《浙江高质量发展建设共同富裕示范区实施方案（2021—2025年）》，沿着习近平总书记指引的道路，以伟大建党精神、红船精神为引领，以持续深化城乡统筹发展为路径，以高质量发展为前提，以科技自立自强为支撑，全面融入长三角一体化发展，奋力建设共同富裕示范区的典范城市，走出了一条具有嘉兴特色的共建共治共享共同富裕之路。

第二个百年奋斗征程已经开启，中国式现代化是全体人民共同富裕的现代化。实现共同富裕的目标是一个长期的历史过程，不可能一蹴而就。多措并举能够保证共同富裕的稳步推进和最终实现。嘉兴市全市域坚持党建统领，以高质量发展筑牢共同富裕的基础，以统筹城乡发展和富民增收持续缩小"三大差距"，以公共服务、精神文明、生态环境、社会治理等领域的全面提升，充分激活各项措施的优势，以争取共同富裕最佳政策效果的实现，并让每个人都能成为共同富裕的直接参与者、积极贡献者、共同受益者，依靠全体人民的共同奋斗和团结互助，多措并举走高质量共同富裕之路。

为营造全市推进共同富裕先行示范的浓厚氛围，嘉兴大学中国共同富裕研究院、嘉兴市社会科学界联合会联合开展了"嘉里共富"案例调研和征集活动，拟通过总结提炼和宣传展示嘉兴"逐步共富""共建共富""全民共富""全面富裕"的经验做法、实践创新和路径探索，为推进嘉兴高质量发展建设共同富裕先行市展现"嘉院贡献""社科担当"，为浙江高质量发展建设共同富裕示范区提供"嘉兴经验"和"嘉兴智慧"。

"嘉里共富"案例征集活动从多维度、多视角发掘了嘉兴在共同富裕典范城市建设中的标志性成果，最终形成了较高质量案例成果 24篇，总结了嘉兴在"强产业促共富""善治理促共富""兴文化促共富""惠民生促共富""优生态促共富""汇'数智'促共富"等六方面的实践经验。典型案例将探索"共富密码"，实现经验共享，推动实现"嘉里共富"的美好愿景。

一、强产业促共富，筑牢共富根基

做大蛋糕，推进经济高质量发展是促进共同富裕的基础。产业振兴是乡村振兴战略的支撑点，是实现共同富裕的着力点。产业兴则经济强，产业优则动能足。2019—2021 年，中央一号文件连续三年将"推进乡村振兴、加快农业农村现代化"作为关键任务，特别强调要重点发展"乡村特色产业""富民乡村产业"等新业态。发展乡村产业是实施乡村振兴战略的首要任务和工作重点，是乡村实现生态宜居、乡风文明、治理有效、生活富裕的基础和保障，更是夯实促进农民农村共同富裕的根基。嘉兴市在积极打造共同富裕典范城市的过程中，注重以产业振兴助推共同富裕，如濮院镇和洪合镇深耕特色毛衫时尚产业、徐家埭村聚焦小棒球产业、广陈镇高质量发展涉农产业、沈荡镇推进产业升级及产业多维融合、桃园村围绕产业与人才良性互动,不断提升产业层次和发展质量,促进产业转型升级,以产业兴旺夯实共同富裕物质基础。

　　桐乡市濮院镇位于桐乡市东部,地处沪、杭、苏三地交界处,坐落在 G60 科创走廊和杭州湾大湾区的中心位置。明清时期,濮院以盛产丝绸闻名,拥有深厚的历史文化底蕴;改革开放以来,濮院扎根毛衫针织产业,建立了国内规模最大的毛衫时尚产业专业化交易市场,凭借坚实的制造根基、鲜明的市场特色、高效的流通渠道,濮院做强做优特色产业,推动小镇发展,城乡居民收入实现了高速增长,为共同富裕奠定了坚实的物质基础。《桐乡市濮院镇:聚焦特色产业,推进共同富裕》一文总结了濮院积极围绕"三大转型"(产品功能转型、生产工艺转型和产业结构转型)和"五大创新"(技术创新、模式创新、平台创新、管理创新、服务创新)战略,以专业化、数字化、时尚化、国际化为路径,推动全产业链迭代精进,打造市场核心区、时尚智造产业区、时尚创意总部区、古镇旅游度假区四大板块的实践做法;归纳了濮院通过特色产业培育、全产业链精耕细作、推进产业衍生迭进的"三板斧",带动本地居民走向产业共富的经验启示;提出了扎实推进时尚产业发展,应当优化产业集群、突出小镇特色风貌、提高公共服务质量、创新社会治理机制,深刻把握共同富裕的基本内涵,在浙江高水平建设全国共同富裕示范区中展现新作为,为浙江高水平建设全国共同富裕示范区提供了产业特色、制度特色、生态特色、人文特色相生相容的濮院产业共富样板。

　　秀洲区洪合羊毛衫市场是世界著名的羊毛衫生产批发基地。"秀洲·中国针织羊毛衫工业园区"基础设施完备,服务水平高端,投资环境优越,成为全球客商投资兴业的重要经济地域。洪合镇拥有针织圆机、编织机 3 万多台,配套的漂染、印花企业 30 多家;规模以上工业企业 54 家;引进外资企业 16 家;羊毛衫市场门市部达 4000 多个,市场总面积约 23 万平方米，年产羊毛衫达数亿件，种类齐全、价廉物美的羊毛衫远销韩国、西欧、中亚、中东、北美等 30 多个国家和地区。洪合镇目前已经成为嘉兴毛衫工业产、研、销一体化示范基地，并逐步向国家级旗舰型毛衫市场发展。《秀洲区洪合镇：奋力打造开放友好型共同富裕城镇典范》一文通过调研发现：洪合镇作为嘉兴的重要乡镇，在经济发展取得显著成效的同时，形成了以主导产业为（牵引）核心，全民参与共同受益为模式的开放性经济。在嘉兴市共同富裕建设的道路上，洪合镇实现了先富、共富的实践和效率促进公平的理论创新，具有特征鲜明、正能量丰富的特点，成为嘉兴市共同富裕建设的精彩板块和典范乡镇。总结了洪合镇政府在引领全镇人民建设共同富裕的道路上实现"三步走"的做法：第一步，通过特色产业引领下的洪合镇创富行动，使洪合镇本地人摆脱了经济上的贫困，实现了共同富裕；第二步，通过民族共融齐富行动，使生活工作在洪合镇的外乡人摆脱了经济上的贫困，实现了共同富裕；第三步，通过党建引领共富行动，使洪合镇的本地人与外乡人实现了大融合。最后，指出洪合镇毛衫产业在浙江省的发展壮大，证明了经济产业发展不只有集聚化、专业化、规模化一条道路可以走，建立在精细分工、现代物流、网络经济基础上的分散、开放、共享的产业模式，同样是一条具有生命力的发展之路，并且是一条可以规避资本主义社会化大生产、贫富差距扩大化无法弥补性弊端、实现共同富裕的道路。

平湖市徐家埭村位于平湖地理位置中心，依托自身是接轨上海的"桥头堡"这一得天独厚的区位优势，平湖找准市场缺口，以党建为引领，在郊野乡园景区精心打造了全省首个达到国际标准的青少年棒球基地，对外提供教学培训、赛事组织、观光旅游等服务，成功创建了 3A 级旅游景区村庄，被评为浙江省美丽乡村特色精品村。《平湖市徐家埭村：聚焦小棒球产业托起共同富裕大梦想》一文通过深入研究，总结了徐家埭村抓好"3 个 1"，托起共同富裕之梦的实践思路：1 个抓手，即以打造徐家埭村基层党建示范点为抓手；1 个支点，即以"农业为底＋

体育经济＋文化注入＋旅游拓展"为支点；1 个杠杆，即以推进农业农村高质量发展为杠杆，托起徐家埭村共同富裕之梦。徐家埭村通过发展棒球体育经济，串起了徐家埭村本地经济产业链，使得棒球产业体系得到深度融合，打造了一个村集体经济的强劲活跃增长极。通往共同富裕的道路千万条，徐家埭村共同富裕案例真正践行了以人民为中心的发展思想，坚持改革创新、敢闯敢试、共建共享改革发展成果，并进一步丰富了共同富裕的思想内涵，其在坚持党建引领推动乡村善治，坚持产业带动实现村美民富，坚持培育乡风焕发乡村文明，坚持因地制宜推进有序实施等方面的实践经验，为全省乃至全国探索解决地域差距、城乡差距、人均收入差距问题，探索共同富裕路径提供了基层范例和有益尝试。

平湖农业经济开发区于 2017 年 11 月成立，实行与广陈镇"区镇合一"的管理体制，是浙江省设立的第一个农业经济开发区，是平湖市新型农业产业发展主平台，是嘉兴唯一列入全国农业产业强镇、省部合作乡村振兴示范点、浙江省农业科技园区等名单的农业园区，并高分通过浙江省现代农业园区创建验收，曾获得平湖市首个全国文明镇、浙江省美丽乡村示范镇、浙江省首批 4A 级旅游景区镇、浙江省森林城镇、浙江省园林城镇等诸多荣誉。《平湖农开区（广陈镇）：高质量发展涉农产业 助推农民共同富裕》一文指出，平湖农业经济开发区通过设立公司平台以工业的理念发展农业、瞄准科技前沿建设国际科技农业合作示范区、以涉农产业为要促进城乡更深层次融合发展等途径形成了高质量开发涉农产业的"广陈模式"，在现代农业发展、农村固定资产投资、农业增值增速、农村环境全域秀美、村级集体经济壮大、一二三产融合发展、乡村社会治理和基层组织建设等方面实现了蝶变跃升。总结了平湖农开区以农业平台进行招商引资、引导农业经营土地向规模化集中、以先进科技引领新型农业快速发展的农业发展新路，大力实施"农药化肥双减"行动、试点推行稻田退水"零直排"工程、探索创新"负碳"农业硅谷的绿色发展之路，以及创新"公司＋基地＋

合作社＋家庭农场＋农户"模式拓展互助合作方式、创新"流转＋投资＋服务"模式发展壮大集体经济、创新"薪金＋租金＋股金"模式助力农民持续增收、创新"样板＋复制＋推广"模式助力共富典范塑造的农民增收之举。平湖农业经济开发区的实践表明，要以工业化理念发展涉农产业，助推农民共同富裕。像发展工业的方式一样发展农业，像重视城市建设一样建设农村，像经营城市一样经营乡村，同样能够大力解放和发展农业农村领域生产力，引导和带领农民走向共同富裕。

共同富裕离不开产业，沈荡镇作为农业特色镇，农业产业享有得天独厚的优势。近年来，海盐县沈荡镇大力发展新型农业经济，依托农业龙头企业浙江万好食品有限公司，形成了以浙江万好食品有限公司、万好慈善精准帮扶基地、村"两委"协同发展的主要模式，促进沈荡镇一二三产融合发展，带动周边困难农户共同富裕。《海盐县沈荡镇：高质建设"醉美水乡"多维共助"同心共富"》一文通过调研，归纳了沈荡镇齐心打造嘉兴新型农业经济高质量发展示范镇，实现共同富裕的主要做法：一是坚持党建引领，找准共同富裕"金钥匙"；二是突出项目引领，激活共同富裕"强引擎"；三是聚焦数字引领，跑出共同富裕"加速度"。沈荡镇以高质量建设"醉美水乡老镇、活力融嘉新城"为目标，以蝶变跃升之势展共同富裕新姿。沈荡镇在塑造产业竞争新优势，推动农村一二三产业融合发展，推动现代服务业同先进制造业、现代农业深度融合以及畅通金融服务实体经济渠道等方面形成了沈荡特色，构建了共同富裕的嘉兴样板。打造共同富裕沈荡样板的经验表明，既要做强"底子"筑牢共同富裕根基底盘，又要做实"里子"画好共同富裕幸福图景。为进一步巩固高质量发展成果，该文提出需要聚力践行初心使命，永葆政治本色；聚力打造产业强镇，激发内生动力；聚力打造民生福镇，筑牢幸福基石。

海宁市桃园村位于观潮胜地浙江省海宁市盐官镇中部。近年来，桃园村先后荣获9项国家级荣誉、38项省级荣誉、83项市县级荣誉。桃园村依托乡村振兴学院的"传帮带"，通过统筹资源，吸引乡贤力量，引导产业发展,走出了一条独特的产业与人才发展路径。《海宁市桃园村:以乡村振兴学院的"传帮带"助力共同富裕》一文通过调研发现,盐官镇桃园村通过乡村振兴学院"传帮带"模式,以高质量的发展建设共同富裕,带动高效能的乡村治理,实现物质生活和精神生活"双富裕",走出了一条以产业与人才良性互动促进农民共同富裕的道路。以"传"模式,传授产业技能,传授新科技知识,传播共同富裕实践经验,打造综合性培训与产业孵化平台;以"帮"模式,创新"村企民"合作方式,结合乡贤力量打造"共富车间""共富工厂",探索从"输血式"到"造血式"的共同富裕新路径;以"带"模式,引领产业发展方向,带动乡村文明新风尚,带动乡村基层治理能力提升,走出了符合市场规律的共同富裕之路。桃园村共富实践展现了乡村振兴学院的"传帮带"模式所带来的产业与人才良性互动机制,是助力共同富裕的有效途径。桃园村给我们带来的经验启示包括:结合产业导向,实现人才培养与产业兴旺共生演进;满足产业人才需求,实现农业现代化与乡村经济可持续发展;打造乡村培训产业品牌,通过培训实现就业,促进农民共同富裕;打造文化服务特色公共平台,提升村民认同感与幸福感。同时,针对"传帮带"发展模式中内在动力不足、乡村公共文化资源相对零散等难点和痛点,提出需要进一步强化基层人才培养,完善乡贤选拔制度与评价制度,加强基层公共文化服务阵地建设,结合浙江传统文化与"红船文化"品牌建设,不断完善乡村振兴学院"传帮带"模式的内容,促进共同富裕。

二、善治理促共富,夯实共富基石

实现共同富裕目标,需要许多基础性制度安排,提升社会治理能力是实现共同富裕不可缺少的基础一环。高效的社会治理、良好的社会秩序与经济社会发展水平紧密相关,是扎实推进共同富裕的前提基础和兜底保障。在以人为核心的共同富裕建设新形势下,需要将推动社会治理现代化置于高质量发展建设共同富裕示范区的大局中统筹考虑、系统推进。只有加强制度建设,创新治理体系,提升治理能力,不断完善财富创造的激励机制、拓展多元主体参与平台、优化社会资源配置,才能做大做好共享"蛋糕"。浙江是"枫桥经验""三治融合"发源地,这些重要的治理经验被写入中央文件并在全国推广。嘉兴在打造共同富裕典范城市过程中,注重以社会治理领域改革创新为抓手,积极探索治理新经验,形成了诸如海宁市周王庙镇博儒桥村"共商共建、共管共聚"新模式、海宁市丁桥镇新仓村"党建统领＋共富同行"模式、嘉善县大云镇缪家村以党建引领善治安村、桐乡市高桥街道越丰村"四治融合"模式、平湖市独山港镇"帮共体"模式、嘉善县天凝镇洪溪村"共建共治共享"模式,这些新型治理模式全面提升了社会治理现代化水平,夯实了共同富裕的社会基石。

海宁市周王庙镇博儒桥村通过"汇智、筹资、融治、同心"发动全民参与,以"众筹共富""众管共治"治理新模式全面激发乡村发展内生动力,先后荣获全国文明村、浙江省美丽乡村特色精品村、海宁市五星级美丽乡村等荣誉称号。《海宁市博儒桥村,打造"众筹共富、众管共治"样板村的实践》一文总结了海宁市周王庙镇博儒桥村在建设共同富裕先行先试样板村的具体做法,其通过建立以"共商汇智、共建筹资、共管融治、共聚同心"为核心的"众筹共富、众管共治"模式,依靠党员引领带头,群众众智参与,谋出了产业导向,筹稳了物质基础,治出了美丽乡村,聚足了民生幸福,在"美村富民"中实现了集体与村民共富。博儒桥村深入挖掘"共建共富"内核,着力凸显"共管融治"在基层社会治理中的影响辐射作用,打造出了"集中力量办大事,共同治理共同富"的村域治理样板。"众筹共富、众管共治"模式让每一个博儒桥人都参与到乡村建设和治理中来,走出了一条可学习、可借鉴、可推广的村集体与村民"共建共富"的新路子。博儒桥村在基层治理上取得的成绩给我们带来的启示是:共同富裕目标的实现,需要基层治理的保障,基层治理不仅要建立、优化具有"村格""微格"的社会功能,也要注重引入新的治理理念和新的治理手段,以"微治理"保障"大文明",绘就一幅乡村治理新画卷。

海宁市新仓村位于海宁市丁桥镇东南部,与闻名遐迩的钱塘江相邻,是嘉兴市的粮食主要集中产区。2014年以来,新仓村党委通过打造梁家墩景区乡村旅游,从无名村落一步步跃升成为美丽村庄,再发展转化成"美丽经济",探索以走出了一条"党建统领＋共富同行"的共同富裕典范之路。《海宁市新仓村:打造"党建统领＋共富同行"的共同富裕典范之路》一文总结了新仓村村党委依托党建统领的领导力、组织力、执行力和凝聚力,以"我们的村庄,我们的家"为建设理念,牢牢把握"围绕景区村庄抓党建,抓好党建促共同富裕"的工作主线,创新构建了"党建示范引领、公司运营管理、村民自主经营"的乡村产业联合体模式和配套机制,并将党建品牌和党建阵地融入景区村庄建设,发动各方力量优化景区治理、提供优质服务的实践做法。新仓村梁家墩景区的脱颖而出,是乡村充分发挥党建引领作用,依托和整合自然资源、社会资本,抢抓乡村旅游发展机遇,全面推动乡村旅游高质量发展的典型案例,也为乡村振兴探索出了一条党建统领、共富同行的新路子。新仓村景区建设助力共富的实践彰显了党建统领是推动共同富裕的重要路径:加强党建营造格局,只有做到了党建引领治理、党建驱动共建、党建保障共享,才能真正构筑一条宽广的富民道路。

嘉善县大云镇缪家村是习近平总书记在2008年赴嘉善调研时的村级考察点。缪家村始终牢记总书记的嘱托,传承弘扬红船精神,探索乡村高质量发展的有效路径,共建共享文明和谐美丽家园,走在乡村振兴前列,做好共同富裕示范。《嘉善县缪家村:"党建引领、乡村振兴"的共富密码》一文总结了缪家村以党建为引领,铺就共富路的主要做法:强化基层党组织建设,当好"领头雁",筑牢坚强战斗堡垒;以党建引领全域整治,念活"土地经",盘活土地要素资源;以党建引领融合发展,盘好"项目库",实现产业迭代升级;以党建引领善治安村,架起"同心桥",坚守为民谋事初心情怀;以党建引领人才兴村,筑好"人才路",汇聚持续发展新动能。坚持党建引领、统一规划,不断创新组织设置形式,构建农村网格党建工作新格局,有效提升村集体管理能力,获得全国先进基层党组织等荣誉;持续开展全域土地综合整治试点工作,辖区内98%的农田实现全域流转,农民新社区集聚率达95%;打造生态保护和产业融合新高地,做大做活农旅融合产业链,探索出了以旅游为黏合剂推动三次产业融合发展的"美丽经济""特色经济"等新模式,切实增强集体经济和农户的造血功能,2021年缪家村农民人均可支配收入达到5.3万元;不断汇聚民心,改善民生,成功创建2020年"无访村",打造和谐村庄、文明社区的典范;坚持乡村文化提能增效,深入挖掘乡贤文化资源,全面形成"四治融合"的乡村新文化。缪家村通过党建工作的"高质量",不断推动产业兴旺"高效益"、治理有效"高水准"、生态宜居"高颜值"、乡风文明"高素质"、生活富裕"高水平",打造"党建引领、共同富裕"的乡村振兴样板。缪家村的经验表明,共同富裕的推进离不开党的全面领导、经济的高质量发展、生态文明建设的顺利推进以及人民群众的精神富有。缪家村为中国特色社会主义新农村建设探索出了具有普遍意义的实现"党建引领、共同富裕"实现的实践经验。

桐乡市越丰村位于嘉兴桐乡市南部,地理位置优越,具有高速高铁"双门户"优势。"三治融合"体系发源于桐乡越丰村,是新时代"枫桥经验"的创新举措。近年来,通过不断努力,越丰村收获了30多个荣誉称号,如全国民主法治示范村、浙江省先进基层党组织、浙江省善治示范村、浙江省农村引领型社区、浙江省"平安家庭"创建示范村、浙江省卫生村等。《桐乡市高桥街道越丰村:"四治融合"铺就共同富裕之路》一文从基层善治与共同富裕相契合的研究背景出发,探讨了越丰村在基层治理中注入智治元素,形成了自治、法治、德治、智治"四治融合"促共富的越丰模式,其主要做法包括:以党建为引领,指引共同富裕中"四治融合"新方向;以自治增活力,发挥共同富裕中农民主人翁作用;以法治强保障,维护共同富裕中农民依法享有权利;以德治扬正气,增强共同富裕中乡村治理软实力;以智治提效能,注入共同富裕中数字治理新元素。通过不断深化社会治理创新,越丰村以村民需求为依归、以组织创新为抓手、以基层善治为保障、以精神富有为聚焦,走出了共同富裕的"四治融合"之路——全村农业基础增强、集体经济升级、民生福利提升、乡村环境优美。越丰村"四治融合"的共同富裕之路,取得了物质富裕、精神富有的丰硕成果,为乡村共同富裕贡献了很好的经验启示。面对改革中存在的部分村民观念保守、创新创造人才匮乏、经济发展后劲不足等问题,提出需要进一步从强化党建引领、创新治理模式、培育合作组织、加强数字赋能等方面加大改革力度。

平湖市独山港镇位于平湖市东南部,东接上海金山,南濒杭州湾。近年来,独山港镇打造乡村振兴样板区,凝聚本地乡村建设经验及特色,构建起立体式、全方位的"帮共体"乡村振兴之路。《平湖市独山港镇:立体式、全方位建设"帮共体"的乡村振兴之路》一文指出,在乡村振兴背景下,独山港镇共同富裕的实现有赖于健全合理的社会流动机制和城乡利益均衡机制;以城乡联合和"毗邻党建"帮扶乡村协同发展,拓展一体化工作的内涵和外延,打通"帮助带动共同富裕联合体"发展的制约环节;其以"帮助带动共同富裕联合体"为发展目标,以"三个统一"的理性理念、改革破题和创新制胜的手段、综合集成和迭代升级的方法,破除系统帮扶、产业发展、乡村振兴、队伍保障、精神支撑中存在的问题;以实施系统帮扶项目、打造现代产业体系、推进未来乡村建设、锻造有为善为铁军、弘扬转角湾精神为突破口,为共同富裕补齐短板弱项、夯实物质保障、拓展实践通道、筑牢坚强保障、奠定精神支撑,实现立体式、全方位的共同富裕进程。独山港镇的共富经验表明,区域差异分歧使不同区域间产生利益冲突,通过构建"帮共体"确立各街道、村社和社会组织在区域共同体中的位置,以党建统筹各地利益分歧,搭牢帮扶工作总体框架,能够使区域整体发展最大化。"帮共体"建设中要体现乡村扶贫主体的实际效用、社会适应性和竞争性,也要凸显助力单位在承担乡村扶贫工作中的责任担当和价值取向,以多元治理、多维帮扶的共同体形式诠释乡村振兴中实践与理论的结合路径。

十几年前的嘉善县天凝镇洪溪村是一个"脏乱差"的"上访村"，现在的洪溪村已今非昔比，成为"全国民主法治示范村"并获得"2019 中国最美村镇乡村振兴榜样奖"等荣誉称号。洪溪村从"上访村"到"民主法治示范村"的巨大转变来源于"共建共治共享"的村级治理探索。《嘉善县洪溪村："共建共治共享"的三共汇"洪"促共富》一文通过调研洪溪村的发展转型之路，归纳了洪溪村共建共治共享推动共同富裕的做法：从党员层面民主到村民实现共治，充分体现了村民的责任感；各种举措发展壮大村集体经济，推动村民共建；用篮球队和"辣妈宝贝"两张金名片凝聚村民，共同建设美好家园，强化共享理念。洪溪村在坚决以党建引领、坚持群众路线、实施重大村务公决制度、建设社会组织联结村民、推动村"三治"融合、构建多元激励制度等方面形成了鲜明的具有地域特色的发展模式，绘就并带动了洪溪村的共同富裕之路。在此基础上，提炼出了洪溪村的共富经验：坚决以党建引领，走好并依靠群众路线；实施重大村务公决，助推村民共建共治；依托社会组织建设，建立起强社会联结；倚赖各种文化活动，增强村级组织认同感；推动村"三治"融合，促成洪溪共治密码；构建多元激励制度，激发村民内生动力。亦指出洪溪村的共富路具有较大的推广意义，如依靠群众路线、实施重大村务公决制度、建设社会组织联结村民等经验值得借鉴和推广。最后，针对发展中遇到的诸如土地利用、养老等问题，提出了发展高效生态农业、推行时间银行等建议。

三、兴文化促共富，铸造共富之魂

共同富裕是社会主义的本质要求，既是人民群众物质生活的共同富裕，也是精神生活的共同富裕。习近平总书记曾强调："只有物质文明建设和精神文明建设都搞好，国家物质力量和精神力量都增强，全国各族人民物质生活和精神生活都改善,中国特色社会主义事业才能顺利向前推进。"①高质量发展是共同富裕的基础条件,高质量推动精神共富,文化是重要支点。丰厚的文化积淀和丰富的文化资源既是"精神共富"的重要实践支撑,也是实施乡村振兴战略、实现共同富裕的重要着力点。其中,秀洲区新塍镇以志愿赋能助力文明共富,秀洲区新塍镇潘家浜村和嘉善县大云镇以农文旅有机融合助力共同富裕的实践,充分彰显了嘉兴在打造共同富裕典范城市的过程中注重发挥文化的力量,积极以文化为力量源泉构筑共同富裕新格局。

《浙江高质量发展建设共同富裕示范区实施方案(2021—2025年)》指出,要"加强家庭家教家风建设,健全志愿服务体系,广泛开展志愿服务关爱行动"。作为一项社会公益事业,志愿服务凭借其志愿性,成为整合各类社会主体、汇聚各种发展资源、促进共建共享共富的有效方式。新塍镇以打造红色志愿小镇为载体,成为以志愿服务实现文明共富,同时反向推动物质共富,最终实现全面共富的典型。《秀洲区新塍镇:打造"志愿赋能·系统集成"的文明共富新高地》一文以志愿服务与三次分配、共同富裕的内在契合性为研究背景,分析了新塍镇以志愿服务为抓手,构筑"志愿服务＋"特色发展体系,全面融入经济发展、文化振兴和社会建设之中,打造出以文化促发展,以发展兴文化的"志愿赋能·系统集成"的文明共富发展模式;总结了在共富实践中,通过志愿赋能,以党建带动社建、以微激励激活组织力、以小志愿汇聚大资源、以发展涵养文化、以政治引领社会,系统集成共富发展所需的主体要素、动力要素、资源要素、文化要素等各类要素,推动特色产业链形成和多元文明发展,最终实现主体更新、经济焕新、社会崭新的"三新"发展的具体做法。新塍镇志愿赋能助力文明共富的实践证明:志愿服务是完善共富要素体系的有效手段,物质富裕和精神富有的融合发展是实现共同富裕发展模式，构建先富带后富的利益共享共同体是实现共富的关键。新塍镇志愿赋能助力文明共富的实践，成为精神富有推动物质富裕，先富群体带动后富群体的典型代表。

秀洲区潘家浜村隶属嘉兴市秀洲区新塍镇，多年前，潘家浜村还是一个名副其实的养猪场，近七成村民以养猪为生。近年来，在新塍镇党委政府的正确领导和大力支持下，在全体村干部、老百姓的共同努力下，以打造全国第一桑梓文化旅游村落为目标，从美丽乡村建设到景区化创建，因地制宜、创新产业、挖掘乡村元素、保护历史文化底蕴，全村生态环境和居住条件发生了喜人的变化，成为江南地区富有特色的旅游集散小村。《农文旅有机融合打造潘家浜桑梓品牌助力共同富裕》一文指出，发展乡村旅游是解决"三农"难题，加快农村地区居民实现共同富裕的重要抓手和关键路径。潘家浜村依托丰富的生态资源和深厚的历史文化底蕴，以乡村振兴战略为契机，挖掘整合利用乡村资源，拓展乡村多重功能，将资源价值转化成经济产值，推动农村地区三产进一步有机融合。创新乡村旅游运营机制和利益分配模式，激发并提高当地居民参与乡村产业建设的积极性和主动性，拓展农民增收空间，不断提高乡村旅游的发展质量和综合经济效益，走出了一条农文旅有机融合助力乡村振兴的共同富裕之路。潘家浜农文旅有机融合助力乡村振兴的共同富裕之路，带给我们的经验启示包括：积极依托乡村资源，推动农村产业发展；发挥引领作用，提高居民生活品质；聚焦人才短板，激发乡村发展活力；利用机制创新，带动村民共富。同时指出，延长产业链、以标准化带动旅游规范化、壮大旅游企业、探索乡村旅游抱团发展模式是解决农文旅有机融合发展后劲不足的关键要素。

近年来，嘉善县大云镇积极贯彻落实习近平新时代中国特色社会主义思想，探索实践"绿水青山就是金山银山"的绿色发展理念，紧紧围绕打造"中国甜蜜度假目的地"的总目标，探索形成了以"农文旅融合＋"为创新发展模式的乡村振兴"大云样本"，走出了一条东部平原地区特色发展的共同富裕路径。《嘉善县大云镇："农文旅"深度融合打造甜蜜版"共同富裕"新路径》一文通过深入调研,归纳出了"五位一体"打造农文旅融合发展的"大云样板"共富做法:聚焦全域统筹协调、要素配置优化,保文旅发展空间;立足美丽乡村,联动业态配置,擦亮底色焕新颜;以"生态旅游＋",促进一二三产有机融合;因地制宜聚焦文旅创新与数字赋能,走出地域特色共富之路。大云经验表明,多元统一、要素集成、筑基富村、专业特色的文旅路径,能够实现产业兴旺、农民增收、共同富裕。以旅游促进文化发展,以文化赋予旅游灵魂,以农文旅的融合统一推动农业发展,坚持以文塑旅、以旅彰文,探索打造独具魅力的文化旅游共富模式,让文旅融合高质量发展在丰富乡村人民精神文化生活、推动实现农民共同富裕的道路上持续发挥突出作用。同时,针对发展过程中存在的缺少顶层资源禀赋、与周边景区同质化严重、整体竞争力弱等问题,提出需进一步优化顶层制度设计,突出乡村振兴发展重点,强化数字赋能提质增效,进一步打造农村文旅融合品牌,推进共享共富,为实现共同富裕提供可借鉴、可推广的"大云路径"。

四、惠民生促共富,锚定共富目标

共同富裕是全体人民的富裕,蕴含着民生建设的高水准与高质量,体现了民生建设的理想追求与未来期待,也是实现社会主义现代化必须完成的目标。实现社会的共同富裕,目前最大的难点和短板在农业和农村。在取得脱贫攻坚战全面胜利之后,中国开始进入以缓解相对贫困为核心的共同富裕新时代,当前阶段的发展难点在于提高农村居民的收入水平,缩小城乡居民收入差距。秀洲区王店镇庄安村促进50后、60后中老年农民就地转产创业增收的庄安模式、桐乡市新联村以镇村要素联动缩小城乡差距、平湖市大齐塘村以"众筹项目"发展新型集体经济促进分配正义、海宁市先锋社区打造"居家＋村社＋机构"的村级银发事业样板应对人口老龄化的实践均表明：共同富裕的实现需要加快推进以改善民生为重点的乡村建设，通过深化收入分配制度改革、推进农村养老产业和事业发展等建设共同富裕现代化基本单元的举措，以补齐民生短板、实现高质量发展。

秀洲区王店镇庄安村作为一个典型远郊村落，自"生猪退养"后，一批 50 后、60 后养殖户和其他农户通过探索特色葡萄种植，实现了就地转产创业，探索出了中老年农民就地转产创业增收的庄安模式，为全省全国共富乡村建设和全面推进乡村产业振兴提供了宝贵经验。《秀洲区庄安村：促进 50 后、60 后中老年农民就地转产创业增收的庄安模式》一文指出解决农村中老年群体收入增长问题是当前我国推进共同富裕的重要内容，也是实现共同富裕的重点与难点。50 后、60 后农民是农村劳动力的重要构成部分，但因就业能力不强、创业思想欠缺，特别是随着农村产业结构调整，成为共富乡村建设的短板，农民就地转产创业成为农民就业与增收的难点。该文总结了庄安村实现共富的主要做法：以党建为引领，充分发挥村集体和党员干部的组织带动作用；充分挖掘村域资源优势，做大做强葡萄特色产业；充分彰显家庭经营基础性地位，开展适度规模经营；为发挥抱团合力，以合作社为纽带，提高农民组织化水平；充分强化科技支撑，保障葡萄品质，提高市场竞争能力。庄安模式的成功实践，表明中老年农民是共同富裕道路上的关键群体，党员干部是实现农民就业共富路的领头羊。庄安模式取得成功的经验表明：以居民消费结构的变化为突破口，推动村镇产业转型升级；以党员干部带动，促进中老年农民二次创业；以就地转产创业，解决中老年农民增收难题；以生产技术服务，扫清中老年农民创业障碍；以主导产业延伸产业，发挥规模经济效应。庄安村通过由养猪养蚕到葡萄种植的探索，找到了适合自己的发展路子，顺利实现了产业转型，促进了中老年农民收入增长。

共同富裕的重要方面之一就是缩小城乡发展之间的差距，促进城乡发展的一体化。2000 年，桐乡市新联村还是一个以农业为主的大村。新联村通过新社区基础设施建设、土地流转、项目建设、推动就业、壮大集体经济、培育特色毛衫产业,探索出了一条符合农村实际情况、适合农村发展的共富之路。《桐乡市新联村:镇村要素联动 助推共同富裕》一文指出,作为解决发展不平衡、促进共同富裕的重要一环,研究浙江地区农村集体经济发展、增加农民收入,提高村民生活幸福指数,缩小城乡之间的差距并总结相关经验,具有很强的借鉴和推广意义。该文选取了嘉兴市桐乡濮院镇新联村作为研究对象,从新社区基础设施建设、土地流转、项目建设、推动就业、壮大集体经济、培育特色毛衫产业等多个维度,探索了符合农村实际情况、适合农村发展的共同富裕模式。新联村通过城乡一体新社区建设,优化宅基地配置,节余土地争取上级项目补助资金,用于改善村民居住条件、村庄基础设施建设和购买物业,获得持续性租金收益。通过土地流转,发展适度规模化农业。通过抱团发展,实现固定收益。在人口聚集后,通过发展地方特色产业,实现聚集的劳动力在家门口就业。新联村在村集体经济做大做强的同时做好受益惠民,让全体村民享受经济发展成果,形成了以镇带村、镇村融合、产业兴旺、生态宜居、乡风文明、联动发展的良好格局。

共同富裕的重难点在农村,村一级实现强村富民事关共同富裕的全局。近年来,基层农村利用集体经济推动农村致富农民增收实践涌现,其中村集体项目向村民"众筹"进行股份分红做法实效显著,嘉兴平湖市大齐塘村建材堆场码头"众筹"项目就是最新实践成果。《平湖市大齐塘村:以"众筹项目"发展新型集体经济 不断铸牢共同富裕基石》一文通过实地调研,以大齐塘村建材堆场码头"众筹"项目作为切入点,总结了以村集体优质资产村民"众筹"共享发展红利为原点,凝聚红色力量齐心干事创业彰显实干担当、盘活存量资产壮大集体经济推动农民增收双赢、聚焦美丽经济协同推进经济效益和生态效益、保障困难帮扶促进分配公平正义的主要做法。大齐塘村的致富实践彰显了共同富裕的系统思维、底线思维和法治思维,谋划出了共同富裕环节中农民增收致富的创新路径,形成了以集体经济为桥梁沟通连接小农户与现代农村发展,以激活农民主体要素实现村庄共建共享共致富,以管控集体经济经营风险推动共同富裕稳步实现的新发展经验。针对集体经济众筹模式发展强村富民,存在村级土地要素缺乏、盘活出让政策不明、农民带动程度有待提高等问题,提出需要从增强村党组织实干力、牢固树立为农意识、加大政策调控支持等方面改进。

积极应对人口老龄化,加快建设养老服务体系是破解共同富裕背景下养老难题的有效路径。在乡村振兴稳步推进和村级集体发展多元化的进程中,海宁市马桥街道先锋社区面临着人口老龄化的困境,其在探索养老服务方面先行示范,打造了村级银发事业样板,推出了一套"幸福养老"的健康服务体系。《海宁市先锋社区:打造"居家＋村社＋机构"的村级银发事业样板》一文通过调研发现,先锋社区在探索养老服务方面秉承"幸福养老"理念,探索出了"123"养老服务体系。其中,"1"即一条主线:"以人为本",提升老年群体的幸福指数。"2"即两大引擎:党建引领＋体制创新,为养老服务不断增加动力。"3"即兼顾三种养老方式:打造"居家＋村社＋机构"三位一体的养老服务体系。先锋社区"幸福养老"的实践既解决了农村养老问题,实现养老公共服务普惠;又壮大了村级集体经济,增强了村级财政保障,加大了改善民生力度,让共同富裕在老年人群体中看得见、摸得着、体会得到。先锋社区共谋"幸福养老"事业助推共同富裕的主要经验表明:以百姓需求为中心,党建引领"幸福养老"事业注入一汪亲民的"亲水";加强体制创新,发挥市场优势,为"幸福养老"事业打造一座可持续发展的"蓄水池";以"医养结合"为根基,统筹兼顾居家养老、村社养老和机构养老,满足老年群体多元化的养老需求,为"幸福养老"事业引入一股健康的"活水"。"幸福养老"任重道远,构建完善的养老服务体系还需要进一步聚集多方合力,助推养老事业可持续发展。

五、优生态促共富，擦亮共富底色

　　浙江是"绿水青山就是金山银山"理念的发源地。为深入贯彻习近平生态文明思想，浙江以构建降碳、减污、扩绿、惠民的整体智治体系为核心，坚持"绿水"润万物，咬定"青山"不放松，持续推进全域共富大美，不断筑牢共同富裕绿色基底，持续放大生态文明建设新优势，不断拓展"美丽中国先行示范区"建设内涵。其中，新丰镇竹林村由资源损耗型向环境友好型转型发展、通元镇雪水港村以零碳村落打造乡村生态共同体、油车港镇"三生融合"打造生态文明示范区、姚庄镇打造高颜值生态的做法，均以生态"绿芯"集聚创新资源，促进当地经济由"绿水青山"向"金山银山"转化，以生态文明建设为引领实现人与自然的和谐共处、共荣共生，实现了生态效益、经济效益、社会效益兼顾，彰显了建设生态宜居、共富共美的美丽乡村的成功实践。

　　南湖区竹林村位于浙江省嘉兴市南湖区新丰镇西南首，曾以养猪闻名全国，被称"华东养猪第一村"。发达的养猪产业，是竹林村农民家庭经营收入的重要来源。但养猪量长久超过环境的承载能力，这种低质量的民富带来的是环境质量大大下降，最终倒逼村庄转型发展，寻求生态友好型的发展模式。2013年以来，竹林村通过采取"三改一拆""五水共治"等措施改善了村庄基础环境，通过多种方式带领村民转产转业，重新走上致富路。《南湖区竹林村：从"华东养猪第一村"到"全国文明村"的共富之路》通过实地调研，发现竹林村的共富路是一条文明典范建设之路。其主要做法包括：通过建设美丽乡村点，进行环境美丽升级；通过充分挖掘清廉文化、红色文化、奋斗文化等，进一步打造文明典范村；借助村民转产、产业融合等手段，以实现"美丽经济"。在多方合力、多举并行之下，竹林村的转变展现了一条以文明建设实现高质量共富的共富路。竹林村的实践突出了基层党组织在发展转型、产业选择和村庄建设等各个环节的领导作用，以政治引领力、经济领导力和社会治理力组织和保障群众实施乡村振兴战略，共同寻找致富产业，发展支柱性产业，盘活村内优势资源，增加村集体收入，建设美好乡村生活。竹林村的转型实践表明，必须有强有力的基层党组织为引领，善于抓住村庄发展机遇，善于挖掘村庄文化，善于以党员带头示范。竹林村的转型实践是乡村发展战略由资源损耗型发展向环境友好型发展转型的成功故事，是由经济富裕转向全方位、高质量共同富裕的成功故事。

海盐县雪水港村位于海盐县通元镇。因散养牲畜和室外堆放垃圾的不良习惯，雪水港村环境脏、乱、差问题比较突出。2016 年以来，该村秉承"三个示范"指引，致力于打造"四个共同体"，倾心描绘了一幅物质富裕、精神富足、生态富民的"雪水春早"美丽乡村画卷，先后被评为浙江省卫生村、浙江省民主法治村、浙江省绿化示范村。《海盐县雪水港村：践行"三个示范"　打造共富共美乡村》一文指出，"雪水春早·幸福港湾"的乡村共富共美样本是雪水港村落实"三个示范"，以生产、生活和生态"三生融合"为导向，积极打造四个乡村共同体的长效机制。雪水港村在打造共富共美乡村的过程中，以党建引领优势打造乡村治理共同体，建设美好家园；以产业创新升级打造乡村共富共同体，助力物质富裕；以乡风文明建设打造乡村文明共同体，助力精神富足；以零碳村落建设打造乡村生态共同体，助力生态富民。雪水港村的共富实践展现了坚持党建引领、探索"三生融合"范式与挖掘乡土风情元素是促进共同富裕的机能。在乡村振兴奔向共同富裕建设过程中，生态文明建设是重中之重。乡村是与自然生态最为接近的地方，也是生态环境破坏现象最常见的地方。雪水港村在推进乡村社会经济发展的同时，坚持生产、生活和生态"三生"互融互促，及时关停并转高能耗高污染企业，引导传统农业向现代智慧农业转型，从源头治理开始狠抓环境综合整治，引导村民低碳生活，严守了生态底线，保护了生态自然环境，绘制了美丽乡村画卷，促进了人与自然和谐共生。

秀洲区油车港镇地处嘉兴市区北部，是一座根植于生态湿地的花园城镇。该镇全面系统推动城乡融合体制机制改革发展,大力推进城乡"三生融合"项目建设,先后获得全国文明镇、国家级生态镇、国家级卫生镇、国家级园林城镇、省级美丽乡村示范乡镇、新时代美丽城镇建设省级样板等称号。《秀洲区油车港镇:"三生融合"打造均衡富庶发展新典范》一文指出,油车港镇奋力推动生产、生活、生态三者有机融合,形成了"三生融合"新格局,产业上做到"特而强"、功能上做到"聚而合"、形态上做到"美而精"、机制上做到"新而活",实现了产城融合发展。生产上,"破立并举"推动动能转换,夯实共同富裕的产业基础;生态上,生态"全域秀美"绘就美丽画卷,推进生态文明建设先行示范;生活上,生活"幸福宜居"打造品质新区,改革促进公共服务优质共享。油车港镇一手抓经济、一手抓生态,把"三生融合"理念贯穿在每一条道路、每一个项目、每一个村庄之中,优化调整空间格局,合理控制开发强度,根据不同主体功能区的自身功能进行合理定位,促进协调发展,形成产业进步和生态安全的双赢格局。紧紧围绕共同富裕这一主题,抓住长三角地区建设生态绿色一体化发展协调区示范区、国家城乡融合发展试验区先行区及秀水新区"三区"叠加的历史机遇,高质量推进"秀美新区、品质麟湖"建设,奋力打造均衡富庶发展、共同富裕典范标杆镇。油车港镇始终把人民宜居安居放在首要位置、坚持生产、生态、生活"三生融合"的共富实践,为我国奋力开启共同富裕新征程提供了成功经验。

嘉善县姚庄镇是连接浙江省与上海市的一个小镇,也是全国统筹城乡发展明星镇、浙江省首批小城市培育试点镇、浙北工业强镇和长三角生态绿色一体化发展示范区中的先行启动区。近年来,全域环境秀美综合整治向纵深挺进,创成国家园林城镇和首批浙江省美丽乡村示范镇,通过全国文明镇、国家卫生镇复评,吸引总投入约 50 亿元的"五彩姚庄""中国文艺青年小镇"项目入驻姚庄。《嘉善县姚庄镇:答好示范区"联考卷",走好共富圈"幸福路"》一文总结了姚庄镇努力走好共建共享之共富路的主要做法:高质量发展,稳固富民强镇新基础;

高科技引领,打造产业融合新高地;高水平均衡,走出城乡统筹新路径;高颜值生态,描绘人居环境新画卷;高品质生活,构建和谐幸福新家园。"十三五"期间,全镇地区生产总值年均增速在10%以上,一般公共预算收入实现翻番,综合实力不断增强;城乡统筹取得显著成效,累计引导7000余名农村居民"带地进城";生态屏障不断筑牢,成功创建国家园林城镇和首批浙江省美丽乡村示范镇,通过全国文明镇、国家卫生镇复评;社会事业全面进步,连续十五年获得市级平安镇称号,被授予平安金鼎。近年来,姚庄镇借势长江三角洲区域一体化发展国家战略的东风,秉承共同发展、共同富裕的发展理念,在经济建设、城乡统筹、生态环境、干群关系、人民生活等方面取得成效。姚庄镇借势一体化示范区东风的共同富裕之路证明:高质量发展是迈向共同富裕的前提和准备;统筹城乡是通往共同富裕的关键点;生态生产力为续航共同富裕提供动力;民生幸福工程是达成共同富裕的重要抓手。其中,生产生态力的发展既能高效利用资源,也能持续孕育资源,为共同富裕提供源源不断的内生动力。

六、汇"数智"促共富,激活共富动能

2022年1月国务院印发《"十四五"数字经济发展规划》,提出"数字经济是继农业经济、工业经济之后的主要经济形态",要"把握数字化发展新机遇,拓展经济发展新空间,推动我国数字经济健康发展"。在数字化转型背景下,找到数字化与共同富裕的结合点,形成以数字化促进共同富裕的基本理念和方法,是当前经济社会发展的重大问题。党的十八大以来,浙江不断深化"数字浙江"建设,助力政府和社会数字化改革。嘉兴市以发展所需、基层所盼、民心所向为改革切入口,以数字化引领,培育和重塑县域发展模式、产业模式和治理模式,为高质量发展建设共同富裕先行区营造了更优环境、注入了强劲动能。其中,乌镇积极利用数字技术的赋能作用,推动经济发展、社会治

理和公共服务等领域全方位与数字技术融合,走出了一条高质量的数字共富发展路径。

桐乡市乌镇镇作为世界互联网大会永久举办地,在建设共同富裕示范区标杆小镇的过程中,积极利用数字技术的赋能作用,实现"三维一体"的共同富裕发展模式。《桐乡市乌镇镇:数字技术赋能共同富裕》一文归纳了乌镇镇在建设共同富裕示范区标杆小镇的过程中,积极利用数字技术的赋能作用,实现"三维一体"的共同富裕发展模式的主要做法:一是数字技术赋能经济发展,通过产业数字化和数字产业化,助推传统经济向数字经济转型,解放生产力的同时发展生产力,为共同富裕提供雄厚的物质基础;二是数字技术赋能社会治理,实现整体智治,持续优化生产关系,推动生产关系不断适应并促进生产力的发展;三是数字技术赋能公共服务,为数字经济发展和数字化治理提供均等普惠的公共服务,让经济社会发展的一系列成果为全民共享。乌镇通过数字技术赋能共同富裕,不仅实现了社会经济的跨越式发展,城乡居民可支配收入比缩减到 1.56,低于全省和全国平均水平,而且政府治理能力和治理水平有了大幅度提升,建立了普惠均等的数字化公共服务体系,实现了生产力与生产关系的统一,推动了共同富裕螺旋式上升。乌镇数字技术赋能共同富裕的"三维一体"模式对浙江省共同富裕示范区建设具有重要的指导意义。乌镇数字赋能经验表明:数字技术作为当前的通用目的技术,其对经济发展的变革是革命性的,不仅能够推动传统产业的数字化转型,实现产业数字化,而且通过持续开发利用数据,实现数字产业化,最终解放和发展生产力。发展数字经济,能够高质量地创造更多物质财富,为共同富裕典范小镇夯实物质基础。

第一单元

强产业促共富，筑牢共富根基

桐乡市濮院镇：
聚焦特色产业，推进共同富裕

孙庆刚

摘要：中央财经委员会第十次会议指出，共同富裕是社会主义的本质要求，是中国式现代化的重要特征，要坚持以人民为中心的发展思想，在高质量发展中促进共同富裕。濮院深耕特色产业，建立了以毛衫时尚产业为主导的高水平产业集群和国内最大的毛衫交易市场；坚持创新引领，推动了全产业链迭代精进；强化城乡统筹，实现了全镇城乡居民收入的高速增长。当前，濮院正以"四个布局"全面推进毛衫时尚产业向高质量发展迈进，为高质量发展建设共同富裕典范小镇夯实底层支撑。

关键词：产业集群；交易市场；高质量发展；共同富裕

一、研究背景：发展特色产业，助力共同富裕

（一）发展背景

濮院镇位于桐乡市东部，地处沪、杭、苏三地交界处，坐落在 G60 科创走廊和杭州湾大湾区的中心位置。长三角腹地高效通畅的物流配送、商务交通网以及优质的产业资源为濮院经济社会发展、特色产业集聚、核心市场建设创造了得天独厚的地理优势。明清时期，濮院以盛产丝绸闻名，拥有深厚的历史文化底蕴；改革开放以来，濮院扎根毛衫针织产业，建立了国内规模最大的毛衫时尚产业专业化交易市

场。凭借坚实的制造根基、鲜明的市场特色、高效的流通渠道,濮院做强做优特色产业,推动小镇发展,城乡居民收入实现了高速增长,为共同富裕奠定了坚实的物质基础。

(二)历史沿革

1. 产业组织方面

改革开放初期,濮院人瞄准毛衫针织产业,家家户户购置横机进行羊毛衫生产,个体户不断涌现。2000 年,濮院毛衫城工业园区(后改名为桐乡濮院针织产业园区)开建,濮院毛衫产业正式步入标准化、规模化经营阶段。2006 年,桐乡濮院针织产业园区获批成为省级开发区,园区形成了"一园二区"良性发展格局,濮院也成为中国针织产业集聚度最高、产业特色最鲜明、产业链最紧密的毛衫针织服装特色产业基地。当前,濮院毛衫时尚产业已实现良好的上下游分工,产业链人口达到 8 万人。

2. 市场建设方面

1988 年,濮院第一个羊毛衫交易市场建立。1992 年以来,桐乡市先后向濮院投入近亿元,开发建设了 10 个羊毛衫交易区,市场规模逐渐扩大。1999 年,濮院羊毛衫城发展股份有限公司成立,交易市场营运体系进入规范化阶段。2002 年,濮院中央商务区启动开发,国际广场、世贸大厦、会展中心和金贸大厦等一系列商贸主体落成。2006 年,濮院羊毛衫市场获得"中国大型品牌市场"荣誉称号。2014 年,濮院成功创建省级现代服务业集聚示范区。2020 年,桐乡濮院—秀洲洪合针织产业集群生产性服务业集聚区营业收入达到 1176 亿元。濮院毛衫不仅在国内市场占据统治地位,还远销日本、韩国、意大利等 20 多个国家和地区。当前,濮院整合线上线下两个市场,电子商务与传统批发市场融合发展,实现了濮院服装贸易线上线下齐头并进的格局。

二、主要做法：通过"四个布局"助力经济高质量发展

濮院积极围绕"三大转型"（产品功能转型、生产工艺转型和产业结构转型）和"五大创新"（技术创新、模式创新、平台创新、管理创新、服务创新）战略，提出以专业化、数字化、时尚化、国际化为路径积极推进全产业体系迭代升级，打造市场核心区、时尚智造产业区、时尚创意总部区、古镇旅游度假区四大板块。濮院紧跟经济高质量发展主旋律，正通过"四个布局"助力经济高质量发展，并通过经济高质量发展带动居民持续增收。

在时尚创新方面，逐步建成时尚要素集聚中心、时尚创意策源高地，努力探索时尚产业新业态。濮院始终锚定"中国时尚第一镇"和"世界级针织时尚产业集群"双重战略定位。一是在 320 创意广场的基础上，正式投入运营濮院毛衫时尚产业创新服务综合体，综合体引入了世界一流工艺智造软硬件设施，密集发布时尚资讯，实现了时尚产业产学研深度融合，为濮院时尚产业开拓了创新空间。截至 2020 年，共入驻创业工作室 70 家，其中初创团队 65 个、深圳设计师团队 3 个。二是积极举办了中国·濮院国际毛针织服装博览会、濮院杯 PH Value 中国针织设计师大赛、中国·濮院时尚周、濮院时尚设计原创系列发布会等文化展销活动，进一步增强了濮院毛衫时尚产业的时尚造血能力和区域品牌影响力。三是全力促进生产性服务业集聚发展，在办公服务、设计咨询、品牌策划、教育培训、时尚勘测等领域，加快培育专业化市场主体，进一步催生新兴产业体系、激活产业链神经末梢。

在技术升级方面，加快实现产业链数字化管理和传统企业数字化车间、智能工厂等技术改造。在产业管理环节，创新性地提出"濮院指数"（涵盖价格指数、景气指数、时尚指数三大指标体系），成为显示毛衫时尚产业宏观波动趋势和指导企业微观决策的晴雨表。截至 2020 年，濮院已建成省级科研中心 3 家，推动建立了浙江理工大学桐乡研

究院、浙江传媒学院桐乡研究院、中国针织技术教育创新中心等多家研发创新机构。在信息技术方面,濮院的毛衫针织产业已基本实现电脑横机的普及应用,地方政府鼓励、支持少批领先生产企业、市场商户加快产销体系的现代化转型,积极引进国内外先进设备和信息化管理系统,向智能化、数字化、定制化靠拢。同时,濮院积极引进了一批尖端智造设备,包含德国 STOLL、Brothers,日本岛津重工,美国 TG3D 等世界一流生产线模板,助力企业实现技术升级,目前,"一线成衣"、"8 分钟毛衫制造"、互联网绩效管理系统等新技术正在快速推进。

在市场提升方面,持续推进商贸市场提质扩容,形成时尚前卫、特色鲜明、智能便利的现代化商圈。濮院始终坚持老市场提升与新市场打造两手抓。面对传统市场,全面推进市场核心区提质扩容,以时尚中心、轻纺城、国贸名品港、世贸大厦等龙头标杆市场为抓手,在道路交通、便民设施、购物环境等方面进行系统改造,形成了购销一体、层次清晰、互为补充的中心商圈。面对新兴市场,濮院毛衫园区成功入选省级跨境电商产业园试点培育工程。即使在新冠疫情期间,濮院也积极探索线上展贸形式,搭建"麒麟计划"跨境电商孵化平台,组建现代互联网商贸团队,实现了传统零售与新零售的良性互动和顺利交接。濮院镇深入开展"互联网＋市场"建设,建立了濮院毛衫创新园、轻纺城、青创智慧云谷、喜歌等多个网红直播基地,通过 B2C、C2C、B2B、微营销、网络供货等多种形式,实现了毛衫产业商贸渠道的持续拓展升级。目前,濮院已经与淘宝、天猫、抖音、快手、拼多多等平台签订了战略合作协议,先后上线了天猫濮院毛衫产业带、蘑菇街濮院产业带、苏宁濮院毛衫馆等项目。

在产业融合方面,以时尚产业为依托,高效促成毛衫时尚、文旅消费、现代农业的产业串联。在文旅方面,濮院镇按照"发展全域旅游,打造景区镇"的思路,系统推进"景区村""景区镇"建设,将时尚元素与古镇元素深入融合,濮院古镇有机更新项目已基本建成落地,旨在打造集文化创意、休闲度假、时尚消费、影视娱乐于一体的旅游胜地。同时，濮院镇将时尚产业、毛衫市场、人文古镇三重优势有机整合，精心打造了市民中心（游客中心）、时尚中心、紫金特色文化街等亮点工程。在生态农业方面，濮院创建了省级运河现代农业园区。下一阶段，濮院将打造全国首个时尚引领下的田园综合体，启动未来理想村项目，全面形成生态宜居、产业兴旺、农旅融合的秀美乡村。目前，濮院逐渐形成了以旅游兴市场、以市场促产业、以产业旺旅游的致富闭环，初步实现了产城人文的深度嵌合，让老百姓切实感受到经济高质量发展带来的生活品质的提升。

三、实践成效：做强做优特色产业，开创共富建设新局面

（一）取得的成效

濮院深耕绵长古韵，深挖特色产业潜力，现已初步形成时尚引领、科技赋能、文化添彩、流通支撑的高水平产业集群。经过 40 多年的发展，濮院依托毛衫时尚产业帮助居民走上了发家致富的快车道，人均可支配收入和村集体经营性收入连续多年实现高速增长。濮院的经济发展模式培育、招引、吸纳了大量高素质产业工人、技术骨干、经营管理人员、科创人才及衍生产业就业人员，使居民收入向更高水平迈进，拉近了城乡居民收入差距，也使得资源要素分配更加高效、更加公平，开创了走向共同富裕建设的新局面。

1. 市场规模不断扩大

截至 2020 年，全镇共拥有毛衫针织服装企业 3 万多家（含个体户），年产毛衫 7 亿件，占全国毛衫产量的 60%。同时濮院建设有 20 个交易区、17 个市场主体。数据显示，2020 年，濮院共有时尚产业规上企业 112 家，实现时尚产业规上工业总产值 50.8 亿元，较 2015 年增长了 38.95%。全镇羊毛衫市场实现成交额 1089 亿元，其中线上成交额 528.33 亿元，物流货运量 50 万吨，濮院市场的成交额已经连续 5 年实现 10% 以上的高速增长。2015 年，桐乡毛衫时尚小镇入围

第一批省级创建类特色小镇,并于 2018 年成功列入获省级命名的特色小镇名单。濮院也在特色产业与特色市场的深化发展中先后获得了中国羊毛衫名镇、中国市场名镇、中国毛衫第一市、中国大型品牌市场、全国百佳产业集群、中国最具商业影响力专业市场、中国十大服装专业市场、中国羊毛羊绒服装第一镇、中国纺织服装商业 20 年杰出市场、全国百强商品交易市场、中国服装品牌孵化基地等荣誉称号。

2. 产业发展融合精进

以毛衫时尚产业集群为依托,濮院不断挖掘产业支线新业态,针织产业集群生产性服务业集聚区、省服务业集聚示范区综合发展水平持续保持全省前列;濮院 320 创意广场在年度省级特色工业设计示范基地考核中取得第一的优异成绩;智创时尚产业园成为桐乡首个跨市"飞地抱团"项目,总投资达 13 亿元;2018 年,濮院毛衫创新园被评为国家级小微企业创业创新示范基地,在研发设计层面为濮院毛衫注入了新鲜血液;2019 年,濮院创新服务综合体正式投入运营,向更高水平生产性服务业集群迈进。

3. 居民收入持续增长

2021 年,全镇实现地区生产总值 159.81 亿元,同比增长 6.7%。实缴税金 10.8 亿元,第三产业增加值 85.2 亿元,服务业成为全镇核心经济支柱。在居民收入方面,农村居民人均可支配收入 4.37 万元,较 2016 年上升了 52%,比浙江省同期水平高 24.1 个百分点。城乡居民收入比收至 1.55∶1。全镇 13 个行政村平均经常性收入为 605.7 万元,其中 1000 万元以上的有 2 个;村平均经营性收入 447 万元,其中 1000 万元以上的有 2 个。

（二）现存问题

濮院的共同富裕建设虽然取得了较好的成效,但也存在许多不足,主要体现在三个方面:一是产业现代化水平、综合创新能力和产业链协同水平等高质量发展方面的表现距世界一流水平仍有较大差距。

二是城镇能级低，高端资源要素吸引能力较弱，对单一产业的依赖程度较高。三是濮院的共同富裕优势仍主要体现在收入层面，在公共资源优质共享、生态文明建设等领域，濮院距离高水平共同富裕仍有较大距离。

1. 产业生态需整体提升，管理机制有待改革创新

第一，濮院的毛衫针织产业在时尚资讯捕捉、前沿技术引入方面能力仍然较弱，因此产生了创新研发能力不足、本地品牌影响力不够以及本地企业对高端产品、时尚前沿产品的支撑能力不足等问题。第二，本地产品存在一定程度的同质化竞争，部分商户、生产企业经营理念较为落后，缺乏国际视野，仍将"以廉取胜、以量取胜"视为主要竞争手段，产业集群内数字化、智能化水平较低，缺乏与高端生产线相匹配的专业人才、运维技术和管理经验。第三，传统商圈建设缺乏整体划行归市和科学指引，差异化定位和集群性竞争不足，管理秩序有待提升。第四，新兴业态培育平台规模较小，整体利用效率较低，难以满足企业在技术研发、创意设计、产权保护等方面的多层次需求。

2. 城镇能级短板初步显现，资源要素集聚受限

随着廉价劳动力、土地红利等传统低成本优势的逐步丧失，时尚产业瓶颈制约日益突出。第一，高新技术产业布局不足，特色产业单一，优势产业高端要素承载能力较弱，因此产生了对人才、技术、服务等高级要素吸引力不足的问题。第二，与长三角城市及国内国际的资源共享、合作不充分，导致参与全球竞争所需研发、技术、管理经验等一揽子先进生产要素相对匮乏。总体来看，濮院在主导产业上存着较大的路径依赖，在面临更为激烈的市场竞争和经济波动时，缺乏足够的抗压韧性。

3. 公共资源供给相对薄弱，共富机制有待完善

社会事业和民生保障与群众对美好生活的向往还有差距。第一，公共资源和公共服务面临着增量提质的双重要求，也面临着公平配置的现实考验，现阶段濮院的公共资源和公共服务的综合供给能力还相对薄弱，主要体现在市民文体设施、专科医院、高质量教育资源等相对较少，城乡资源配置不均衡。第二，生态文明建设压力较大，产业特殊性导致濮院的生态文明建设面临较大的压力，当前小镇生产生活垃圾处理体系仍不够完善，同时，随着经济的高速发展，能源和资源的消耗逐年增加，环境和能源成为制约濮院未来发展的重要因素。第三，基层治理和未来社区建设任重道远，在现代化基层治理和未来社区场景构造方面，濮院经验还略显不足。

四、经验启示：深耕特色产业是推动共同富裕的重要途径

濮院始终秉持发展为民、产业共富的思想，改革开放以来，濮院产业强镇地位不断巩固。濮院通过特色产业培育、全产业链精耕细作、推进产业衍生迭进这"三板斧"，带动本地居民走上了产业共富的道路。

（一）尊重市场内生逻辑，做好产业发展助推者

濮院毛衫时尚产业的兴起，很大程度上得益于地方政府对市场发展逻辑的充分尊重。在产业政策制定方面，将有限的资源充分利用至市场自发形成的产业中，从而最大限度地发挥了地方企业、个体工商户等市场主体的积极性。在低效、散乱、品质不高的毛衫产业发展萌芽期，濮院没有集中取缔，而是深刻理解产业发展的一般规律，积极引导毛衫产业向规范化、品质化、集约化、时尚化发展，在资金、政策、技术、管理等多个层次给予支持，直至产业成熟壮大，再进一步将特色产业向数字化、智能化、国际化、品牌化推进。如今，濮院已形成国内规模最大、集聚程度最高的毛针织服装生产基地和集散中心。

（二）充分发挥集群优势，实现全产业链精耕细作

40多年来，濮院在毛衫针织制造业的基础上，积极引育上下游产

业,通过毛衫产业园等集聚平台,不断扩大规模优势。同时也积极推进第二、第三产业的深度融合,大力推进针织产业集群生产性服务业集聚区建设。产业集群内覆盖了纱线、毛织、设计、印染、品牌、包装以及专业设备运维等大量环节性制造业企业;在生产性服务业方面,也包含了办公服务、时尚设计、渠道推广、展贸对接、教育孵化等大量支持性企业。集群内分工程度不断提高,实现了全产业链的精耕细作。借助集群式发展,不仅推动了品牌孵化、生产提效、产品更新及成本缩减,也为社会创造了大量就业岗位。

(三)推进产业衍生迭进,拓展优势产业辐射人口

创新是濮院特色产业可持续发展的根本动力,濮院始终坚持探索和完善适合毛衫时尚产业的创新体制机制,不断加快新旧动能转换,推进产业结构转型升级,确保产业致富路径走向长远。在 320 创新广场的基础上高水平建设毛衫时尚产业创新服务综合体,全面优化创新服务环境,培育适应当前市场环境的新主体、新业态,寻求新的增长点。同时,濮院进一步促进多产业融合发展,在时尚文旅、现代农业等领域探索与毛衫时尚产业的嵌合点,拓展优势产业辐射人口,带动传统产业外的居民实现共同富裕。

五、发展建议:扎实推进时尚产业发展,在高质量发展中促进共同富裕

濮院在共同富裕建设中起点较高,未来应以在高质量发展中扎实推进共同富裕为导向,积极探索具有濮院特色的新理念、新路径、新举措,形成产业特色、制度特色、生态特色、人文特色相生相融的濮院共富样板。扎实推进时尚产业发展,应当优化产业集群,突出小镇特色风貌,提高公共服务质量,创新社会治理机制,深刻把握共同富裕的基本内涵,在浙江高质量发展建设共同富裕示范区过程中展现新作为。

（一）形成产业发展新格局，创新提升市场管理体系

1. 加快时尚产业综合服务平台建设

持续推进毛衫时尚产业创新服务综合体建设，提升本土企业创新能力；升级完善320创意广场的建设运营，引进多层次、多元化产业服务机构，围绕数据信息、研发设计、教育培训、品牌促进、常年展贸、时尚发布、跨境贸易、绿色环保、知识产权、金融商务等方面，为中小企业、中小商户精准提供专业化服务，提升平台服务成果转化水平，切实做到产业服务平台提质增效。同时，推动建设云尚新城"中国时尚设计创意综合体"，打造集创意设计资源集聚平台、设计交易平台、展示平台及产业链服务平台于一体的服务综合体。

2. 系统布局未来产业，建设高端要素引力场

面对毛衫时尚产业人才、科技等高端要素缺乏问题，以及毛衫时尚产业发展瓶颈问题，濮院要结合本地产业优势，加快对针织印染新材料、数字商贸、未来医疗、未来农业等高端产业的布局，建立柔性人才招引机制，建成长三角高端生产要素引力场，进而形成现代化多产业融合发展的新格局。

3. 加快全产业链技术创新，提高本土品牌影响力

深化与浙江理工大学、同济大学、北京服装学院、米兰理工大学等国内外知名高校的合作，从材料研发、生产线改造、时尚设计等方面进一步推进毛衫时尚产业高端化、数字化、智能化发展，把好濮院毛衫的品质关和创新关；高效利用国内外知名展会，强化与国际顶尖时尚品牌的合作，打造国内一流、国际知名的本土时尚品牌。

4. 创新市场管理体系，持续优化营商环境

简化政企交接程序，落实减税降费、降本减负等惠企政策，深化"企业服务直通车"机制，加强小镇企业需求调研，开展全周期跟踪调查，建立政策落实的反馈评价机制，及时协调解决企业发展中存在的

问题。建设区块清晰、特色鲜明、智慧便捷、流转高效的现代化中央商圈,全面提升濮院毛衫时尚市场现代化水平。

5. 建设全域景区,拓展产业增收途径

争创全域景区镇,推动实现秀美宜居与文旅增收的有机统一。完善旅游配套设施,大力推进濮院古镇保护和改建,着力推动濮院古镇核心景区建设,深挖特色文化,植入时尚元素,加快推动濮院镇紫金特色文化街项目建设,打造最美时尚购物古镇。联动乌镇、梧桐、石门等地融合发展文旅产业,共同打造高能级平原水乡综合型旅游度假区集群和"江南韵、国际范"世界知名文化旅游目的地,通过文旅时尚一体化发展,拓展产业增收途径,辐射带动全体居民共同富裕。

(二)推进未来城乡设施建设,凸显濮院特色共富场景

1. 高质量推动小镇创新升级

按照"三化九场景"的建设思路,推动小镇治理和基础设施数智化提升。构建城市"CT"平台,配置数字化物流专线、AR 实景体验系统、智能垃圾分拣系统、数字管理系统等智慧服务设施。推进公共服务智慧化,健全线上党建、线上社区、在线教育、线上医疗、云上夕阳红等智慧生活设施。推进服务配套设施建设,加快建设购物设施、住宿设施、文体设施,构建 10 分钟舒适便捷生活圈。

2. 贯彻"绿水青山就是金山银山"理念,健全长效环保机制

大力推进系列环境整治行动,包括城市景观风貌提升专项行动、城市绿化品质提升专项行动、城市环境卫生提升专项行动、零直排区创建专项行动。优化城镇建筑布局,着力改变濮院建筑体量和高度分布较为杂乱的现状,杜绝建筑房屋、街道立面脏、乱、差现象。系统整治乡村环境,建立农业生产垃圾、农村生活垃圾循环降解、科学分类体系,切实缓解农业污染问题,持续推进河道清淤、农田保护等工作,建设高水平绿色生态农业。

（三）加快收入体制改革，强化共同富裕制度保障

1. 完善收入分配制度，持续彰显社会公平

加快形成橄榄形社会收入体系，进一步提升劳动收入在总收入中的比重，精准、动态识别低收入家庭，提高困难群体保障标准，建立医疗、教育、就业、住房、养老、消费全覆盖的兜底保障体系，全面增强社会整体流动性，确保濮院在推进共同富裕进程中不落一人、不漏一户。

2. 促进城乡区域协调发展，做好乡村振兴工作

统筹协调镇区、城乡过渡区和乡村地区"三区"建设发展，推动城市设施和公共服务向乡村延伸，促进城乡一体化发展。推进教育、医疗、养老等公共资源均等化配置，加大农村基础设施建设投入。做好"两进两回"工作，促进城乡要素双向流动，进一步缩小城乡居民收入差距。在农业生产方面，加大现代化农业建设力度，促进人地资源优化配置，推进濮院农业向数字化、集约化、生态化发展，以农业高质量发展带动农民增产增收。

3. 推进治理体系改革，提高现代化治理能力

高效利用"微嘉园"等治理平台，层层压实基层治理主体责任。推进"城镇智慧大脑"场景应用，用"整体智治"理念创造性解决基层治理和发展难题，着力推进矛调中心标准化管理。建立防范化解风险的快速反应机制，守好生产安全、交通安全、食品药品安全三大阵地，建设更高水平的平安濮院。

作者单位：嘉兴大学

秀洲区洪合镇：
奋力打造开放友好型共同富裕城镇典范

陈　军

摘要：首先，文章介绍了洪合镇作为共同富裕城镇典范研究的背景，鲜明指出其具有开放友好型共同富裕的特征；其次，回顾了洪合镇的历史与现状，勾勒出了具体的发展历程；再次，通过特色产业创富、民族共融齐富和党建引领共富三个层次论证了其具有共同富裕典范性基础；最后，理论联系实际，提出了洪合镇共同富裕典型案例的经验启示。文章根据介绍历史背景—梳理研究现状—分析发展趋势—总结经验启示的逻辑脉络，立足洪合镇毛衫产业优势，围绕镇党委政府多措并举推动共同富裕建设的具体做法，详细阐述了洪合镇基于开放友好型共同富裕建设的案例内涵。

关键词：特色产业创富；民族共融齐富；党建引领共富

一、研究背景：培植主导产业、构建开放型经济的洪合模式

实现共同富裕是中国特色社会主义的本质要求，是中国共产党人全心全意为人民服务的实际体现。2020 年"两会"期间国家明确指出要支持浙江高质量发展建设共同富裕的示范区，目的是探索推进共同富裕的体制、机制和制度体系，形成可复制、可推广的经验，树立标杆。

洪合镇目前形成了以毛衫为主导产业的经济发展模式，拥有实体

店铺 3370 家,实体电商店铺 1400 多家,全年毛衫交易额超过百亿元,2019 年入选"全国综合实力千强镇"。2020 年实现地区生产总值 59.7 亿元,同比增长 6.5%,增速位居全区第一。三次产业比例为 2.2∶48.2∶49.6,实现域内户籍居民人均存款超过 100 万元。农业方面,实现了耕地应种尽种,生态农业高效发展,各村平均经常性收入、经营性收入分别达到 218.5 万元、138.5 万元;工业方面,新增规上企业 10 家,完成规上工业生产总值的 34.8%,其中战略性新兴产业和高新技术产业增加值均居全区第一;第三产业方面,实现服务业企业营收 2.68 亿元,实现毛衫交易额 117 亿元。产业均衡发展为洪合镇共同富裕打下了坚实物质基础,共同富裕已经成为洪合镇经济发展最为显著的特征。

2020 年,嘉兴所属 5 个县(市)财政总收入全部超过百亿元,在浙江省率先实现村村财政收入超百万元;嘉兴市农村居民可支配收入全国最高,达到 3.98 万元;城乡居民收入比为全省最优,为 1.61∶1。数据表明,嘉兴是全国城乡统筹和城乡发展的标杆。洪合镇作为嘉兴的重要乡镇,在经济发展取得显著成效的同时,形成了以主导产业为(牵引)核心,全民参与共同受益为模式的开放性经济,这种开放性经济带动了周边地区,以及云贵川等西南地区人民的致富,具有典型的共同富裕的性质。在嘉兴市共同富裕建设的道路上,洪合镇实现了先富、共富的实践和效率促进公平的理论创新,具有特征鲜明、正能量丰富的特点,完全有条件成为嘉兴市共同富裕建设的精彩样板和城镇典范。

二、发展现状:农业、工业、现代服务业高质量发展

洪合镇是嘉兴市秀洲区所辖镇,总面积为 54.91 平方公里(2017 年的数据),辖 10 个行政村、1 个居民社区,总人口近 10 万人,其中外来人口约 7 万人。2019 年 10 月,洪合镇入选"2019 年全国综合实力

千强镇"，是中国知名的毛衫名镇、省级卫生城镇、省级体育先进镇、省级东海文化明珠镇、省黄花梨之乡、市级文明镇。

洪合镇气候温和，物产丰富，是槜李的著名产地，素有"丝绸之府、鱼米之乡"的美誉。这里拥有悠远的文化历史，流传着西施与槜李、吴越国界桥的优美故事。从宋、元至辛亥革命期间，洪合镇北部和中部为新塍地区灵宿乡，东部和南部属于王店地区长水乡，西部为濮院镇所辖乡村。从辛亥革命到新中国成立前，这里为塘南乡、国界乡、泰石乡和濮院镇属村，新中国成立后成为人和乡、塘濮乡、泰旗乡。1950年为纪念王洪合烈士（原籍山东，1949年在原人和乡索门里村剿匪战斗中牺牲），原人和乡改名为洪合乡。1961年4月后成立洪合公社，1983年恢复了乡建制，1994年8月改乡设镇。

洪合镇社会公共设施完善，运输、金融、通信、娱乐设施一应俱全，位于繁华富庶的长三角杭嘉湖平原中心地带，极具交通地理优势。距上海、杭州均在100公里范围内，与杭州萧山国际机场、浦东国际机场、乍浦港构成了1小时交通圈。洪合镇位于沪杭高速公路和乍嘉苏高速公路交会口，沪杭、乍嘉苏高速公路穿插而过。水陆交通方便，京杭大运河傍镇而过，是嘉兴市西部水陆交通便捷的经济重镇。

洪合羊毛衫市场是世界著名的羊毛衫生产批发基地。"秀洲·中国针织羊毛衫工业园区"基础设施完备，服务能力齐全，投资环境优越，是全球客商投资兴业的重要经济地域。洪合镇拥有针织圆机、编织机3万多台，配套的漂染、印花企业30多家；规模以上工业企业有54家；引进外资企业约16家；羊毛衫市场门市部达4000多个，市场总面积约23万平方米，年产羊毛衫达数亿件，种类齐全、价廉物美，远销韩国、西欧、中亚、中东、北美等30多个国家和地区。国务院前总理朱镕基等中央、省、市领导先后前来视察，给予高度评价。洪合镇目前已经成为嘉兴毛衫工业产、研、销一体化示范基地，并逐步向甲级旗舰型毛衫市场发展。

近年来，洪合镇农业特色产业发展较快，尤其是高新技术型农业发展迅猛,使全镇农业产业由传统产业向现代产业转变,由分散型经营向规模型经营转变。全镇水果、蚕桑、湖羊三大基地建设已经形成规模,目前,建成市级农业特色示范园区1个、区级农业特色示范园区2个,培育发展了数目众多的水产养殖、农产品加工、畜禽养殖、花卉苗木生产等现代农业龙头企业,形成了以洪建公路和320国道沿线为主的农业特色产业带。

工业上形成了"3个1",即一个传统产业(毛衫印染产业)、一个新兴产业(光伏光电产业)、一个未来产业(航空航天产业)的发展格局。建设了国际毛衫生态园,促进了毛衫产业价值链延展;建设了临空产业经济园,推动了临空经济产业快速发展;建设了秀水光谷,打造了光电产业集群。

现代服务业上实施了品牌驱动战略,加强了与天猫、京东等大型电商的合作,实现了从无到有、从弱到强的转变。同时加快了现代服务业的转型升级,实现了传统低效能企业的腾退,夯实了创新项目驱动,探索了特色工业旅游、房车营地、村居酒店等一批新型旅游设施建设。

三、主要做法:特色产业创富、民族共融齐富、党建引领共富

(一)特色产业创富

洪合镇的共同富裕始于洪合模式的建立:主导产业牵引→家庭企业运作→开放分工生产。洪合镇产业模式的建立来源于洪合镇人在共同富裕道路上的三次重大选择。

第一,主导产业牵引(第一次选择)。洪合镇自古以来就具有生产棉毛制品的比较优势,因此改革开放之初就借助临近国道的地理优势,民众自发生产毛衫,沿路卖给南来北往的司机,因价格公道、质量优良,逐渐形成了产业链。当时洪合镇是以农业为主的乡镇,借助区

位优势,当地工业也形成了一定规模。选择什么作为致富的主导产业,将财政有限的资金用到刀刃上,一直是镇领导思考的主要问题。经过调研发现,一是毛衫市场建设政府投入小,有限资金能够撬动大产业;二是全镇人民都能够参与生产,从中均等受益;三是产品借助国道优势可以辐射全国,能够让洪合镇的乡亲走出去,看到更大的舞台。综上,由政府出资,建设了洪合镇羊毛衫市场,从而形成了明确化、规模化、规范化的以毛衫为主导产业的村镇经济发展模式。

第二,家庭企业运作(第二次选择)。洪合镇通过毛衫产业打响品牌,获得丰厚收入后,受利益驱动,产品生产开始出现假冒伪劣、企业恶性竞争、市场资源竭泽而渔等不良现象。洪合镇的主导产业走到了生死存亡的十字路口。当时市场经济的主流做法是退散进集、资源优化整合,扶持优势企业做大做强,形成主导产业竞争力。但洪合镇政府经过细致深入调研,发现这样做,主导产业也许会做大做强,政府会获得较高的税收,但当地百姓由于参与大工业生产的能力有限,从中受益却不大,而且利益可能受损。本着“政府是人民的政府”“只要是有利于百姓的事就是对的事”等原则,政府选择了当时被认为是落后方式的家庭企业运作模式,通过一系列乡规、村律、法律等手段约束,洪合家庭企业运作模式取得了成功。

第三,开放分工生产(第三次选择)。随着毛衫主导产业规模的不断扩大,产业分工愈加精细,本地资源已无法支撑发展,资源无法实现有效配置倒逼洪合镇人走到了发展的第三个十字路口。根据国际经贸理论的主导思想,建立跨区公司,采取分公司、子公司的运作模式更加高效、稳健。吃水不忘打井人,自己富了不算富,先富不能忘了周围的乡亲们。于是洪合人以开放、感恩、包容的心态采取了传、帮、带模式,将技术、市场毫无保留地传授给周围乡村的人,从而形成了洪合镇家家户户搞生产、人人参与经营的共同致富局面。

(二)民族共融齐富

洪合镇的共同富裕首先用前场后店的方式解决了本地人的共同

富裕问题；然后运用服务外包方式带动了长三角周围近 1000 公里人群的共同富裕问题；如今，正在并探索和践行如何带动西部和民族地区人群的共同致富问题。

第一，全民参与，前厂后店带动全镇各类人群共同致富。一是实现了农业转移人口的共同致富。毛衫的生产工艺简单，普通工人经过培训都可以实现自主生产，最重要的是对生产场地要求较低，一台织机一个人在家就可以从事生产，特别适合农村转移人口的致富需求。目前洪合镇拥有针织圆机、编织机 3 万多台，配套漂染、印染企业 30 多家，其他规上企业 54 家，基本全面吸收了从农业转移过来的农业富余人口。二是实现了城镇人口的共同致富。目前洪合镇拥有大型毛衫市场园区 4 个，拥有实体店面商铺 3370 余家。由于毛衫生产的特性，洪合镇的实体店铺不是普通销售店面，多为前场后店的集生产、批发和零售等功能于一体的综合性店铺。因此，可以说一个实体店面对应着一个家庭，甚至是数个家庭，全面地诠释了主导产业生产全民参与的实践。

第二，分工精细，服务外包带动周边近千公里人群致富。洪合镇目前已形成了占地 23 万平方米、包含 3000 多个生产品种的全国首屈一指的专业毛衫生产基地，全世界 80% 的毛衫生产在中国，其中洪合毛衫生产基地占据了其中较大份额，洪合镇自身的资源、生产、销售和售后服务能力已经远远满足不了产业发展的需求。洪合人根据周边辐射地区人才、资本、资源、劳动力等要素特点，对产业链实行精细分工，充分发挥长三角地区人流、物流、资金流和技术流的优势，采取服务外包的方式，将毛衫产业带动共同致富的触角直接、有力、可塑地扩展到自身周边 1000 公里的范围，既满足了现代化大生产的需求，又带动了周边地区的共同富裕，实现了双赢。

第三，开放包容，飞地经济带动"38＋1"个民族共同致富。洪合共同富裕实践的典型性不仅体现在其辐射的距离上，更体现在其辐射的方式和民族特征上。洪合镇户籍人口约 3 万人，而外来常住人口却多达 7 万人。这些人一方面为洪合镇经济发展做出了贡献，另一方面起到了支点作用，串联起了全国各地人民与毛衫产业的联系，实现了跨地区的"飞地"毛衫经济模式。一是通过网络形式为青年人创业提供了平台。洪合镇毛衫新市场电商众创基地建有电商店铺 1400 多家，这些电商平台实时将毛衫生产供求信息传递到全球网络上，构建了一个数字化的巨大供需网络，为毛衫产业奠定了稳定的生产基础，每年交易额近百亿元人民币。这些电商平台的主体主要是年轻人，小小的毛衫产业不仅解决了当地年轻人的就业问题，更带动了全国乃至全球年轻人的就业，从更深、更广的视角看，洪合镇共同富裕模式更具国际性。二是通过现代物流为落后地区人民致富提供了平台。洪合镇的实体商铺，有三分之一由外来人员经营，根据统计，他们多数来自西部民族地区和偏远落后地区，涉及 38 个民族。借助毛衫分散式生产的特点，凭借现代物流快速的优势，他们以亲情、乡情为纽带，采取传帮带的方式将毛衫生产的触角延伸到了贫困地区和民族地区。小小的洪合镇、小小的毛衫产业竟然撬动了如此广泛的民族大融合，为实现全国各民族共同富裕提供了鲜活的样本。

（三）党建引领共富

无论是特色产业引领下的创富，还是民族共融引领下的齐富，都离不开洪合镇政府的党建引领、思想创新、统筹规划、狠抓落实。总结一下，洪合镇政府在引领全镇人民建设共同富裕的道路上实现了三步走。第一步，通过特色产业引领下的洪合镇创富行动，使洪合镇本地人摆脱了经济上的贫困，实现了共同富裕；第二步，通过民族共融齐富行动，使生活工作在洪合镇的外乡人摆脱了经济上的贫困，实现了共同富裕；第三步，通过党建引领共富行动，使洪合镇本地人与洪合镇外乡人实现了大融合。

第一，以同权为基础，完善了新居民身份保障。新居民是洪合镇经济发展的一大特色，数量大，分布广，管理难度也大。如何让新居民更好地融入洪合,是洪合镇镇党委政府在共同富裕道路上一直探索的课题。经过"十三五"期间的摸索,目前业已形成特色鲜明的融合手段。一是完善了新居民社区服务。通过加强镇(街道)、村(社区)两级新居民管理体制机制,建设了精干高效的新居民管理队伍,以新居民比较集中的社区为重点,全面加强了新居民人口信息管理,优化了社区工作队伍配置。通过支持新居民参与社区民主选举,担任社区居民委员会成员或居民小组长,共同参与居民社区的管理,使全镇新居民的管理更加民主、有序、健康。二是建立了新居民党员队伍。为服务好7万新居民,洪合镇成立了以新居民为主体的8个党支部,在村级改选中,有2名新居民党员进入村委会领导班子。通过建立新居民党员联系常态化机制,推进了新居民党群服务阵地建设,建立了促进镇党委、政府与基层新居民之间联系、沟通的纽带,使管理、协调、沟通更加顺畅、润滑。三是加强了新居民基本服务保障。通过推进新居民与户籍人口在传染病防治、计划生育、儿童预防接种等方面享受同等待遇,凝聚了人心,团结了力量,使新居民有了强烈的归属感、洪合人的自豪感,为洪合的大发展奠定了良好的群众基础。

第二,以同利为根本,推进了新居民资源均衡配置。为解决新居民人口增长带来的教育、卫生资源不足、不均问题,镇党委政府实施了以教育、卫生为核心的新居民资源均衡配置工程。教育方面,一是实施了洪合义务教育就近入学制度,启动了印通小学扩建工程,实现了新居民小学教育资源均等化;二是加大财政转移支付力度,推动了学前教育供给多元化,全面实现了全镇新居民学龄儿童就近入园、便捷入园、普惠入园;三是为了使新居民安心生产,解决孩子社会管理教育问题,镇政府还推动了高中教育全面普及,为新居民解决了后顾之忧。卫生方面,一是按照新居民增量,加强了农村、社区卫生服务体系建设,提高了社区卫生服务站和村卫生室的医疗服务水平;二是根据新居民融入新环境的精神需求,在区、镇、社区三级大力开展了相关的心理健康科普教育;三是在新居民健康养老服务方面,谋划建设了3000

平方米的康养中心，使新居民养老服务和医疗机构深度融合。此外，洪合镇党委政府还加快推进了新居民安置点建设，高标准推进了农贸市场、文化中心、市民体育中心等生活设施建设，全方位思考、谋划，为新居民定居、安居、乐居提供了良好的条件。

第三，以共富为目标，强化了新居民就业服务。为实现洪合人共同富裕的目标，洪合镇党委政府积极推动公共就业服务新居民的全覆盖。同时，加大对新居民重点群体的倾斜力度，坚持把实现富裕均等化工作摆在就业工作首位，积极开拓就业能力强的产业和企业，为新居民创造更多的就业岗位。具体做法：一是重点围绕毛衫、农产品加工、新材料、新型能源化工、旅游、现代物流、互联网等七大产业板块，打造上下游联动的全产业链，增强了经济发展吸纳新居民就业的能力和吸引高层次人才的能力；二是设立了人力资源平台，建立了企业、个体工商户等主体单位与就业人员的网络联络体系，强化了用工检测和调查，动态采集空岗信息，提升了人力资源市场供求匹配比例，推动了洪合镇新居民劳动关系的健康平稳发展；三是依托社会矛盾纠纷化解中心平台，通过协商、调解、仲裁、诉讼等多元方式依法有效处理涉及新居民的劳动人事争议，充分发挥了矛盾调解中心"一站式"矛盾调解处理的作用，妥善处理了若干群体性争议案件，有力维护了洪合镇的社会稳定。

四、经验启示：以培植主导产业、构建开放型经济推进共同富裕

（一）主导产业的选择正确

西方经济学中的产业集约化、生产工厂化、加工机械化也并不是绝对化的现代社会产业发展模式，在特定条件下，传统产业、家庭生产、手工制造同样可以成为现代化大生产的一部分，在共同富裕的道路上，同样可以走出一条有特色的路径。洪合镇毛衫产业在浙江省的

发展壮大表明，经济产业发展不代表只有集聚化、专业化、规模化一条道路可以走，建立在精细分工、现代物流、网络经济基础上的分散、开放、共享的产业模式，同样是一条具有生命力的发展之路，并且是一条可以规避资本主义社会化大生产导致贫富差距扩大化的弊端，实现共同富裕的道路。

（二）开放经济的理念正确

资本主义经济发展的高级阶段是垄断经济阶段，少数人独享利润是资本主义制度设计的必然选择，因此公平效率、贫富差距、经济危机成为资本主义的标配。而洪合镇共同致富的实践告诉我们，打破技术壁垒、地区壁垒，实行开放经济，不仅可以扩大个体利润空间，而且可以使整体利润空间都得到提升，市场不再是资本发展的瓶颈，只要开放，市场完全可以有序扩大，因为共同富裕形成的生产力为市场奠定了规模。洪合镇在完成原始积累后，并没有故步自封，而是以开放、包容的心态引进外来人口、资本、技术，毫无保留地奉献了自己的产业链、社会环境，以强大的开放精神接纳了新洪合人，从而使洪合经济迈上了新台阶，维持了持续的高增长。

（三）共同富裕的道路正确

共同富裕既是中国特色的社会主义的本质要求，更是坚持和发展中国特色社会主义的重要抓手，习近平总书记一直把推进共同富裕作为建设国家现代化战略的目标和手段同时加以思考。从经济学理论角度看，共同富裕作为手段可以起到扩大生产、激发市场的作用，可以赋予经济发展更加丰富的劳动力、更加广阔的市场；从发达经济体的实践来看，社会阶层均等化程度越高，劳动力水平越高，专业化市场的规模越大，财富价值创造的效率越高。洪合镇户籍人口约 3 万人，外来人口约 7 万人，新洪合人业已成为当地经济发展的主力军。本地洪合人实现了原富，新洪合人巩固扩大了原富，实现了双赢。在洪合镇政府共同富裕建设的带动下，新老洪合人不仅在经济发展的人才、技术、资金、市场上产生了"1＋1＞2"的合力，更在洪合镇中国特色社会主义精神文明建设中创建了开放友好型共同富裕城镇典范。洪合镇共同富裕建设的道路说明，在共同富裕的旗帜下，公平与效率，可以实现共赢，并且，在一定限定条件下可以形成"1＋1＞2"的合力。

作者单位：嘉兴大学

平湖市徐家埭村：
聚焦小棒球产业托起共同富裕大梦想

吕响亮

摘要："治国之道，富民为始。"共同富裕是社会主义的本质要求，是人民群众的共同期盼。实现共同富裕不仅是经济问题，而且是关系党的执政基础的重大政治问题。推动共同富裕，短板弱项在农业农村，发展潜力也在农业农村，关键是要加快农业农村高质量发展。徐家埭村以"3个1"为共同富裕的实践思路，先行先试，成效显著。徐家埭村共同富裕案例，真正践行了以人民为中心的发展思想，坚持改革创新、敢闯敢试、共建共享改革发展成果，并进一步丰富了共同富裕的思想内涵，为全省乃至全国探索解决地域差距、城乡差距、人均收入差距问题，实现共同富裕做出了有益尝试，提供了基层范例。

关键词：高质量；乡村振兴；共同富裕

一、研究背景：推进高质量乡村振兴与促进共同富裕的理论与实践背景

（一）乡村振兴与共同富裕的基本理论逻辑

当前，我国经济社会发展不平衡不充分问题仍然突出，城乡区域发展和人均收入分配差距较大，各地区推动共同富裕的前提和基础不尽相同。促进共同富裕，最艰巨最繁重的任务仍然在农村。[1]"民族要复兴，乡村要振兴"，全面建成小康社会之后，实施乡村振兴战略已是

我国在新发展阶段缩小城乡差距、促进城乡人民共同富裕的重要举措。[2]实现高质量乡村振兴，缓解我国城乡发展不平衡问题，对我国中长期扎实推进共同富裕具有重要作用。[3]可以说，高质量乡村振兴是实现共同富裕迈出坚实步伐的必然要求，也是实现共同富裕目标的难点和潜力，共同富裕是高质量实施乡村振兴战略的行动指引。[4]这就要求，必须在高质量发展中推进共同富裕，要立足于乡村发展的阶段性特征和区域资源禀赋，通过寻找自身增长极并释放能量，寻求全域性的高质量发展，在全面推进乡村振兴中有效满足人民日益增长的美好生活需要，实现共同富裕。

（二）徐家埭村探索共同富裕的实践背景

根据国家统计局的相关资料，2021 年全国居民人均可支配收入35128 元，城乡居民人均可支配收入比为 2.50。农村经济落后于城市经济、农村居民生活水平落后于城镇居民生活水平是当下我国实施乡村振兴，促进人民共同富裕的最大现实背景，也是达成共同富裕目标的最大难点和痛点。徐家埭村位于平湖地理位置中心，村区域面积7.5 平方公里，辖村民小组 24 个，农户 1492 户。村党委下设 8 个党支部，共有党员 181 人。

四年前，徐家埭村还是一个普普通通的自然村落。四年后，它依托自身是接轨上海的"桥头堡"这一得天独厚的区位优势，找准市场缺口，以党建为引领，在郊野乡园景区精心打造了全省首个达到国际标准的青少年棒球基地，对外提供教学培训、赛事组织、观光旅游等服务。先后承办了嘉兴市美丽乡村精品线建设现场推进会、嘉兴市"巾帼追梦"乡村振兴巾帼线路推介会、首届"中国农民丰收节"平湖庆祝活动开幕式等一系列活动，擦亮了徐家埭美丽乡村建设的金字招牌，并成功创建 3A 级景区村庄，被评为浙江省美丽乡村特色精品村，获授牌成为浙江大学公共管理学院乡村振兴现场教学点和社会实践基地。被嘉兴市列为"十个有全省知名度的品牌党组织"培育对象，并被列入嘉兴市基层党建示范点创建名单。

二、主要做法:抓好"3 个 1",托起徐家埭村共同富裕之梦

徐家埭探索共同富裕的实践思路是"3 个 1":1 个抓手,即以打造徐家埭村基层党建示范点为抓手;1 个支点,即以"农业为底＋体育经济＋文化注入＋旅游拓展"为支点;1 个杠杆,即以推进农业农村高质量发展为杠杆,托起徐家埭村共同富裕之梦。

(一)以打造平湖市基层党建示范点为主要抓手,抓好顶层设计

第一,坚持以党建为引领。在新征程中推进共同富裕,徐家埭村充分发挥党的集中统一领导和社会主义制度的政治优势,做好了共同富裕的顶层设计,积极探索促进共同富裕的工作体系,确保"共同富裕路上,一个也不能掉队",走出了一条具有徐家埭村特色的基层农村共同富裕道路。将徐家埭村打造成平湖市基层党建示范点,成立工作专班。以市委书记为主要领办领导,市委常委、组织部部长兼任办公室主任,镇党委书记担任副主任,聚焦党建引领、棒球特色、景区产业、融城经济、强村富民等重点,市镇两级共同谋划相关创建方案,明确工作任务、具体举措、相关保障,协调整合自然资源和规划局、农业农村局、文旅局、城投集团等部门,听取他们对该村发展的意见建议。

第二,谋划统筹发展格局。主动谋求与嘉兴大学共同富裕研究院合作,编制徐家埭村党建引领共同富裕发展规划,聘请专家全程指导,明确以"农业为底＋体育经济＋文化注入＋旅游拓展"为主要发展思路,合理布局产业带,构筑徐家埭村"农体文旅"融合发展产业格局。推动集体土地入市,导入房地产和服务业(品牌餐饮、民宿等)项目,将其打造成城市近郊生态宜居之地。重点推进徐家埭村规划设计,规划

构建"一轴一带四区"①总体空间格局,谋划"魅力之门、城镇之窗、休闲之园、未来之家"四大节点的城市设计,积极对接市级国土空间规划,研究国土空间规划、概念性城市设计规划、实用性村庄规划、党建引领共同富裕发展规划、未来乡村规划,完善基础设施建设,实现开发边界总量稳定、布局优化、落地实用。

第三,项目化运作管理。围绕规划设计、产业经济、强村富民、环境整治、人文内涵五大板块,梳理出 25 个重点项目,项目化、清单化、节点化推进。明确工作目标,倒排时间节点,落实相关责任部门和人员。注重财力、人力和物力向基层倾斜,初步测算总投资在 6 亿元以上。

(二)以"农业为底＋体育经济＋文化注入＋旅游拓展"的棒球特色产业为支点,撬动产业融合发展

第一,以特色农业为托底。立足林埭镇传统水产养殖、果蔬种植基础优势,以打造创意农园为载体,提升现代农业发展水平。截至目前,已建成"四大农园"。围绕农业技术示范,在徐家埭村晒浜、俞家浜建设了"郊野乡园农园",依托大印、星火两大农场,示范推广现代农业种植技术;做好"特色农产品＋乡村旅游"的文章,推出白对虾、泥鳅、跑道鱼、大印农场托盘蔬菜、星火农场果桃、阿奴杜瓜子、阿美珍珠等特色农产品。依托良好的自然环境和特色资源,打造集观光、休闲、餐饮、住宿、采摘、娱乐等功能于一体的乡村旅游田园综合体。以俞家浜为点位,与都家浜、晒浜、长池沿、清溪桥、郑家浜等一批美丽乡村旅游风景区串点成线建设水、陆两条旅游线路,连续两年开展龙溪文化旅游节,吸引了一大批市内外游客来林埭观光休闲。

第二,以发展体育经济为突破口。紧扣村域实际,错位发展,在毗邻俞家浜的一片杂草丛生的荒田上,通过"村集体投资＋市镇级项目

---

① "一带",黄姑塘水岸风光带;"一轴",金海洋大道城市发展轴;"四区",城市乐享慢活区、品质生活乐居区、郊野香园体验区、农旅融合发展区。

资金补助"的方式筹集 600 余万元，开拓出了占地 2.4 万平方米的绿茵草坪，成功打造了全国首个乡村棒球场。并大力发展青少年棒球运动，牵手世界顶尖青少年棒球俱乐部贝比鲁斯棒球联盟，与中国棒球协会签署中国少年棒球集训队（U10 年龄组）共建合作协议。启用至今已经承办了 20 多场国家级、长三角等赛事，带来游客 82 万余人次，2020 年被授予"中国少年棒球队 U10 训练基地"，并连续 4 年成为"全国青少年 U10 棒球锦标赛"承办地。持续 3 年举办"龙乡快船"竞渡赛及"环林埭自行车骑行"竞速赛，来自嘉兴全市的自行车骑行爱好者在竞速的同时领略了美丽乡村。林埭以重大体育赛事吸引了一大批上海、江苏、杭州、宁波等周边地区居民。

第三，注入传统历史文化。乡村振兴，文化铸魂是根本。既要塑形，也要铸魂，依托独具特色的清溪文化、龙文化、船文化、良渚文化等历史文化资源，将传统历史文化融入全域旅游发展，打造特色文化旅游品牌。采用一系列措施跟进塑造本土棒球文化：设计棒球场 logo 和吉祥物"茏茏"形象，建设棒球文化展示馆，成立棒球文化体育旅游开发公司，推动企业与知名棒球品牌合作，参与设计制作棒球服、棒球帽、棒球包等文创产品，深受游客喜爱，年销售额达 35 万元，其中棒球咖啡杯荣获全省文创"伴手礼"金奖。

第四，做好旅游拓展。围绕棒球基地的旅游产业，开发生产棒球服、棒球帽、棒球包等系列棒球文创产品，先后成功举办"漫步俞家浜·赏景品果香"徐家埭村亲子采摘节、"舌尖上的乡愁"农家小吃制作体验、"平湖九彩龙"舞龙体验、首届中国农民丰收节平湖庆祝活动开幕式暨"飞阅大美浙江"无人机航拍大赛、"龙乡快船"竞渡赛等一系列群众性特色活动。一批青年创业者在此建立个人工作室，如者舍工作室、当湖印社、金平湖名师工作室，既增加了农产品经营收益，又拓宽了农民增收渠道。探索构建一产种养、二产加工、三产旅游销售，产农创、文创有机融合的产业发展体系，形成贯通种养、生产加工及旅游服务的现代农业产业链，实现一二三产业融合发展。

（三）在乡村振兴战略下,以推进农业农村高质量发展为杠杆,托起共同富裕之梦

1. 美化乡村生态

坚持"全民共建、全民共享"理念,广泛开展"美丽村组"评创、"优美庭院"创建擂台赛等美丽创建行动,营造全民参与美丽乡村建设的良性格局。建设集优美庭院孵化基地、亲子乐园基地、自然教育实践基地于一体的"清溪田园",免费为农户提供花苗花木,并开设了"美丽超市",推出美丽家庭评创奖励办法,把优美庭院、垃圾分类、绿化养护、平安之家四项内容量化并每月实行评比计分,通过垃圾分类积分兑换,让"美村"小行动成为村民看得见、摸得着的实实在在的"商品"。存积分、兑奖品,让广大村民从中获得实惠,更提高了村民参与环境整治的积极性。面向参与创建的农户以积分制形式给予物品兑换奖励,并给予创建达标户、示范户每季 15—30 元、每年 100—200 元的物质奖励。

2. 推进强村富民

成为基层党建示范点的标准之一是实现强村富民。对徐家埭村而方,强村就是做大做强村集体经济,进而带动村民共同富裕。徐家埭村以棒球基地为特色,创新"众筹"资金共富模式,吸引社会资本投资"八大碗"农家乐餐饮,让村内的低保家庭参与旅游投资,以"郊野乡园公司占股 10%（资源股）、社会资本占股 80%（现金投入）、村民投资占股 10%"的组成形式注册 300 万元资金,成立平湖市乡园旅游服务有限公司,运营俞家浜八大碗餐饮、民宿等。目前共有 33 户低保户及低保边缘户参加,共计投资 285000 元,低收入家庭可以从中连续获得 5 年的收益。

3. 创新乡村善治

为解决美丽乡村建设过程中"干部干、群众看"、村民不配合不参

与的问题,设置"村民议事厅""户长议事会",集中村民的智慧,鼓励群众参与村务"当家作主",针对家禽养殖、垃圾分类等问题进行集体讨论商议,正式确立村规民约、村民议事制度,落实路灯、停车场、旅游开发等民生实事项目。探索"五事五连心"网格聚事工作法,即连心敲门征事、连心议站定事、连心恳谈议事、连心团队办事、连心监督评事。连心敲门征事,积极发挥"4+2+X"微网格连心服务团等的作用,每月开展连心走访等活动;连心议站定事,即以党员先锋站、村民小组长家为"根据地",通过全村36个微网格全面打造"连心议站",每月召开线上线下连心议事会,畅通议事交流渠道;连心恳谈议事,即坚持"有事大家议,好坏大家判,大事一起干"原则,大家一起议事一起做主,商讨应该怎么办;连心团队办事,即每月开展连心结对、连心代办、连心助困等连心服务;连心监督评事,即坚持"服务+监督"双管齐下,做好各方监督工作,确保大小民生实事事事有回音、件件有落实。

三、实践成效:在乡村发展中共享共同富裕成果

(一)城乡差距进一步缩小

2021年,平湖市城镇居民人均可支配收入为71814元,农村居民人均可支配收入为43914元,城乡居民收入比为1.64∶1。棒球场建成前,徐家埭村农民人均可支配收入仅2万多元,2021年人均可支配收入增至4.5万元,村集体经常性收入397万元,村集体收入1270万元,城乡居民收入比不断缩小。在徐家埭村,有效市场和有为政府合作打出了一套有效的组合拳,制约高质量发展、高品质生活的体制机制障碍得到有效破除,探索出了先富带后富、推动共同富裕的目标体系、工作体系、政策体系,形成可复制、可推广的普遍性经验。

(二)产业体系深度融合

徐家埭村以"错位发展"为思路,努力打造棒球产业,通过体育产业,形成了深度融合产业体系,探索富有活力、创新力、竞争力的高质

量发展模式,成为经济高质量发展的基层范例。酒店、餐饮等领域均产生了裂变效应,带动体育、文化、农业、旅游等产业融合发展。产业升级和消费升级协调共进、经济结构和社会结构优化互促的良性循环加快构建,成功打造了一个村集体经济的强劲活跃增长极。村里依托棒球文化串起本地经济产业链,促进棒球产业在乡村振兴中提升经济发展实力,相关做法得到了省市各级部门的关注和肯定,省体育局郑瑶局长亲临指导,并给予政策支持。

（三）生态之美日益彰显

徐家埭村曾经是平湖有名的养猪、养鸭大村,对生态环境造成了严重污染。随着棒球基地的建立和发展方向的转变,村班子坚定"绿水青山就是金山银山"的发展理念,以优化人居环境为核心,开展了"五水共治""三改一拆""优美庭院""垃圾分类""污水入网"等一系列专项治理行动,全力推进农村环境综合整治。目前,徐家埭村已建成水清、景美、环境整洁的美丽家园。过去,村民因农村环境污染被迫搬到了城里,现在,环境变好了,村民又从城里搬回了3A级景区村庄,并且主动成了俞家浜的"船管家"。

（四）文明新风愈加盛行

徐家埭村自从成功打造"中国棒球第一村"之后,棒球运动在当地农民中已经是一项高雅、时尚却又再平常不过的运动,比广场舞还受村民喜欢。徐家埭小学已经组建两支青少年棒球队,在各种级别的比赛中拿过三个冠军、两个亚军。年轻人竞相回归,大学生文创基地成为景区网红打卡点,"空心村""老年村"早已成为过去。垃圾要分类、随手捡垃圾、垃圾不落地等良好的卫生习惯已经成为村民的一种自觉,生态环保已经成为俞家浜村民的常态。现在的"村民议事厅""户长议事会"的人气也越来越旺,从一开始的几个老人参会到现在的拖家带口、集体出谋划策,主动参与到美丽乡村建设,村民自发组成绿化维护队、保洁队、安全监督队等。徐家埭村的农民活出了不一样的精彩。

四、经验启示：通往共同富裕的道路千万条，徐家埭的共同富裕路值得学习研究

（一）坚持党建引领，推动乡村善治

没有完全一样的乡村，也没有相同的高质量乡村振兴道路。但是，推进高质量乡村振兴离不开和谐稳定的社会环境，应坚持自治为基，构建党委领导、政府负责、社会协同、公众参与、法治保障的现代乡村治理体系。要加强农村基层党组织建设，扎实推进党建引领乡村振兴，努力把农村基层党组织建成坚强战斗堡垒。优化提升农村带头人队伍，选好配强村"两委"班子特别是村级党组织书记。徐家埭村支书曾经是一名军人，从部队到企业再回到农村，投身农村工作一线，引领全村跑出了一条"农文体旅"融合的强村富民之路。因此，吸引优秀人才回乡创业兴业很重要。

（二）坚持产业带动，实现村美民富

实施乡村振兴战略，村美是手段，民富是关键，最核心的是要发展生产力，让广大农民增收致富。只有把富民增收作为首要任务，坚持不懈加大农业结构调整力度，着力培育现代富民产业，推动农村一二三产业深度融合，日益壮大农村经济，才能为乡村振兴注入强劲的动力和活力。推动乡村振兴，应加快土地流转，扩大规模，打造基地，发展现代农业。

（三）坚持培育乡风，焕发乡村文明

文化是乡村振兴之魂，要把文化建设充实到乡村振兴之中，深层次挖掘本地文化元素，提升农村文化内涵。乡村已经播下了棒球运动的种子，要继续做好棒球文化与本土文化的融合发展。利用旧建筑、古民居等文化载体，做好历史文化保护与开发，深入推进爱、诚、孝、仁等优秀传统文化的传承与发扬，引导村民爱党爱国、向上向善、孝老爱

亲、重义守信、勤俭持家。还要注重发挥党员、干部、军人、教师和新乡贤等各类群体的带动作用,为高质量乡村振兴注入新活力。

（四）坚持因地制宜,推进有序实施

高质量乡村振兴,应突出本地区位优势、物产特点、文化差异等,要基于自身特点,错位发展很重要。要明确村庄发展定位、民居风格、人文风情和产业特色。要立足于现状,从实际出发,找准定位,因地制宜发展特色种养业、农产品加工业,发展农产品采摘、农家乐体验等集住宿、餐饮、娱乐于一体的旅游项目,制作具有浓郁地方特色的工艺品和旅游纪念品,有效带动村民创业增收。

五、发展建议:从政府层面和村级组织层面探讨后续发展的思路

无论是全国层面还是浙江区域,无论是徐家埭村,还是周边乡村,实施乡村振兴,推进共同富裕,都要处理好战略和战术的关系,战略都一样,但各自的基础条件不同,战术也应各有不同。

（一）政府层面

第一,优化政府职能,强化公共服务。徐家埭村要抓住平湖东拓契机,借力全省实用性村庄规划试点这一重点机遇,做好整体规划编制。一是加强规划引领、制度创新、人才培养和信息提供,聘请有优秀实践案例的设计公司,对全村发展规划进行整合,统一规划,统一布局,增强规划的统领性、精准性。二是同步规划和工业两条线要密切协作,一边谋划产业项目,一边精准规划布局。近期主要是景区片区产业项目布局,如定位 4A 级景区,确定具体招引的产业和项目,明确与棒球经济有关的项目,同时需要深入思考规划,加大招商力度,扩大布局。三是落实专项资金。建议市级财政落实党建示范点打造专项资金,可根据项目进度排布,分步实施落实。同时其他各个条线部门专项性、项目性资金也需专项逐一落实。同时,建议与九龙山旅游度

假区进行相关资源整合。

第二，加强统筹协调，推进城乡融合。进一步提升环境整治，建议镇里成立工作专班，市里增加破难组（如企业退散进集破难组），对景区、集镇、沿线环境进行集中整治。围绕公务服务均等化，农村义务教育及乡村社会保障制度实现同步提升。解决城乡差距的同时，要保留并突出乡村特色，注重城乡功能差异和优势互补，防止照搬城市思维、城建思路。

第三，坚持循序渐进，追求健康发展。在纵向上要充分考虑在每个发展阶段上的关键任务和问题挑战，战术举措要突出稳定性、衔接性、持续性和有效性，要稳中求进、循序渐进、久久为功。要处理好快慢、量质、点面的关系，防范反复性调整、周期性夭折、颠覆性错误、系统性风险，要依靠徐家埭村党组织和市场主体打造示范典型，防范政府过度介入。

（二）自身层面

第一，抓好党建示范点建设。充分发挥村党支部的战斗堡垒作用和党员干部的先锋模范作用，进一步发挥好第一书记的作用。加强班子建设，统筹经济、政治、文化、社会和生态文明建设，积极从村里的致富能手、服务群众好手中发展党员。保持徐家埭村俞家浜景区村民临水而居的乡村自然特色，打造美丽庭院，规划专门地块散养鸡、鸭、鹅，以及种植苗木花卉，继续深入开展"美丽超市"积分兑换和"优美庭院"评选工作。

第二，进一步丰富产业业态。在继续做深做强棒球产业的基础上，保留和发展好徐家埭村的特色农业和本地知名品牌，并进一步丰富产业业态，延伸产业链条，继续做大做好强村富民，继续引进外来投资，积极引导农民参与，壮大绿色、有机果菜种植与采摘。开启鲜乐蔬线上销售模式，以"线下＋线上"形式，在农户与市场之间搭建桥梁，实现"一地生三金"（土地流转收租金、就地打工挣现金、入股合作社分股金）。

　　第三，落实专业人员进行景区项目招引、管理及开展棒球培训。市场运营要专业，要调动利用好市场资源，面向社会引进有实力、有经验的专业公司或管理团队，有效盘点利用好资源，对俞家浜景区进行日常运营和策划，将乡村资源与市场进行更好的融合，推动景区运营和共富主体实现市场化运作。同时，基于该村棒球产业的发展思路、居民消费观念的转变和消费需求的升级，必须加强棒球运动后备力量的培养。

主要参考文献

［1］习近平.扎实推动共同富裕［J］.求是，2021（20）：4-8.

［2］叶兴庆.新时代中国乡村振兴战略论纲［J］.改革，2018（1）：65-73.

［3］李实，陈基平，滕阳川.共同富裕路上的乡村振兴：问题、挑战与建议［J］.兰州大学学报（社会科学版），2021，49（3）：37-46.

［4］黄承伟.论乡村振兴与共同富裕的内在逻辑及理论议题［J］.南京农业大学学报（社会科学版），2021，21（6）：1-9.

作者单位：平湖市社会科学界联合会

平湖农开区（广陈镇）：
高质量发展涉农产业　助推农民共同富裕

欧阳仁根

摘要：平湖农业经济开发区通过设立公司平台以工业化理念发展农业、瞄准科技前沿建设国际科技农业合作示范区、以涉农产业为要促进城乡更深层次融合发展等途径，形成了高质量开发涉农产业的"广陈模式"，在现代农业发展、农村固定资产投资、农业增加值增速、农村环境全域秀美、村级集体经济壮大、一二三产融合发展、乡村社会治理和基层组织建设等方面实现了蝶变跃升。其在通过农业平台进行招商引资、引导农业经营土地向规模化集中、以先进科技引领新型农业快速发展的农业发展新路，大力实施农药化肥"双减"行动、试点推行稻田退水"零直排"工程、探索创新"负碳"农业硅谷的绿色发展之路，以及创新"公司＋基地＋合作社＋家庭农场＋农户"模式拓展互助合作方式、创新"流转＋投资＋服务"模式发展壮大集体经济、创新"薪金＋租金＋股金"模式助力农民持续增收、创新"样板＋复制＋推广"模式助力共富典范塑造的农民增收之举的生动实践，使得农业更强、农村更美、村民更富，其高质量发展涉农产业助推农民共同富裕之经验值得总结、推广和借鉴。

关键词：涉农产业；工业化理念；高质量发展；共同富裕

平湖农业经济开发区（以下简称平湖农开区）于 2017 年 11 月成立，实行与广陈镇"区镇合一"的管理体制，是浙江省内设立的第一个农业经济开发区。平湖农开区积极融入平湖高质量发展建设共同富裕工作大局,其生动的实践使得农业更强、农村更美、村民更富,其高质量发展涉农产业助推农民共同富裕之经验值得研究、总结、推广和借鉴。

一、研究背景:以工业化理念高质量发展涉农产业的"广陈模式"

平湖农开区面积 55.8 平方公里,耕地面积 3395.52 公顷,下辖 11 个行政村、1 个社区,常住人口约 5 万人,是平湖市新型农业产业发展的主平台,是嘉兴唯一的全国农业产业强镇、省部合作的乡村振兴示范点、浙江省科技农业园,高分通过浙江省现代农业园区创建验收,获得平湖市首个全国文明镇、浙江省美丽乡村示范镇、浙江省首批 4A 级旅游景区镇、浙江省森林镇、浙江省园林城镇等诸多荣誉。

(一)设立公司平台,以工业化理念发展农业

平湖农开区(广陈镇)创新区镇合一、公司运作的开发模式,以工业化理念发展农业,注重农业与科技、资本、信息等生产要素的融合,农业与制造业、旅游业、文创业等多种业态相融合,与基础设施、自然生态、社会服务等人居环境相融合,以涉农产业发展激发农村活力,带动农民致富,走出了一条通过新型农业支撑美丽乡村、通过美丽风景转化美丽经济的产乡融合发展之路。

(二)建设科技农业国际合作示范区

平湖农开区以"建设新型农业先行区"为重要目标,启动了沪浙"田园五镇"乡村振兴先行区共建工作,围绕建设科技农业国际合作示范区,先后引进来自以色列、美国、荷兰、日本、澳大利亚等国的 9 个国际先进的新型农业产业合作项目,农业科技创业中心开工建设,初步形成以优质种子种源、农业装备制造、农业生产服务为核心的特色产业矩阵,"农业硅谷"初具雏形。

（三）促进更深层次的城乡融合发展

平湖农开区以满足人民对美好生活的向往为出发点和落脚点，促进更深层次的城乡融合发展，切实增强群众的体验感、获得感和幸福感，奋力打造宜业、宜居、宜旅的"农业硅谷""田园绿镇""孟坚故里"，推动实现农业强盛、农村美丽、农民富裕的新跨越，写好美丽城镇建设新篇章。

平湖农开区不断迭代升级"广陈模式"，积极融入平湖共同富裕工作大局，按照"农业新硅谷""生态花园镇"两大定位，全力打造新时代乡村振兴"广陈模式"，其高质量发展涉农产业助推农民共同富裕的经验值得研究、总结、推广和借鉴。

二、主要做法：以开发区思路高质量发展涉农产业

制约传统农业发展的是不能与时俱进的理念、技术和发展模式，不从三者转型入手，农业发展无从谈起。平湖农开区自 2017 年底成立以来，仅用了 4 年时间，就成功创建了全国农业产业强镇、农村一二三产业融合发展先导区，并获评全国乡村振兴优秀案例。其主要做法可以概况为以下五个方面。

（一）创新管理机制

历史证明，任何一种产业的发展升级，除靠劳动和资本投入外，都离不开制度要素的投入。平湖农开区与广陈镇合署办公，既淡化了镇区管理边界，又强化了管理合力。农开区下设农业经济发展办、招商服务办、文化旅游发展办等 10 个职能部门，还组建了全能型的服务团队，并结合"最多跑一次"改革，实现产业招商、项目开发、环境治理、配套提升、主体经营等工作环节全流程跟踪、"一条龙"服务。按照大部制、公司化、专业化原则，组建平湖农开区集团公司，下设金田野农业发展、金丰收产业发展、金凤凰文化旅游等五个专业性公司，形成"1＋5"集团公司运行模式，分板块负责相关工作。

(二)强化政策倾斜

首先,平湖农开区从 2019 年起享受镇财政体制超收分成,平湖农开区域内地块出让金净收益中市级分成部分归属农开区。其次,平湖市财政连续五年对农开区实行绩效奖励扶持,每年安排 1500 万元预算,并对生态专项补偿、国有企业贴息专项补助等进行专项补助扶持。再次,落实上级各项支农政策。在申报国家、省级项目中优先考虑农开区。最后,出台系列政策专项扶持农开区,诸如出台农业项目准入政策和农业产业"退低进高"政策,推进特色产业和主导产业集聚,淘汰转移农业领域"低散乱"经营主体,成功引进一批龙头项目等。

(三)聚焦农业升级

平湖农开区倾力推动传统粗放型农业向集约高效、科技示范、生态低碳型农业转变,初步构建了涵盖种子种源、种植养殖、机械装备、产业服务、旅游观光的新型农业全产业链,引育了一批以植物新品种研究、园艺种源技术为代表的拥有种源技术的科技农业项目,如以三润泰克、绿迹数字生态工厂、北京博创智慧无人农场为代表的科学种植项目,以善拓机械、中以设施农业示范园为代表的农业设施装备制造服务项目,以千瑞翔植保无人机飞防、龙萌湾农创民宿为代表的农业观光服务产业项目。此外,平湖农开区还紧密跟踪世界领先、国内一流的农业"四新"项目和农业综合性服务产业项目,狠抓农业招大引强,初步构建起"农业硅谷"核心项目群。例如,国际植物新品种研究机构及其产业化项目总投资 6 亿元,将形成种源研究、种植培育、产品加工、休闲旅游等全产业链,实现相关植物种源商用规格与发达国家保持同步,年销售收入将达 2 亿元以上。又如,中以设施农业示范园项目总投资 1.5 亿元,是农业一体化服务项目,生产用地 120 亩,研发建设用地 8 亩,与以色列耐特菲姆等公司合作,建设中国示范中心、"瓜、果、菜"水肥一体示范区、国际温室展示区。荷兰福瑞纳公司在中国的第一个项目就落户平湖农开区,项目完成后每年将为全国提供

1000 万株高端蝴蝶兰种苗,占国内市场的 40%—60%。

(四)注重产乡融合

平湖农开区的产乡融合,既是平湖农开区发展的初心,又是乡村繁荣的归宿。平湖农开区大力发展乡村特色产业、农业旅游,经过努力创建成为省级美丽乡村示范镇、省级首批 4A 级景区镇,构筑起全省第一条跨省域的乡村马拉松之赛道。在挖掘历史文化旅游资源的过程中,沟通浙沪"两个山塘"的历史渊源,演示了一桥连"两个山塘"的故事,合力推动明月山塘景区创建 4A 级景区,进而推动了现代农业与科普、文化、体育、研学等产业的融合发展,带动了农民增收。

(五)推进区域一体

平湖农开区充分利用独特的接合部区位优势和现代农业园区产业的集聚优势,大力推进区域一体化进程。2019 年,浙江的平湖农开区(广陈镇)与新仓镇和上海金山区的廊下镇、吕巷镇、张堰镇联合打造"田园五镇"乡村振兴先行区,成功举办了首届长三角"田园五镇"青年农创大赛、首届乡村振兴"山塘论坛"、第二届浙沪乡村马拉松赛事,发布了首批 20 个合作共建项目,总投资达 56 亿元。

三、实践成效:农业增效农村美丽农民增收

2017—2018 年,区镇生产总值从 72.4 亿元增至 91.8 亿元,年均增长 7.1%,财政总收入、一般公共预算收入年均分别增长 3.89%、2.24%。累计完成固定资产投资 30.1 亿元,年均增长 10.1%。招引亿元以上项目 12 个,规上工业产值 126.8 亿元。村集体经常性收入、经营性收入分别增长 133.96%、163.70%。2021 年,城乡居民人均可支配收入分别达到 67958 元、41805 元,城乡居民收入比为 1.63∶1。平湖农开区(广陈镇)奋力打造宜业、宜居、宜旅的"农业新硅谷""生态花园镇",建设美丽城镇新篇章。

(一)农业发展走出了新路子

平湖农开区以规模经济理念、工业化发展模式、生产性服务业发展思路,跳出农业兴农业,立足农村为农民。

第一,以农开区为平台进行招商引资。与传统农业有别,现代农业是资金、技术密集型产业,其生产经营的比较利益和生产经营者的收入水平虽均非传统农业可比,但仍面临投资缺失、资本供给严重不足的问题。因此,招商引资是农业开发区成功的关键。2018 年以来,平湖农开区完成乡村振兴基础投入 5.8 亿元,18 平方公里核心区域基础配套实现"三通一转",建成现代农业设施大棚近 27 万平方米以及农业公共服务中心、乡村振兴学院等一批基础设施项目,招引 39 个总投资超 43 亿元的新型农业项目。依托项目汇聚高端人才,累计引进硕博以上人才 25 名、省级海外工程师 1 名,申报国家、省级引才计划16 名,入选省级人才 2 名,全面夯实"农业新硅谷"智力支撑。争取到上级农业农村领域项目补助资金 2.7 亿元,农业固定资产投资从 1998万元跃升到 18552 万元,增长 9 倍。其中,引入市场这只无形之手,创新组建农开区集团公司,成功融资 12.88 亿元,引入工商资本约 40 亿元,承担平台开发建设项目 98 个,投入资金 3.83 亿元。

第二,引导农业经营土地向规模化集中。任何产业的高效率必然与产业的规模效应相匹配,高效农业也是如此。为此,平湖农开区积极依托所属集团公司推进土地统一收储流转。截至 2020 年 9 月底,平湖农开区收储了 1.6 万亩土地,土地流转率达 89%,比全市平均水平高出 19 个百分点。与此同时,平湖农开区实行"退低进高"原则,2018 年以来累计淘汰转移农业领域"低散乱"规模经营主体 11 家,腾退土地 1088 亩。

第三,以先进科技引领新型农业快速发展。平湖农开区倾力推动传统粗放型农业向集约高效、科技示范、生态低碳型农业转变,初步构建起涵盖种子种源、种植养殖、机械装备、产业服务、旅游观光的新型农业全产业链,在种子种源、农产品精深加工、数字农业等领域汇聚一批科技型农业项目。绿迹数字农业工厂落成省内首个应用于农业生产的北斗差分站,长三角草莓种源中心项目拥有国内草莓种苗60％的市场份额,千瑞翔无人机飞防项目每年可完成飞防施药30万亩次,实现农药减量5％、人力成本节约50％。星光农机水稻全产业链集成创新项目通过推广稻米有机种植、品牌统一运营,稻米产值提高了60％。以国际合作加速农业领域创新发展,3平方公里的国际科技农业合作示范区已集聚东郁国际植物新品种研究院及产业化项目、中以设施农业示范园、荷兰福纳瑞园艺中心等一批国际合作项目。

（二）绿色发展进行了新探索

分散的低效农业固化了落后的环境保护模式,新型农业发展态势迫使环境保护环节从末端管理前移至源头管理。农开区结合水源地生态的保护工作,积极应用和推广新型生态农业生产技术,产生了较好的效果。

第一,大力实施农药化肥"双减"行动。2019年以来,全平湖农开区实施农业减量技术应用高达6.5万亩,每年农药减量10多吨、推广商品有机肥2000多吨、化肥减量300多吨。主要河流水质考核结果从2017年的全部不合格,变为2019年的全部优秀。

第二,试点推行稻田退水"零直排"工程。2019年开始兴建赵家兜灌区这一全省首个稻田退水"零直排"治理灌区,采用农田尾水"零直排"后,肥料用量、用电、用工均较传统模式有明显减少,亩均约减少投入89.8元。2020年,稻田退水"零直排"项目已经推广至1万亩,水稻田排放水样总氮平均下降23.76％,氨氮平均下降26.41％,总磷平均下降26.04％,取得了阶段性成果,为嘉兴市乃至浙江省逐步推进稻田退水"零直排"治理提供了经验。

第三,探索打造"负碳"农业硅谷。美郁花园"负碳"植物工厂投资建设和运营新型智慧能源项目,从"源、网、荷、储"四端发力,实现"氢光储充"一体,形成服务于"植物工厂"的微电网,最终实现用能的零碳排放。同时,东郁果业还同步运用碳捕集和碳封存技术,进一步实现"负碳"排放。位于高新村的智能生态水湾项目,也是"负碳"农业的代表。

(三)农民增收拓宽了新渠道

平湖农开区发挥政企村三级合力,在带领农民共同富裕的道路上探索出了一条农开新路径。

第一,创新联结家庭农场和农户的"公司＋基地＋合作社"模式,拓展互助合作方式。成立农业产业联盟,通过技术交流、市场沙龙等方式打通新落户主体、原经营主体及农民之间的沟通桥梁,构建利益共同体。如联盟会员共同协商将产业工人的时薪从原来的6—8元提升到12—15元;绿迹数字农场项目向周边传统蔬菜种植经营户推广沙培、水培技术,共享销售渠道;三润泰克智慧农业项目为合作农户提供大棚、种源、技术及销售渠道,共同种植销售大樱桃、阳光玫瑰等新品种。

第二,创新"流转＋投资＋服务"模式,发展壮大集体经济。依托集团公司统一流转的土地的流转费达到每亩1200元,较农户自行流转的收入高10%—20%。山塘村投资成立旅游开发公司,带动周边农户开设农家乐7家、民宿5家、特色店铺近70家,明月山塘景区2021年旅游收入突破3800万元,年接待游客超91万人次。龙萌村探索成立农业用工劳务公司通过为农业主体提供农业劳动力资源实现村集体经济增收30余万元。

第三,创新"薪金＋股金＋租金""三金"模式,助力农民持续增收。注重招引落地农业产业项目服务本地农民持续增收,近四年来成功落地的新型农业产业项目为本地农民提供了800多个产业工人岗位。通过产业工人薪金、土地流转租金、强村项目股金分红的组合模式,本地农民实现综合创收5000余万元,农民人均收入的增速始终保持在 9.5％以上。

第四,创新"样板＋复制＋推广"模式,助力共富典范塑造。聚焦"农业硅谷＋农创高地"目标,打造国际科技农业合作示范区,建设"展示＋"新型农业发展模式,打造农业孵化平台及产业链集聚区。如中以设施农业示范园项目依托以色列农业设施设备结合鱼菜共生技术,成为上海援藏援疆项目的设备供应商,带动中西部地区产业升级、农民增收。同时该项目还在江苏吴江、江西宜春、河北石家庄等地进行了复制推广,带动当地农民增产近 1000 万元。

四、经验启示:以工业化理念发展涉农产业助推农民共同富裕

平湖农开区的实践表明,像发展工业一样发展农业、像重视城市建设一样建设农村、像经营城市一样经营乡村,同样能够大力解放和发展农业农村领域生产力,引导和带领农民走向共同富裕。其成功做法引发的经验启示包括以下五点。

(一)强化党的领导是前提

在市场体系尚待完善之际,党政资源具有弥补市场缺陷不可或缺的作用。通过强化党的领导,由党委确定方向、规划和目标,由政府负责统筹、落实和推动,由公司负责建设、招商和运营,形成一套分工协作、高效运转的有别于传统农业园区的组织架构。

(二)理顺体制机制是关键

平湖农开区与广陈镇合署办公,全面推行"区镇合一"的体制机制,既淡化了镇区管理边界,又强化了管理合力。农开区根据地方的产业、生态、科技、人才、资源现实情况,按照大部制、公司化、专业化原则,组建平湖农开区集团公司,下设金田野农业发展、金丰收产业发展、金凤凰文化旅游等五个专业性公司,形成"1＋5"集团公司运行模式。

(三)强调科技引路是基础

"科技"是农业现代化的唯一实现路径。种子种源、生产技术、农业机械、数字农业、农业投入品、质量安全等,都需要科技的支撑和服务。农开区的一个重要目标是打造国际科技农业园,开拓 G60 科创走廊农业版图,发展科创孵化、冷链物流、精深加工、农业装备等行业,其基础是科技引路。与之相适应,才能积极抢滩数字农业,贯通生产管理、流通营销、科技创新和行业监管,建立农业大数据服务体系。

(四)盘活各种要素是保障

由于条块体制的制约,农村发展要素资源有待整合。市、镇政府在整合条线项目、资金、政策及试点,培训职业农民,引育高端人才,吸引乡贤、青年返乡创业创新,优先安排建设用地和设施农用地,试水供应链融资、农业设施抵押等方面承担着重要责任,需要加速资源流动和要素配置,合力扶持农开区做大做强。

(五)立足城乡融合是依归

以立足城乡融合的涉农产业为特色的三产融合是农开区发展的必由之路。农开区以三产融合发展推动可持续开发,必然是一二三次产业关联度较高的经济发展体,也必然是践行城乡统筹、产乡融合发展的经济发展体,更必然是三次产业互相赋能的经济发展体。平湖农开区要坚持树立三产融合、三生融合的新发展理念,努力加速农业产业链的延链、补链和强链。在产业融合过程中,坚持以工补农、以城带乡,构建新型工农城乡关系,进而带动了城乡融合发展,促进区域协调发展和新型城镇化,最终为长三角一体化发展培育标本。

五、发展建议:提升强村富民能级,迭代升级"广陈模式"

我们在调研中注意到,平湖农开区的经济社会发展仍然存在经济转型升级不够有力、产业可持续发展动能不足、城乡统筹开发的力度有待加大、公共服务短板还需持续改善、资源要素支撑与开发建设的需求还有差距、内在潜力的挖掘还需加强等问题,需要予以强化。

(一)更加重视强统筹的区镇合一运营体系

建议以广陈镇为核心区,将农开区拓展至新仓镇,将农开区打造成集种植养殖、生产加工、科研示范、普及推广、旅游休闲等功能于一体的综合性农业开发区,强化其带动和辐射功能。进一步促进体制机制改革创新,通过高效率的开发决策体系、强统筹的资源配置体系、高强度的改革创新体系形成具备体制机制集成创新、要素资源整体配置开发、乡村振兴全面示范引领的区镇合一的集团化运营体系。

(二)更加注重高能级的农业产业科技支撑

现代农业是资金、技术密集型产业,招商引资以及吸引人才是农业开发区成功的关键。农开区要深化园区功能布局,以系统化、精细化的理念谋划推进,强化园区各区块间的内在联系,形成互相支撑的农业产业生态链。以先进科技引领现代农业发展,进一步打造具备向周边辐射、带动周边、服务周边等功能于一体的现代科技农业高能级平台。要紧盯龙头项目招引,加快引进落户一批跨国型、科技型、总部型的现代农业项目,以龙头项目加快高质量产业集聚,构建农开区的核心竞争力。

(三)更加凸显可持续的涉农产业融合发展

农开区要加速涉农产业链的延链、补链和强链,依托引进的高质量项目,加快向农业科技、农业装备、农业加工、农业服务、农业贸易的全产业链延伸,大力推行农业产业"种业＋生产＋科技＋加工＋品牌＋营销"的全产业链发展升级,做强"二产"产业园跨镇布局,资源整合,积极推动农业深度发展。在产业融合过程中,需要进一步坚持以工补农、以城带乡,构建新型工农城乡关系,进而带动城乡融合发展,促进区域协调发展和新型城镇化。

(四)勇于探索多路径的强村富民担当作为

现阶段,面对"三农"问题,要综合考虑政治账、经济账、生态账、社会账,需要对确保粮食安全、重要农产品供给、农村稳定、生态安全和农民增收等多项目标进行统筹。农开区要有继续探索农业农村现代化路径的使命担当,落实"农业强盛、农村美丽、农民富裕"的建设责任,大力发展新型农业经营主体,迭代升级"三位一体",促进农民高质量就业和多途径增收。进一步盘活各种资源要素,多途径打造乡村振兴国家战略的示范样板,为长三角周边地区乃至全国提供更多的通过乡村全面振兴强村富民的可复制和可推广的经验。

主要参考文献

[1] 仲旭东在平湖农业经济开发区调研时强调　打造新时代乡村振兴广陈模式[EB/OL].(2021-12-22)[2024-06-12]. http://www. jiaxing. gov. cn/art/2021/12/22/art_1578784_59500033. html.

[2] 沈杰. 迭代升级"广陈模式"奋发实践共同富裕为加快建设"农业新硅谷、生态花园镇"而不懈努力[Z]. 中国共产党广陈镇第十六次代表大会上的工作报告,2021-10-29.

[3] 李夏岚. 广陈镇政府工作报告[Z]. 广陈镇第十八届人民代表大会第一次会议,2021-12-30.

[4] 徐刚,周嵘. 描绘新时代均衡共富新图景——浙江嘉兴市高质量打造城乡融合发展典范的实践[J]. 农村工作通讯,2022(2):5-8.

[5] 朱荣林. 农业的方向在转型——记嘉兴市平湖农业农开区[EB/OL].(2021-04-13)[2024-06-12]. https://baijiahao. baidu. com/s? id=16968785937298773788&wfr=spider&for=pc.

[6] 肖未,沈赟斌,倪颖. 平湖市广陈镇:美丽城镇蝶变焕新　春风十里诗意栖居[N]. 浙江日报,2021-09-14(011).

作者单位:嘉兴大学

海盐县沈荡镇：
高质量建设"醉美水乡" 多维共助"同心共富"

张　兰　徐哲昊　钱方垚

摘要：嘉兴市海盐县沈荡镇在迈向共同富裕的新征程上，以高质量建设"醉美水乡老镇、活力融嘉新城"为目标，以蝶变跃升之势展共同富裕新姿。共同富裕离不开产业，沈荡镇这样一个农业特色镇，农业产业享有得天独厚的优势。近年来，沈荡镇大力发展新型农业经济，依托农业龙头企业浙江万好食品有限公司，形成了以浙江万好食品有限公司、万好慈善精准帮扶基地、村"两委"协同发展的主要模式，促进沈荡镇一二三产业融合发展，带动周边困难农户共同富裕。沈荡镇通过建立农业经济新模式、实施多维融合新项目、深化东西协作新途径等方式发展新型农业经济，并坚持党建引领，突出项目引领，聚焦数字引领，为高质量发展勇当共同富裕示范样板贡献沈荡力量。

关键词：新型农业经济；高质量发展；共同富裕

一、研究背景：新型农业经济高质量发展助力实现共同富裕

《中共中央　国务院关于支持浙江高质量发展建设共同富裕示范区的意见》(2021 年 5 月 20 日)明确指出，浙江应为全国共同富裕建设提供浙江示范。海盐县沈荡镇积极学习党中央相关文件精神，在塑造产业竞争新优势，推动农村一二三产业融合发展，推动现代服务业同

先进制造业、现代农业深度融合,畅通金融服务实体经济渠道等方面形成了沈荡特色,构建了共同富裕的嘉兴样板。

共同富裕离不开产业发展,沈荡镇这样一个农业特色镇,农业产业享有得天独厚的优势。近年来,沈荡镇大力发展新型农业经济,依托农业龙头企业浙江万好食品有限公司,形成了以浙江万好食品有限公司、万好慈善精准帮扶基地、村"两委"协同发展的主要模式,促进沈荡镇一二三产业融合发展,带动周边困难农户共同富裕。

（一）农业经济从"输血型"救助模式向"造血型"救助新模式转变

1."输血型"救助模式不再适用于共同富裕探索

过去,一般乡镇在帮扶镇内贫困户时常采用"输血型"救助模式,即为受助人提供简单的经济支持,如慰问金、日常生活用品等。帮扶的模式简单地围绕解决受助人目前的物质困境而展开,是典型的"授人以鱼",属于不可持续的救助模式。

一方面,受助人在接受帮助后没有获得生产资料无法进行再生产,当救助物资使用殆尽后,受助人又将重返之前的困境,不利于实现真正的脱贫致富,更不利于共同富裕的实现。另一方面,当受助人的物资使用殆尽后,政府及公益组织仍然需要再次向受助人提供物质帮助,进而导致"救助—陷入困境—救助"的恶性循环,致使此类问题无法从根源上得到解决,同时也会消耗政府及公益组织的大量精力和资产,使得三次分配不能实现其本质作用,即无法有效通过慈善公益方式对资源和财富进行分配从而缩小贫富差距,成为实现共同富裕道路上的阻碍。

2."造血型"救助模式助力共同富裕新发展

所谓"造血型"救助模式,是指政府及公益组织通过对弱势群体进行技能培训或创业扶持等帮扶活动,使其逐步摆脱贫困,实现生活自给的一种新的救助模式。相较于"输血型"救助模式,"造血型"救助模式的特点是"授人以渔",即帮助受助人实现自食其力的可持续发展。

沈荡镇在认真总结过去已开展的"造血型"救助模式的基础上,通过 2018—2021 年这三年的努力运行,创新性地开展"订单农业"活动助力"造血型"救助项目,产业构架则依托农业龙头企业浙江万好食品有限公司"生产+加工+销售"的方式,促进蔬菜一二三产业融合,带动周边困难农户从事蔬菜生产,为有效缩小困难家庭的收入差距,不断增强新型农业经济精准服务能力,创新新型农业经济方法,探索一条新型农业经济助力困难家庭促进共同富裕的新道路。

(二)"订单农业"引导新型农业工作模式新方向

1.依托产业龙头企业打通农产品加工销售链

所谓"订单农业"就是我们俗称的"合同农业",即农民或农民群体代表与企业等签订协议。沈荡镇采用农户与农业产业化龙头企业或加工企业签订农产品购销合同,帮助农业实现共同富裕。

沈荡镇推出的"订单农业"助力"造血型"救助模式的优点显而易见。一是实现了社会资源、财富的有效分配和流转。该种救助模式可以提高社会资源的利用效率,更容易实现社会资源的再增值,即受助人在接受生产资料、技能培训后更容易依靠所得物资和所学技能创造社会价值,从而实现有效的再分配,从实质上缩小贫富差距,为实现共同富裕增添新动能。二是因地制宜,根据地方产业特点和结构选择"造血"方式。例如,万好慈善精准帮扶基地在沈荡主要经营的是毛豆,而在四川屏山的帮扶基地则根据当地气候和农产品特色选择了竹笋和食用菌作为发展方向,由此可以体现该种模式灵活多变,具有广泛的适用性。三是该种救助模式具有区域可复制性,可以在条件类似的地区或同地区其他受助人身上进行复制。例如,沈荡镇的万好慈善精准帮扶基地在取得先期成功经验的情况下,积极响应海盐县东西扶贫结对帮扶四川省屏山县的号召,将万好慈善精准帮扶模式复制到屏山,设立屏山万好分基地,实现沈荡"造血型"救助模式的首次跨区域复制，为浙江共同富裕示范区建设经验的推广迎来了开门红。

2. 三方协作助力新农业经济工作模式平稳运行

沈荡镇在设立万好慈善精准帮扶基地的过程中，依托了三方的力量，分别是村"两委"、产业龙头公司和慈善机构。这样的组织结构更有利于解决发展过程中出现的各种问题。在技术问题上可以依托产业龙头公司和村"两委"为农民提供新的农业技术支持，而在资金问题上可以依托慈善机构组织募捐等方式众筹资金，也可以依靠村"两委"的帮助打通金融帮扶实体经济的渠道。可以说，这种组织模式更适合定向帮扶。

二、主要做法：齐心打造嘉兴新型农业经济高质量发展示范镇

（一）坚持党建引领，找准共同富裕"金钥匙"

1. 打造"红色产业联盟"

构建由镇党委牵头组织、村支书带头示范、企业党组织、党员种植户带头响应、镇农业农村办积极参与的"红色产业联盟"。探索党建与产业双融双促模式，把企业、合作社、家庭农场、农户紧紧聚集在一根发展链条上。以浙江万好食品公司为例，浙江万好食品有限公司党支部依托红色产业联盟，推进万好蔬菜合作社与村党组织的互惠共融，目前蔬菜种植面积 3.8 万余亩，带动 3.2 万户农户共同致富，创造了良好的经济效益与社会效益。第一，联盟畅通了金融服务实体经济渠道。针对农户担保物不足、担保方难找、金融信息和贷款手续了解不全面等问题，公司依托万好蔬菜专业合作社，与农商银行签订"帮扶贷"，通过党建引领整合惠农资源，为广大农户、农业经营主体提供普惠式的资金保障。抱团资金帮扶机制建立以来，实现受益人数 32 人，帮扶贷金额 340 余万元。第二，深化"最多跑一次"改革，提升了服务

力。万好公司实施"最多跑一次"改革，将订单查询、交易核算、现金支出等业务集成在便民服务大厅，提供"一站式"服务。实施"一窗受理、集成服务"机制以来，党员先锋岗窗口月均接待48人次，办理各项业务73项。第三，建立"五度"评价机制，保障了服务力。为确保政策落实到位、对农户帮扶到位，万好公司党支部建立了帮扶转化"五度"评价机制。通过评价机制，帮扶对象反馈的30余个问题，均已得到妥善解决。

2. 画好"网格服务圈"

依托"网格连心、组团服务"活动，统筹农业农村办"农龙"党员、村社"助农"党员、两新"先锋"党员等志愿服务队伍，组建蔬菜种植、稻虾综合种养等10余个红色农技服务帮帮团深入网格，为种植户提供政策咨询、沟通协调、技术指导等服务。2021年以来，已开展农技种植、现场传授施肥高产技术等专题培训12次，培训农民600余人次。一是推出"党员进网格"制度。结合"网格连心、组团服务"活动，浙江万好食品公司党员与村内网格长、专职网格员、微网格长，一同组建红色代办队伍，按照"就近就便"原则，做到订单农户户户联系，消除农户找人咨询、找人签字、找人盖章等困难，实现全程帮办代办。2021年，已走访农户20余次，帮办代办事务20余件。二是建立"联户送服务"机制。万好蔬菜合作社先锋党员、业务骨干、农技专家组团"跑"，并邀请农经局专家、镇联村干部、农技帮帮团等定期给网格内的农户上门讲解农技知识。截至2021年底，已开展网格服务560余次，把服务农户致富工作做到家门口。创新根腐病病虫害防治技术，为订单农户创造了稳定的收益来源。

3. 设立"党群帮扶致富共同体"

沈荡镇构建党群共富联合体，联合镇、村与企业的力量，发挥各自优势与特长，探索共同富裕新模式。浙江万好食品有限公司、万好蔬菜合作社与白洋村党总支部共同建立党群共富联合体，通过抱团资金帮扶、先锋结对带富、帮扶转化"五度"评价等三项机制,全力实现农民增收、企业增效。自抱团资金帮扶机制建立以来,受益人数已达32人,帮扶贷金额340余万元。浙江万好食品有限公司于2018年8月建立了海盐县首个慈善精准帮扶基地,该基地采用"农业订单＋基地岗位＋公益岗位"模式,以"生产＋加工＋销售"为产业构架的精准帮扶新方法,通过传、帮、带"造血扶贫",创造出持续稳定的"源头活水"给困难家庭。公司推行订单农业,为帮扶对象实现生产零成本,发放了每亩600元的标准的种子、农药、化肥等生产资料,同时在签订订单合同时免收押金,确定了最低保护价。基地还出资为帮扶对象办理政策性农业保险,为帮扶对象免费提供全过程上门服务、全方位技术指导,通过产前提供优质农资、产中进行技术指导、产后上门直接收购的模式,为困难户提供了一颗种子从播种到收获的全程精准帮扶服务。

(二)突出项目引领,激活共同富裕"强引擎"

1. 发挥龙头企业优势

沈荡镇以全国创业带动型优秀企业、浙江省省级骨干农业龙头企业浙江万好食品有限公司为核心发挥龙头企业的突出优势。在其带动下,优化粮食生产区域布局,形成蔬菜和粮食综合型一二三产业融合发展集聚区,构建完整的农业产业链和价值链,辐射周边农户发展致富。

2. 成立产业帮扶基地

一方面,成立海盐县沈荡镇万好慈善精准帮扶基地,通过定制"农业订单＋基地岗位＋公益岗位",构建以"基地＋项目＋农户"为帮扶模式,以"生产＋加工＋销售"为产业构架,为当地低保户和低保边缘户免费提供农业生产资料及其他服务,实现"授人以渔"。作为省级造血型扶贫基地,已累计帮扶农户549户,帮扶收益超184万元;另一方面,助力四川省屏山县巩固拓展扶贫成效和乡村振兴,将海盐县万好慈善精准帮扶基地模式复制到屏山,深化东西协作山海情。在屏山县设立"屏山县万好慈善精准帮扶分基地",通过建设"慈善加工车间＋农产品生产基地"模式,在书楼石岗设立慈善加工车间,引领基地159户建档立卡户发展竹笋和食用菌蔬菜基地3000亩,并安排5名建档立卡户人员就业。

3. 迭代升级共富模式

2021年,沈荡镇创新实施"万好聚力、多维融合"慈善精准帮扶项目,通过"代种代管慈善基地＋农业经营主体＋万好慈善基金＋全员覆盖"这一新模式来推动"造血扶贫"。邀请12个家庭农场共同参与,拿出500亩土地代种代管一季毛豆,由沈荡慈善分会、万好食品出资承担这500亩毛豆的生产成本,毛豆在确定最低保护价的前提下由万好负责全部按市场价格收购,所产生的利润全部用于沈荡镇低保户和低保边缘户,让沈荡的困难户一个不落,继续加大生产规模与推广力度,带动更多的困难群众共同富裕。同时根据农场实际需要和低收入家庭个人意愿及身体状况,农场还为他们提供了公益性岗位。聚集以乡贤企业为主阵地,以党外知识分子为核心的助农致富力量,创新"1个基地、1支队伍、12个农场、N家农户"即"1＋1＋12＋N"工作模式,助力贫困户实现增收。2021年帮助农户实现收入127.6万元,净利润20.1万元。

(三)聚焦数字引领,跑出共同富裕"加速度"

1. 大力推进农业产业数字化

推进农村共同富裕,数字引领是发展趋势。沈荡镇坚持以数字化助力乡村振兴,通过电商企业、网店微商、农产品加工等数字经济促进一二三产业的深度融合。沈荡齐家银根面馆已开了33年,2021年抖音用户"深圳姑娘在嘉兴"大幅扩大了其知名度,营业额同比增长40%。2021年,万好食品引进全市首台鲜食大豆收获机,通过机器换人的方式切实提升了大豆采摘效率,亩均综合效益增加了800元。万好食品通过为产品配置"电子身份证",建立了从田间到餐桌的产品质量安全追溯全过程,实现数字化监控,打造全产业链数字化、科学化、智能化、标准化。

2. 大力发展农村电商

引导实体经济紧跟数字化步伐,改变经营理念和方式,积极开拓线上市场。新冠疫情发生以来,沈荡镇多家农业实体经济企业通过电商、社交平台实现了产品在线展示及销售,各电商博主、网络红人通过抖音推广、微信宣传等实现了销售额的大幅提升,如农业企业沈荡酿造开启网上直播带货模式,曾创下10秒售空4万瓶白酱油的纪录,微信小程序、公众号、视频网站、抖音等各类线上平台进一步提升了沈荡酿造的知名度。

3. 大力提升数字化服务效能

沈荡镇以提升群众获得感和满意度为导向,依托微嘉园、平安浙江、浙里红色根脉强基系统等数字化载体,推动群众主动参与社会治理。2021年,开展百姓议事会、社会组织活动、积分活动等线上活动320余场,收到群众报事6400余条,办结率100%,实现了线上沟通零距离、线下服务全天候。

三、实践成效:为高质量建设共同富裕提供沈荡经验

(一)建立新型农业经济发展新模式

沈荡镇以全国创业带动型优秀企业、浙江省省级骨干农业龙头企业、沈荡镇乡贤企业浙江万好公司为共富"主阵地",形成蔬菜一二三产业融合,带动辐射周边农户发展致富的良好局面。成立海盐县沈荡镇万好慈善精准帮扶基地,通过浙江万好食品有限公司和蔬菜专业合作社定制"农业订单＋基地岗位＋公益岗位",构建形成以沈荡镇慈善分会"基地＋项目＋农户"为帮扶模式,以浙江万好食品有限公司"生

产＋加工＋销售"为产业构架,创新精准帮扶新方法,打造精准帮扶基地新模式。新模式开展以"订单农业"助力"造血型"救助项目,有效缩小了困难家庭的收入差距,探索出一条慈善助力困难家庭共同富裕的新路径。

1. 筑建保障基地运行的充足资金链

在省、市、县慈善总会及当地政府和相关部门的指导和协助下,海盐县沈荡镇万好慈善精准帮扶基地 2021 年累计扶持种植农户 235 户,投入扶贫资金 25 万元。根据基地项目协议要求,县慈善总会拨付资金,所有项目资金均用于生产所需的种子、农药、化肥等费用,均由会计做记账凭证,并附拨付清单,项目款项实行专款专用。

2. 组建帮扶基地生产的高效服务链

海盐县沈荡镇万好慈善精准帮扶基地为参与项目的农户,一年安排三季种植(菜心、春毛豆、秋毛豆),并辅以技术指导,同时就近提供适宜的基地岗位和公益岗位,帮助他们增收。为了让帮扶农户安心参与"农业订单"活动,基地按每亩 600 元的标准向他们发放种子、化肥、农药等生产资料,让帮扶农户完全实现生产零成本;浙江万好食品有限公司还确定了订单农业最低保护价;为抵御自然风险,实施"保险＋慈善",基地为订单农业投保,让农户吃下"定心丸",安心参与订单项目,解决他们的后顾之忧。

3. 构建促进基地建设的订单产业链

从建立 80 亩"农业订单"到建立 330 亩"农业订单",帮扶生产基地实现了 312.5％的增长率。鼓励困难户参与菜心种植和毛豆种植,困难家庭订单年收入总额达到项目投资金额的 3.4 倍及以上。公益岗位和爱心岗位很好地带动了困难家庭通过自己的劳动脱贫"摘帽",实现项目预期目标,助力乡村振兴。

(二)实施多维融合农业经济新项目

第一,聚力参与融合,项目收益多覆盖。海盐县沈荡镇万好慈善精准帮扶基地通过创新项目模式,实施"万好聚力 多维融合"慈善精准帮扶子项目,即以"代种代管慈善基地＋农业经营主体＋万好慈善基金＋全员覆盖"的模式多维推动,除了沈荡镇慈善分会、浙江万好食品有限公司,沈荡镇 12 个热心公益的家庭农场也是新项目重要合作方之一,他们以"出地又出力"的形式参与其中,从而实现了多维参与、聚力扶贫。

沈荡镇慈善分会和浙江万好食品有限公司共同提供专项资金,沈荡镇元仁家庭农场、福民家庭农场等 12 个春季菜用大豆种植农业主体,共提供土地 500 亩(每户提供 30—50 亩),种植一季毛豆,并进行代种代管,根据农场实际需要和个人意愿及身体状况,为沈荡镇低收入农户提供公益性岗位,项目收益后,计算分配部分,经专项资金管委会讨论通过后发放至农户手中。

第二,借力农场优势,生产效率大提高。与个体农户单独参与帮扶项目"单打独斗"、经验不足等劣势相比,家庭农场整合应用了先进的农业科技、良法、农机作业,示范推广了农业高新科技,节约了生产成本,提高了经济效益,加大了帮扶力度。

第三,撬动精准扶贫,精准探索共富路。"万好聚力、多维融合"慈善精准帮扶子项目的推出,有效解决了之前基地项目运转中缺劳动力、缺土地、缺保障等难点堵点。产生的收益分配沈荡镇在册的所有低收入家庭,实现"造血扶贫"全覆盖,为基地精准扶贫提供了新思路,探索了新方法,撬动精准扶贫新发展。

(三)深化东西协作山海共建新路径

为进一步助力屏山巩固拓展扶贫成效和乡村振兴,将海盐县万好慈善精准帮扶基地模式复制至屏山,深化东西协作山海情。在屏山县设立屏山县万好慈善精准帮扶分基地,通过建设"慈善加工车间＋农产品生产基地"模式,在书楼石岗建立慈善加工车间,引领基地建档立卡户生产竹笋和食用菌,并安排建档立卡户人员就业,基地建档立卡户农产品销售收入及就业收入大幅提升。

以此为模式，万好慈善精准帮扶基地将在屏山清屏、锦屏的下属村社建立 2—3 个慈善加工车间，同时通过以点带面建立万亩规模的慈善农产品生产基地，主要品种为竹笋、蚕豆、毛豆和食用菌等农产品，落实农业订单，确定最低保护价，让基地的建档立卡户吃下"定心丸"，为支持屏山 1000 余户建档立卡户通过自己的"造血"功能走共同富裕之路，探索出一条东西协作共同富裕新途径。

四、经验启示：打造共同富裕沈荡样板

沈荡镇坚持发展至上不动摇，民生保障不余力，社会治理促和谐，经受住了各种困难、风险的考验，以浙江万好食品有限公司为抓手，积极带动新型农业和其他产业的快速成长，实现了授人以渔的新扶贫成果，推动沈荡经济发展持续向好，取得了社会改革发展优异成绩。近年来，沈荡坚持经济先行的发展战略导向，以经济基础助推综合实力不断壮大，形象逐步提升，福祉有所增进，多维建设水乡老镇和融嘉新城，为高质量发展建设共同富裕示范区提供沈荡样板。

（一）做强"底子"筑牢共同富裕根基底盘

一是依托产业经济做大经济"蛋糕"。紧紧抓住新型农业等特色产业，融合数字化手段，以万好模式持续推动产业升级、创新发展、培大育强，点燃高质量发展的强劲引擎。一手坚持传统产业的改造升级，一手抓高新技术产业的发展。主动出击，促进全镇产业结构转型升级。二是农业高质量发展筑稳经济"蛋糕"。作为一个农业特色镇，积极培育农业产业联盟，健全完善党群共富机制，助力农民增收致富。各农业镇以"农户需要"为落脚点，通过党建纽带，以"龙头企业＋合作社＋基地＋农户＋家庭农场"的产业化经营模式，把企业、合作社、农户紧紧集聚在一根发展链条上，促进第一产业高质量发展。三是强化创新驱动提质经济"蛋糕"。始终把创新作为引领发展的第一动力，加

大资金投入,多形式引进顶尖人才,加快骨干优质企业培育,加速企业创新驱动发展进程。紧紧抓住新时代发展机遇,推动全镇企业数字化转型。积极推动电商平台进农村,开拓农产品销售线上渠道,打通好产品到消费者手中的最后一道关口。

(二)做实"里子",画好共同富裕幸福图景

共同富裕,落脚在"富",关键在"共"。在高质量打造共同富裕先行示范的"沈荡样本"实践中,沈荡聚焦城乡融合,打造最美融嘉"后花园"。一是大力发展产业,发展成果惠及全民。城乡融合发展、实现共建共享。近年来,沈荡以浙江万好食品有限公司为抓手,积极发展经济,并将发展成果惠及镇村群众,群众生活幸福感、获得感大幅提升。二是基层自治谋幸福,有效治理促发展。党群共富等模式的建立有效探索出了基层治理的共富之路。完善的公共设施、优质的服务体系、丰富的精神生活……这些看得见的满满获得感,一点一滴垒起了通向共同富裕的康庄大道。

五、发展建议:进一步巩固高质量发展成果

在调查研究中我们发现,当前沈荡镇的发展仍存在一些矛盾和问题:一是在经济发展过程中,产业质量和效益还不高,传统产业改造提升还需加速;二是社会治理还有薄弱环节,影响社会稳定的隐患还未全部消除;三是个别工作人员思想观念、能力水平与现代化要求不适应。这些都需要沈荡镇在今后的工作中予以高度重视,采取有力措施,认真加以解决。

(一)聚力践行初心使命,永葆政治本色

一是坚持对党忠诚。全面强化政治建设、作风建设、效能建设,认真落实党风廉政建设"一岗双责",切实营造政府系统风清气正的政治生态。突出政治领航、建强武装力量、夯实基层基础,不断推动党管武装工作高质量发展。二是坚持一心为民。坚持人民主体地位,矢志不

渝将人民对美好生活的向往作为奋斗的目标。以更加严实的工作作风、更加高效的执行能力，积极为民办事，增强人民群众的获得感、幸福感、安全感，推进共同富裕取得实质性进展。

（二）聚力打造产业强镇，激发内生动力

一是强化创新驱动，始终把创新作为引领发展的第一动力，在新型农业建设中融入创新元素，以创新带动产业发展。二是加大资金投入，多形式引进顶尖人才，发挥好人才的作用。三是加快骨干优质企业培育，加速企业创新驱动发展进程。紧紧抓住新时代发展机遇，推动全镇企业数字化转型。

（三）聚力打造民生福镇，筑牢幸福基石

一是壮大村级集体经济。整合各村资源，采用抱团合作的方式，为共同富裕注入"造血"功能。探索根据村级经济收入现状确定各村占股比例，通过安置小区物业管理、国资房屋出租管理、集镇垃圾分类、农村人居环境整治、农贸市场经营管理等收入来源稳定集体经济收入。二是加大困难帮扶力度。发挥政府和社会组织作用，兜牢民生底线，加强最低生活保障规范化建设，全面开展对低保、低边群众以及困难退役军人等的救助帮扶，不断提升困难群众获得感。

主要参考文献

[1] 白海星.在高质量发展中促进共同富裕[N].经济日报,2022-01-04(003).

[2] 文雁兵.当代中国共同富裕实践的关键之举是有效扩大中等收入群体[J].政策瞭望,2022(1):45-46.

[3] 高越风,陈沛绅.论高质量发展、乡村振兴与共同富裕的逻辑理路[J].领导科学论坛,2022(1):70-73.

[4] 跑出共同富裕的"嘉速度"[J].农村工作通讯,2022(2):4.

[5] 赵晓斌.走好高质量共同富裕乡村振兴路[J].乡村振兴,2022(1):1.

［6］马建堂.在高质量发展中促进共同富裕［N］.北京日报,2022-01-10
（016）.

［7］毛卓战.着力推动共同富裕 不断增进民生福祉［N］.衢州日报,
2021-02-19（003）.

［8］赵鲁.对共同富裕历程的深层思考［J］.山东省农业管理干部学院
学报,2001（3）:71-72.

［9］尹伟中.实现共同富裕:中国共产党人孜孜不倦的追求［J］.上海党
史与党建,2017（12）:5.

［10］郑贵廷.在共同富裕的实践中体现中国特色的民富道路——评
《中国民富论——关于邓小平共同富裕思想的研究》［J］.经济纵
横,2003（2）:63.

［11］马红宇.改革开放以来中国乡村实现邓小平"共同富裕"之路探
析［J］.科学咨询（科技·管理）,2014（11）:16-17.

［12］武力.共同富裕:社会主义在中国的实践与发展［J］.教学与研究,
2017（8）:6-12.

作者简介:嘉兴南湖学院

海宁市桃园村：
以乡村振兴学院的"传帮带"助力共同富裕

任　懿　李　滇

摘要：海宁市盐官镇桃园村通过乡村振兴学院"传帮带"模式，以高质量的发展建设共同富裕带动高效能的乡村治理，实现物质生活和精神生活"双富裕"。其因地制宜地聚焦于打造综合性培训与产业孵化平台的"传"、"共富工厂"与"共富车间"的"帮"、带动文明新风尚的"带"，发展地方特色产业、创新乡村治理，走出了符合市场规律的共同富裕之路。针对发展中的难点和痛点，需要进一步强化基层人才培养，完善乡贤选拔制度与评价制度，加强基层公共文化服务阵地建设，结合浙江传统文化与"红船文化"品牌建设，不断完善乡村振兴学院"传帮带"的内容，促进共同富裕。

关键词：乡村振兴学院；"传帮带"高质量发展；共同富裕

乡村振兴战略是在党的十九大报告中提出的战略，而习近平总书记早在 2021 年 8 月 17 日中央财政委员会第十次会议上就强调，"共同富裕是社会主义的本质要求，是中国式现代化的重要特征"①。在迈向共同富裕的道路上，如何实现农业农村的"产业兴旺、生态宜居、乡风文明、治理有效、生活富裕"，对当下中国具有重要意义。

桃园村位于观潮胜地浙江省海宁市盐官镇中部，区域总面积

---

① 在高质量发展中促进共同富裕 统筹做好重大金融风险防范化解工作[N].人民日报，2021-08-18(001).

5.7 平方公里,辖区内有 26 个村民小组 1145 户农户,总人口 4431 人。近年来,桃园村先后荣获 9 项国家级荣誉、38 项省级荣誉、83 项市县级荣誉。桃园村以乡村振兴学院"传帮带"模式,促进农民共同富裕,其经验值得总结推广。

一、研究背景:乡村振兴学院的"传帮带"与促进共同富裕的契合

《中共中央　国务院关于支持浙江高质量发展建设共同富裕示范区的意见》以及《浙江省高质量发展建设共同富裕示范区的实施方案》均要求统筹各类职业培训,健全统筹城乡的就业公共服务体系,多渠道增加城乡居民收入,创建具有人文关怀的城乡文化服务体系,以人文之美彰显共同富裕的精神力量。

第一,乡村振兴学院的"传",通过传授新技能等综合性产业培训与产业孵化平台,夯实共同富裕的物质与人才基础。乡村振兴、共同富裕,是在中国现代化和社会转型背景下展开的。身处经济迅猛发展和科技快速进步的大环境,传统乡村需要解决"现代性"(高度现代化)所带来的所有问题。而由于缺乏与之匹配的现代化社会结构,必然面对乡村空洞化与城乡差距日益扩大的问题。乡村振兴学院就是在这种背景下应运而生的,它通过培育乡村产业人才,留住乡村人才,并鼓励各类"能人"、技术人才回流乡村。乡村振兴学院通过职业技能培训、产业引导、产业孵化,引导村民返乡创业就业,从而形成乡村振兴学院的产业培训与乡村产业发展、乡村现代化共生演进的良性循环。

第二,乡村振兴学院的"帮",拓宽先富帮后富的有效路径。乡村现代化的进程伴随着乡村社会结构的变化,"乡贤"就是在这一背景下出现的有知识、有道德、有致富经验、有情怀的乡村"社会精英"。共同富裕是需要协调各方力量的系统性工程,不同于其他地区乡贤主要在传统文化、道德引领、乡村基层治理等层面发挥功能,桃园村的乡贤模

式更类似于"任务型乡贤"，即在政府"招引"政策引领下，在遵循市场规律前提下，带动"乡贤"回归，实现政府主导下的基层社会结构再造与乡村振兴。乡村振兴学院成为连接盘活乡贤力量的桥梁，乡贤通过返乡投资，实现个人利益和乡村产业的同步发展。村民通过乡村振兴学院的产业培训，提高个人收入。不同于西方社会的"输血式"扶贫，乡村振兴学院最终通过村民产业技能提升、个人收入增加，促进企业和乡村产业发展。在更加符合市场规律的前提下，实现助贫帮困的"造血式"演进。最终形成村民、乡贤、企业、乡村"共赢"的局面，是中国特色社会主义优越性的体现。

第三，乡村振兴学院的"带"，产业培训结合村民基层治理，提高农民生活质量，提升农民幸福感。乡村振兴，既要实现乡村经济振兴、社会振兴，更要实现乡村文化振兴。在这一过程中，乡村自身的产业发展对乡村文化、乡村公共文化空间的建设影响巨大。桃园村正是通过产业培训与基层治理相结合，在提升农民人均收入的同时，丰富乡村文化消费内容。通过"文化礼堂"这一公共文化服务空间的建设，提升和改善乡村治理能力，激发村民的"主人翁"意识，增强村民、乡贤对乡村这一天然共同体的认同感。借助乡村产业振兴影响乡村文化和乡村公共文化空间的建设。用文化与人文力量，实现乡村振兴中经济效益、生态文明、文化价值的共同进步。

二、主要做法：学院"传帮带"模式，促进农民共同富裕

盐官镇桃园村通过乡村振兴学院的"传帮带"，促进农民共同富裕。其总体发展思路是：以"传"模式传授产业技能、科技知识，传播共同富裕实践经验，打造综合性培训与产业孵化平台；以"帮"模式创新"村企民"合作方式，结合乡贤力量打造"共富车间""共富工厂"，探索从"输血式"到"造血式"的共同富裕新路径；以"带"模式引领产业发展方向，带动乡村文明新风尚，带动乡村基层治理能力提升。

（一）通过乡村振兴学院的"传"，提升农民建设共同富裕的能力

第一，传授产业技能，以产业培训为支撑，打造产业孵化平台。桃园村于 2019 年成立海宁市首个乡村振兴学院，以"培训＋产业＋研学"为支撑，打造集乡村共富理论研究、乡村共富实践指导、乡村共富人才培育三大功能于一体的综合性培训与产业孵化平台。学院依托浙江省委党校、嘉兴南湖干部学院、浙江大学等 30 余家单位合作办班，现有各类师资队伍近百人，现场实训基地 70 多个。重点开设"乡村振兴""基层党建""浙江模式""共同富裕""苗木种植""花卉养殖""中西烹饪""网络直播"等近百个精品课程，创设专题学习、案例教学、座谈讨论、拓展体验等多元化实践教学模式。通过乡村振兴学院"苗木种植""花卉养殖"课程，学院传授村民种植苗木的技术，并统筹资源帮助营销苗木。让苗木产业、"花经济"撑起农民致富之路。现在，农业苗木收入占了全村农业收入的 87％以上，整个村庄林木覆盖率达到 80％以上，桃园村也成为远近闻名的苗木大村，先后被评为浙江省绿化示范村、浙江省森林化村庄。桃园村通过学院对苗木产业的产业技能培训与产业平台孵化，带动了乡村振兴发展，助力农民共同富裕。

第二，通过数字赋能传授新科技知识。桃园村以数字化改革理念建设"数字桃园"，以综合治理服务平台为试点，结合学院"培训＋产业"机制，形成多跨场景应用，让共同富裕看得见、摸得着，真实可感。借助数字科技，构建乡村公共文化服务空间。集成未来乡村数字化运用平台，建立全域覆盖、数字赋能"一张图"，村情、社情、民情、资源和资产等全程可视化系统，有利于共同富裕的基层治理、公共服务、社会保障等多跨应用场景，在实现共同富裕的过程中，不断提升乡村治理能力。不断完善桃园版"互联网＋农业＋旅游"新产业模式，对传统苗木产业进行升级。桃园村通过乡村振兴学院培育本土主播、网红，提升村民电子商务营销能力，让"素人"主播也可以带货。结对村里低保

户、困难户等,由学院基地免费指导农户在家培育种植花卉,再由公司回购,实现村民增收,以此激发村民的深度参与,进一步实现共同富裕。

第三,传播共同富裕实践经验,打造乡村培训产业品牌。乡村振兴学院不断升级,按照总投资 8000 万元的经费标准,完善教学设施,优课程、聚师资、树品牌,以基层共同富裕实践案例为主,制定出台一系列共富培训课程与产业孵化规划,持续优化课程。学院将课程分为共富干部培训、共富人才培训、共富技能培训、文化复兴培训四大课程体系,分门别类制定菜单式课程。桃园村依托乡村振兴学院组织开展系列共富培训活动,每年不少于 60 期。自成立以来,乡村振兴学院接待全国各地考察团、培训班 700 余批,共计 3 万余人次。

(二)通过乡村振兴学院的"帮",增强低收入农民的"造血"功能

第一,构建"村企民"对接交流机制。注重培训效果转化,利用"村企民"对接机制,打造"同心共富"菜地、塔莎共富花园、同心村企联盟等 8 个特色项目,进一步发挥学院培训教学与产业孵化的职能,拓展富民增收新领域。

第二,创办"共富工厂""共富车间"。学院通过"公司+合作社+农户"的共富模式,打造创意农业"共富工厂",解决农民就业问题。乡村振兴学院统筹资源,与电商龙头企业塔莎园艺、鑫鑫农业稻虾养殖等新业态产业结合,实施"党建引领共富同行""同心潮、共富行"等工程,链接工业企业资源,与联丰企业共同设立"共富车间"。设立"灵活"就业岗位 52 个。增加低保户、边缘户家庭在务农之外空余时间的收入。实现低收入家庭的"造血"增收。

第三,创新引领产业发展。桃园村乡村振兴学院不仅培养了众多专业技术人才,更注重对农民数字化、网络化能力培养,提高农民特别是低收入农民的致富能力。帮助农民学会利用电子商务平台提高农村生态产品附加值。引导村民创业就业,实现富民增收。

(三)通过乡村振兴学院的"带",树立农村文明新风尚

第一,结合乡贤力量以产业带动就业。2018 年 11 月,桃园村成立海宁市首个乡贤理事会。以乡情为纽带,突出桃园文化特色,挖掘文化底蕴。动员乡村干部、企业家、社会贤达等先进典型加入乡贤会。实施"潮贤聚力产业兴旺"行动,在符合市场经济规律的前提下,积极引导乡贤带项目、带资金、带技术,因地制宜、精准参与乡村共同富裕建设,以产业带动就业。

第二,通过公共文化服务带动文明新风尚。桃园村自 2013 年建设文化礼堂以来,围绕"文化地标、精神家园"主题,挖掘乡土文化载体,传承地方特色文化,建成"两堂一廊一展厅、一园一台一阁"的礼堂格局。桃园村以"三治融合"理念,推行"人手一把钥匙"的村民自主管理模式,发出礼堂钥匙 3000 多把,普通村民早晚都可自行使用礼堂的各个功能区块,推动农村群众性文化活动持续开展。由于文化礼堂场地丰富,桃园村又以第三方购买服务形式,建立专门养老机构,村干部与志愿者在通过中级社会工作者资格考试满五年后,可在养老院开展"慰老服务"。通过桃园村、社会工作者和养老机构的联动,以壮大农村社工队伍为支撑,提升"三社联动"专业水平。文化礼堂形成了白天开展老年人慰劳服务,晚上年轻人休闲健身的生动场面,推动农村群众性文化活动持续开展,极大地提高了村民的认同感与幸福感。

第三,通过乡风文明建设带动乡村基层治理能力提升。一是结合乡村振兴学院乡风文明建设,实施"基层善治"润心行动。推行户联网、警联网、智联网三网融合机制,充分发挥党员联户作用,形成常态化"党群联系链",实现微网格内"点对点"服务。二是实施"以文育人"强基行动。充分发挥浙江文化、海宁精神的激励引领作用,激发最小个体、最小组织的主观能动性,通过组织广大村民走进"共富学堂",帮助他们学习文明知识、领会共富精神。三是实施"清单推进"协同行动。建强党建引领共同富裕的最小单元,突出数字赋能,贯彻整体智

治理念。2023—2025 年桃园村的目标任务是:引进研学类、文创类等优质三产企业不少于 10 家,每年增收 80 万元,在 2025 年力争第三产业收入达到 400 万元,集体经济突破 800 万元大关。

三、实践成效:实现物质富裕和精神富有

2020 年,桃园村全村实现工农业总产值 7.6 亿元,村集体经济性收入 782.71 万元,村级集体可支配资金 470 万元,农民人均纯收入 45478 元。2021 年,桃园村农民人均纯收入突破 47000 元。桃园村通过乡村振兴学院的"传帮带"实现农民物质生活和精神生活"双富裕"的成效可总结如下:

第一,乡村振兴学院的"传",以培训品牌亮出育人"金名片",提高村集体与农民的财产性收入。桃园村乡村振兴学院依托海宁市"潮源新语文创线"精品线路建设,先后与浙江省委党校、嘉兴南湖干部学院、浙江大学等 30 余家单位合作办班,接待全国各地考察团、培训班 700 余批,共计 3 万余人次。2020 年实现村集体营收 425 万元,2021 年实现 530 万元。同时,结合盐官镇位于海宁中部的区位优势,整合海宁其他乡镇街道资源,协同合作,通过公司化运作、社会化服务,桃园村正不断将乡村振兴学院建设打造成为长三角乃至国内外最具影响力的乡村振兴综合示范案例。

第二,乡村振兴学院的"帮",以资源链接奏响同行"协奏曲",帮助村民就业,富民增收。一方面,乡村振兴学院致力于成为链接一切社会力量的桥梁纽带,通过结合乡贤力量,以产业带动就业,增加农民收入。乡贤浙江塔莎园艺有限公司总经理王天云,是一名 80 后青年党员,在看到家乡巨大的发展前景后,义无反顾地把总部从杭州搬到了桃园村,先后投资 1200 万元,村企联合共同打造新农业示范园,直接为村民提供了 200 余个就业岗位,通过产业带动就业。另一方面,乡村振兴学院统筹资源,提高"边缘户"收入。如乡村振兴学院与联丰磁

业共同设立的公益"共富车间""共富工厂"，培育"灵活"就业岗位。通过学院的培训，低收入村民可利用农闲时间和其他零散时间到工厂灵活就业，完成一些工厂急需外包的订单。由此探索出了一条企业农户双向生产、同步增收的共富新路子。村里 13 户低收入家庭因此实现"造血"增收，成为学院教学的最佳场景。

（三）乡村振兴学院的"带"，带动精神共富根植文明新风尚

乡村振兴学院带动乡风文明建设，通过文化礼堂"人手一把钥匙"的村民自主管理模式、村史馆等精神文明建设，充分利用党员带头、村民自治的优势，突出村民主人翁地位，增强村民归属感、责任感，充分激发村民参与村庄日常管理的主人翁意识，将"要我参与"变成"我要参与"。以桃园村文化礼堂自主管理为例，桃园村文化活动设施总面积超过 1700 平方米，但村干部仅 6 人，为实现高效管理模式，村委会探索性地推出了"人手一把钥匙"的村民自主管理模式。村民早晚都可凭钥匙自行使用礼堂内的各个活动室。推行至今，成效超乎预料，如爱好乒乓球运动的村民自发成立管理小组。又如老年门球爱好者自主组织门球活动，在开展日常训练之余，维护草地，保护场地，并经常自发组织队员外出参赛，获得了多项荣誉。文化礼堂已发放钥匙 3000 多把，形成人人参与管理的良好氛围，大大提升了村民的幸福感和认同感。

四、经验启示：以产业与人才良性互动促进农民共同富裕

桃园村依托乡村振兴学院的"传帮带"，通过统筹资源，吸引乡贤力量，引导产业发展，走出了一条独特的产业与人才发展路径。学院建设中又创新乡村基层治理模式，以高品质生活建设带动高效能治理，抓住了乡村振兴和共同富裕的关键，其经验值得总结推广。

（一）结合产业导向，实现人才培养与产业兴旺共生演进

桃园村依托周边优势，在产教融合中走出符合当地实际的人才培

养路线。传统乡村人才培养模式主要是将乡村振兴学院与周边高校结合进行课程设置与技术培训，这种做法可以培养乡村技术人才，但无法满足高级技术人才的就业创业需求，从而导致乡村人才外流。桃园村乡村振兴学院主要通过"传帮带"模式，结合本村苗木产业发展的实际，进行产业培训、产业引导和平台孵化。把技术培训与当地产业发展相结合，依托长三角一体化发展示范区建设，吸引人才返乡就业创业，实现人才培养与产业兴旺共生演进。

（二）满足产业人才需求，实现农业现代化与乡村经济可持续发展

乡村振兴学院的功能，不仅仅是实现"知识下乡""技术下乡"，更是结合互联网与数字科技，带动农民体验传统产业与数字科技、数字经济的结合，升级传统农业产业，发展科技农业、数字农业、前端型订单农业，实现乡村现代化、乡村经济科学可持续发展。

（三）打造乡村培训产业品牌

我国乡村培训市场需求巨大。需尽早打造全国性知名品牌，占领市场阵地。乡村空心化是我国乡村振兴中面临的普遍性问题。第七次全国人口普查资料显示，2020年，流向城镇的流动人口为3.31亿人。其中从乡村流向城镇的人口为2.49亿人，这一巨大数字显现在乡村现代化背景中，就是对乡村培训产业的真实迫切需求。桃园村乡村振兴学院不同于大部分同类学院之处，在于其不仅关注本村村民的培训创业需求，更将目光投向全国，桃园村乡村振兴学院通过专业运营团队、宣传团队、服务团队，不断接待来自全国各地的考察团与培训班，形成品牌效应与经济效益的双丰收，打造学院在全国的品牌影响力。

（四）通过培训实现就业，促进农民共同富裕

不同于其他地区的"扶贫式"帮扶，桃园村以产业带动就业。乡村振兴学院结合乡贤投资进行产业培训，村民通过学院培训实现就业。乡贤企业也通过乡村振兴学院的人才支撑，使企业不断发展壮大，实

现村民、乡贤、企业、乡村的"共赢"，探索出一条符合市场经济规律的共同富裕新路径。

（五）打造文化服务特色公共平台，提升村民认同感与幸福感

桃园村在建设公共文化服务平台时，创新村民自治方式，增强村民主人翁意识，探索开展村民自主管理举措，全面激活文化发展中潜在的群众力量。依靠乡村文化、道德风尚、乡规民约，增强村民与乡贤对乡村这一天然共同体的认同感。通过引导村民发挥自主性，提升乡村基层治理能力。以"三治融合"理念，乡村振兴学院将这些元素融入精神文明建设中，走出了一条党群融合、基层善治、共建共享的共同富裕"桃园模式"。

五、发展建议：创新"传帮带"内容促进农民共同富裕

在调研中，我们注意到桃园村乡村振兴学院"传帮带"模式也面临着内在动力不足、乡村公共文化资源相对零散化等困难。针对这些难点与痛点，需要围绕学院"传帮带"的内容创新，聚焦基层人才培养，完善乡贤选拔制度与评价制度，加强基层公共文化服务阵地建设，结合浙江传统文化与"红船文化"品牌建设，不断完善乡村振兴学院的"传帮带"内容，促进共同富裕。

（一）聚焦新兴产业人才需求，开启共同富裕新征程

乡村振兴学院最核心的内容还是解决基层人才培养的难题。要注重孵化以"新能源、新业态、智慧农业"为主的产业生态圈，带动村民就近就地就业，实现本地农民向产业工人转变，促进农民就业与持续增收。

（二）完善乡贤选拔制度，提升"新"乡贤有效参与度

在调研中，我们发现乡贤理事会不断为乡村振兴学院的"传帮带"模式提供"源头活水"，对乡村振兴学院统筹资源意义重大。为继续发扬乡贤的作用，需要完善"新乡贤"的选拔机制，保证乡贤的先进性与

代表性。"新乡贤"选拔过程要公正、公开、透明，才能获得村民的足够信任。以服务乡村治理成果为标准对"新"乡贤进行客观评价。完善的选拔机制与客观的评价机制对乡贤有效参与乡村振兴、实现乡村共同富裕有着重要意义。

（三）加强乡村公共文化服务阵地建设，构建高品质公共文化服务体系

按照《中共中央　国务院关于支持浙江高质量发展建设共同富裕示范区的意见》及《浙江省高质量发展建设共同富裕示范区的实施方案》，推进公共文化服务体系数字化应用转型。集成未来乡村数字化运用平台，建立全域覆盖的数字乡村"一张图"，村情、社情、民情、资源和资产等全程可视化，系统构建有利于共同富裕的基层治理、公共服务、社会保障等多应用场景。遵循公共文化服务"普惠、均等、可及"的理念，扩大公共文化服务覆盖面。

（四）强化文化品牌建设，做好精神富有新文章

结合当地传统文化与"红船文化"品牌建设，打造百年乡村、千年乡村品牌，努力做好精神富有新文章。乡村公共文化服务平台建设要立足长远，放眼百年、千年，深挖浙江文化的传统基因与红色基因，把传统文化的传承保护与推进社会文明建设紧密结合起来。在红船启航地形成关于党史、党建、江南文化产业与共同富裕的实践性课程，不断完善"培训＋农业＋旅游"新产业模式，在实现村民增收的同时，扩大品牌影响力。

主要参考文献

［1］在高质量发展中促进共同富裕 统筹做好重大金融风险防范化解工作［N］.人民日报，2021-08-18(001).

［2］蔡明丹.乡村振兴背景下新乡贤参与乡村治理研究［J］.领导科学论坛，2022(2)：82-86.

［3］胡鹏辉，高继波.新乡贤内涵、作用与偏误规避［J］.南京农业大学学报，2017（1）：20-28.

［4］陆益龙，百年中国乡村发展的社会学回眸［J］.中国社会科学，2021（7）：44-62.

［5］李金昌，余卫.共同富裕统计监测评价探讨［J］.统计研究，2022（2）：3-17.

［6］蒲实，孙文营.实施乡村振兴战略背景下乡村人才政策研究［J］.中国行政管理，2018（11）：90-93.

［7］许汉译，蔡明强."任务型乡贤"与乡村振兴中的社会再造［J］.华南农业大学学报，2020（1）：32-43.

［8］周锦，赵正玉.乡村振兴战略背景下的文化建设路径研究［J］.农村经济，2018（9）：9-15.

［9］沈轩文章：促进共同富裕"提低"十论［EB/OL］.（2021-12-28）［2024-05-23］.https://baijiahao.baidu.com/s? id＝1720343140462995899＆wfr＝spider＆for＝pc.

［10］邬孙辉，潘玛黎.盐官镇桃园村推进乡村振兴　建设美丽城镇［EB/OL］.（2021-03-03）［2024-05-23］.https://town.zjol.com.cn/czjsb/202103/t20210303_22193118.shtml.

［11］习近平.扎实推动共同富裕［J］.求是，2021（20）：4-8.

［12］谢君，计佳晨."一线三网众治"！海宁盐官镇构建基层群众共治共建共享新局面［EB/OL］.（2020-11-08）［2024-05-23］.http://nynct.zj.gov.cn/art/2020/11/13/art_1630316_58924755.html.

［13］袁家军.扎实推动高质量发展建设共同富裕示范区［EB/OL］.（2021-10-16）［2024-05-23］.http://www.qstheory.cn/dukan/qs/2021-10/16/c_1127959679.htm.

作者单位：嘉兴大学

第二单元
善治理促共富，夯实共富基石

海宁市博儒桥村：
打造"众筹共富、众管共治"样板村的实践

胡　　进

摘要：海宁市博儒桥村在建设共同富裕先行先试样板村过程中，党员带头、群众参与，积极推进乡村振兴，建立了以"共商汇智、共建筹资、共管融治、共聚同心"为核心的"众筹共富、众管共治"新模式，一群以党员骨干为引领的治理带头人开创全员众筹众管局面，谋出了产业导向，打稳了物质基础，治出了美丽乡村，聚足了民生幸福，走出了一条"众筹""众管"共同富裕的特色道路。博儒桥村通过"汇智、筹资、融治、同心"发动全民参与，以"众筹共富、众管共治"治理新模式全面激发乡村发展内生动力，先后荣获全国文明村、浙江省美丽乡村特色精品村、海宁市五星级美丽乡村等荣誉称号。"共商共建、共管共聚"模式让每个博儒桥人都参与到乡村建设和治理中来，走出了一条可学习、可借鉴、可复制、可推广的博儒桥村共同富裕建设新路子。

关键词：乡村治理；"众筹共富"；"众管共富"；共同富裕

一、研究背景：以"众筹共富、众管共治"打造共同富裕先行先试样板村

海宁市周王庙镇博儒桥村在建设共同富裕先行先试样板村过程中，建立了以"共商汇智、共建筹资、共管融治、共聚同心"为核心的"众筹共富、众管共治"模式，依靠党员引领带头，群众众智参与，谋出了产

业导向,夯实了物质基础,治出了美丽乡村,聚足了民生幸福,在"美村富民"中实现了集体与村民共富。"众筹共富、众管共治"模式让每个博儒桥人都参与到乡村建设和治理中来,走出了一条可学习、可借鉴、可推广的村集体与村民"共建共富"的新路子。

二、主要做法：建立"共商汇智、共建筹资、共管融治、共聚同心"新模式

（一）共商汇智

各村(社区)以村民小组为单位,实行网格化管理。党员、网格长、村民组长、微网格长以点带面,充分带动村民发挥主人翁作用。

一是党员干部引领。博儒桥村在乡村治理过程中,实行党员联户"双关联"治理机制,积极发挥党员干部引领带头作用,将党员先锋指数与所联系农户的遵规守约等长效工作表现相关联,使党员干部、村民和村集体紧紧联系在一起。

二是志士能人帮扶。博儒桥村以成立镇级乡贤联谊会为契机,建立基层乡贤组织和乡贤名录库,创立与乡贤联系沟通的常态化工作联结机制。一大批优秀的乡贤人士结合自己的专业特长,为家乡的发展添砖加瓦。2019年,博儒桥村成立乡贤参事会,建立了"两委一会双参事"工作机制,让乡贤积极参与到乡村治理和美丽乡村建设中来,同时将乡贤人士编入微网格担任网格长,对微网格内的农户按"就亲、就近、就熟"自主结对认领,推进各项工作。

三是村民小组众智。博儒桥村通过分片分批,将村民小组划分为四个片区,每个小组在各自区域内每半年由各网格党支部书记带领逐一开展户长会,面对面地把星级美丽乡村的创建意义、创建目标、创建短板等传达给农户,共同讨论垃圾分类、美丽乡村建设、生活污水处理、精品园创建、五水共治等乡村治理内容,激发村民参与乡村治理的热情,让每个村民都可以为美丽乡村出谋划策,拿点子,出主意。

（二）共建筹资

"筹资"机制在博儒桥发源并在全镇燎原，如青苗不补、土地无偿提供等，村里引导村民共同策划，共同参与美丽乡村建设，让村民自己决定要建什么、怎么建，带动村民争当美丽乡村建设的主人翁。

一是创新筹资制度。通过村委会商议，党员大会、村民代表大会决议，博儒桥村制定了全民参与的筹资政策，村里总结经验，不断完善众筹机制，制定了资金捐赠、土地出让、青苗费无偿不补、实物捐赠等筹资方式灵活多样的众筹承诺书。

二是扩大出资主体。积极动员村内企业家、乡贤等加入美丽乡村创建筹资中，通过产业众筹，博儒桥村村民有钱出钱、有地出地、有苗出苗，建成了包括生态养生园、乡村和谐园、乡风文明园、共青示范园等 19 个不同主题的精品园。

三是做大产业资本。大力发展规模农业、精品农业，将农业产业与美丽乡村深度融合，建成"优美庭院"和"口袋公园"，并以此为名片实现了文旅产业的发展。此外，近些年来，博儒桥村还通过跳出本村"飞地"抱团投资，实现了村级经济收入的不断提高。

（三）共管融治

坚持群众的事"自己做、自己想、自己管"，政府少花钱、多办事，花小钱、办大事。全面深化"众管共治"，发挥村民主体作用，村民的事由村民管理，实现自家门前自家管、公共区域包干管的共管融治模式。

一是创新管理制度。改变传统的管理模式，管理制度由村民制定，管理机构由村民组建，按照四个网格组落实四个管理队伍，由党小组长、村民组长和妇女组长"三小组长"模范带头，形成"以一带十，以十带百"的宣传榜样作用，让村民成为长效管理的主体。

二是建立评比机制。博儒桥村建立了四套考核评比机制，全面查摆问题，包括季度现场会等星级创建督查考核机制、以四位一体为基础的美丽乡村建设考评机制、以"八星级"美丽乡村示范户等为基础的家庭文明考评机制和以乡风文明评议队等为主的群众参与考评机制。

三是锁定共富路径。博儒桥村在乡村治理过程中,明确了党员与村民共同治理乡村的路径,有机融合"三服务"等治理机制,结合当前"守根脉、保平安、办实事"网格大走访活动部署,组织村民积极参与美丽乡村建设,使每个博儒桥人的智慧都有机会施展。

(四)共聚同心

发动每个村民参与共建美丽家园,满足人民在生产生活中的各种需要,进一步拉近村党组织、村干部与群众之间的距离,将全体老百姓的心紧紧凝聚在村党组织周围,齐心协力,共谋乡村振兴。

一是以改革聚同心。坚持"最好的区块给百姓,最实的配套给百姓",有序推行农房集聚、宅基地有偿退出等宅基地盘活利用改革创新模式。创立"八必访,八必报"连心机制,注重党员联户,连心连情,帮民困、办实事、解民忧。

二是用环境赢民心。坚持"良好环境是最普惠的民生福祉",众创共享"嘉兴市级优美庭院示范村",打出美丽河湖、清洁田园、最美池塘等美丽"组合拳",全村实现村级优美庭院示范户超80%,市级以上"优美庭院"示范户29户。博儒桥村以"优美庭院"为名片,印制出了"庭院深深风景美,乡村处处是花园"的美丽图景。

三是以服务暖民心。村干部、党员实行联片区、联网格制度,深入网格,发挥帮扶调解作用,聚焦人居环境治理、居家养老服务等村民最关心的事,努力为村民解决操心事烦心事,让群众感受到村党组织带来的暖心关怀。

三、实践成效:实现农民增收致富

2021年,博儒桥村实现村集体经济总收入1002万元,年经营性收入突破500万元,固定资产超过1.5亿元,相比2006年,博儒桥村实现了经营性收入翻67倍,固定资产翻40倍,全村农民人均可支配收入达到 45105 元,是全省农村居民人均可支配收入的 1.3 倍。2016—2021 年,全村流转土地超 70%,打造农业股份合作社 16 家、家庭农场 5 家,年销售桑苗 3500 万株,销售额 2400 万元,带动 1123 名纯农业人口实现增收。

以产业立本,2006 年以来,博儒桥村村集体积极探索"集体经营性建设用地入市",两次挂牌出让砖瓦厂腾退土地,获得土地出让金净收益 350 万元,新建博儒、陆联、石王庙三个工业园区,形成了以电子元件生产为主的产业格局,累计吸收就业 860 余人,实现人均月工资收入约 5000 元。

以文旅添金,2016—2021 年,全村累计接待省内外旅游参观团队 1000 余批次共 20 万余人次,覆盖 24 个省(区、市),累计实现文旅创收 100 余万元,生态福利通过文旅产业等方式为村民带来了直接的经济收益。

四、经验启示:以"众筹共富""众管共治"治理新模式促进共同富裕

(一)夯实共同富裕的物质基础

第一,抓好"三农"问题,提高农民收入。博儒桥村在农业发展过程中,结合耕地保护方案,同步实施了"村域有机更新",通过统筹推进耕地连片流转,集中整合了零散农业生产力,实现了土地资源的众筹共享,发展了规模化种养,实现了农民增收。在农业现代化进程中,地方政府可以借鉴博儒桥村的经验,持续关注和优化土地改革问题,帮助农民实现"三地"的生产价值和交换价值。同时,一定要抓好农业现代化、农村生产要素市场化,通过发展数字化、规模化农业,提高农业耕地亩均效益,把传统农业变成科技农业、生态农业、有机农业。

第二,促进产业升级,推动集体经济发展。博儒桥村在转型发展过程中,按照"村级工业转型提升、镇级工业飞地抱团"两级模式,实现

了村级集体经济发展"产值质量"双倍增。博儒桥村在产业发展中的做法为乡村共同富裕工作的推进提供了以下两方面思路,一方面,乡村经济要实现高质量发展,必须"腾笼换鸟",盘活存量资产,壮大村级集体经济;另一方面,要通过产业赋能,利用高新技术、先进技术改造升级传统产业,优化村级产业发展布局,提高产业竞争力和劳动生产率。

(二)创新共同富裕的公平分配机制

第一,缩小收入差距,抓公平性分配。博儒桥村股份经济合作社通过投资周王庙镇创业创新中心标准厂房项目,获得固定投资收益及市镇贴息补助,2020年全村实现财产性收入403万元,连续四年实现均等分红。在抓公平性分配这个问题上,博儒桥村展示了以缩小财产性收入差距为抓手来实现共同富裕的发展路径,即在拓宽村级财产性收入渠道的同时探索合理、公平的分配机制,赋予全村村民发展致富的平台和机会,实现资源、要素、红利的最优配置。

第二,实现精准帮扶,抓普惠性保障。博儒桥村在民生保障和公共服务工作中,开展了"两富同行"温暖工程,突出精准帮扶和众人帮扶,兜底保障低收入农户,推行了"三权+"抵押贷款扶贫增收模式。村集体针对困难户靶向式推出了村级公益性岗位,并广泛开展民生实事工程,推进康养联合体建设试点、村示范型居家养老服务中心建设等,村集体公共服务成果看得见、摸得着、用得上。地方政府可以借鉴博儒桥村以普惠性保障为抓手来推进共同富裕的做法,借力数字化改革,提高社会保障的精准化水平,健全普惠性保障对象精准认定机制,同时加快社会保障民生工程建设,完善日常性帮扶措施。

(三)加强共同富裕的生态治理建设

第一,以生态福利助推共同富裕。博儒桥村在经济发展过程中,将生态福利纳入共同富裕的框架内,始终坚持"良好环境是最普惠的民生福祉",聚力美丽环境与美丽经济共同发展,实现了"庭院知春意,院树闻秋香"的美丽村景。博儒桥村在生态建设上共创共享的做法向我们展现了以生态福利助推共同富裕的新路子。

第二，以基层治理保障共同富裕。博儒桥村深入挖掘"共建共富"内核，着力凸显"共管融治"在基层社会治理中的影响辐射作用，打造出了"集中力量办大事，共同治理共同富"的村域治理样板。博儒桥村在基层治理上取得的成绩给我们的启示是：扎实推进共同富裕目标的实现，需要基层治理的保障，基层治理不仅要建立、优化具有"村格""微格"的社会功能，如乡村调解、道德评议、村规民约等，也要注重引入文化艺术等新的治理理念和新媒体等新的治理手段，以"微治理"保障"大文明"，绘就美丽乡村治理新画卷。

作者单位：嘉兴大学

海宁市新仓村:打造"党建统领＋共富同行"的共同富裕典范之路

钱大可

摘要:实现共同富裕,乡村振兴是必经之路。党的十九大指出,发展乡村旅游是乡村振兴的重要突破口。然而,如何抓住机遇,以乡村旅游带动农民增收亦存在很多瓶颈。海宁市丁桥镇新仓村在发展乡村旅游之初就面临着资源要素受限、产业发展经验不足、村民参与受惠缺乏保障等问题。2014年以来,新仓村党委通过打造梁家墩景区乡村旅游,将无名村落一步步建设成美丽村庄,再发展转化成"美丽经济",探索走出了一条"党建统领＋共富同行"的共同富裕典范之路。村党委依托党建统领的领导力、组织力、执行力和凝聚力,以"我们的村庄,我们的家"为建设理念,牢牢把握"围绕景区村庄抓党建,抓好党建促共同富裕"的工作主线,创新构建了"党建示范引领、公司运营管理、村民自主经营"的乡村产业联合体模式和配套机制,并将党建品牌打造和党建阵地建设融入景区村庄建设,发动各方力量优化景区治理,提供优质服务。2017年以来,新仓村在村民累计旅游直接收入、业态商户数量、业态类型数量等指标中均列全市第一,并先后被评为国家级3A级旅游景区、第二批全国乡村旅游重点村名录、中国美丽休闲乡村。党建统领是推动共同富裕的重要路径。在景区村庄建设中,加强党建营造格局,党建引领治理,党建驱动共建,党建保障共享,才能真正构筑一条宽广的富民道路。

关键词:党建统领;共同富裕;景区村庄建设

一、研究背景:党建引领是推动共同富裕的重要路径

2021 年 6 月,浙江被正式确立为高质量发展建设共同富裕示范区。这既是中央赋予浙江的重大使命,也是重要机遇。浙江被选为示范区是其居民收入高、城乡统筹发展均衡等亮点决定的。在浙江下辖市中,嘉兴作为城乡统筹的典范城市,农村居民收入至 2021 年已连续 18 年居全省地市首位;且城镇与乡村居民收入之比达到 1.61∶1,为全省最低,是浙江乃至全国城乡居民收入最均衡的地区。在乡村振兴、共同富裕道路上,嘉兴探索创新了多种模式,并取得了优异的成绩。2020 年全国乡村振兴优秀案例中,嘉兴有 4 个优秀案例入选,占全省入选总数的一半。近年来,"发展乡村旅游"成为乡村振兴的高频词。农业和乡村旅游高度融合,既提升了农民收入,又是美丽乡村和生态文明建设的重要手段,更是嘉兴作为红船起航地描绘共同富裕新图景的重要板块。目前,嘉兴已形成了"新时尚研学之窗风景线"等 29 条特色美丽乡村精品线和 62 个景区村庄。"嘉兴经验"已成为浙江全省乃至全国乡村振兴对标学习的重要内容。

嘉兴市海宁丁桥镇新仓村梁家墩景区经过近十年的景区开发,由原先落后的基础设施到景色宜人的优美环境,由普通的江畔小村庄到网红民宿村,已华丽蜕变成一个集农事体验、旅游、餐饮、住宿等功能于一体的乡村休闲生态旅游景区。新仓村梁家墩景区的脱颖而出,是乡村充分发挥党建引领作用,依托和整合自然资源、社会资本,抢抓乡村旅游发展机遇,全面推动乡村旅游高质量发展的典型案例,也为乡村振兴探索出了一条党建统领、共富同行的新路子。

二、发展现状:土地集约化经营如何持续为农民增收遇到瓶颈

(一)新仓村简况

海宁市丁桥镇新仓村地处丁桥镇东南部,旁边是闻名遐迩的钱塘江,翁金线、硖新线等道路贯穿全村。全村总面积 7.8 平方公里,拥有耕地面积 5066 亩,是嘉兴市粮食主要集中产区。新仓村村辖 46 个村民小组共 1497 户,总人口 4790 人,其中党员 202 人。

(二)土地集约化经营的收获与困境

为达到土地的集约化经营,新仓村早在 2011 年就成立了新曙农机专业合作社,并在 2012 前后就形成了基于合作社的土地流转模式。合作社通过"租金＋分红"模式共吸收合作社社员 1453 户,完成了 4713 亩土地的统一流转,实现了农业的规模化高效发展。新仓村也先后被评为浙江省卫生村、嘉兴市生态村、民主法治村、海宁市平安村、科普示范村、粮食生产全程农机示范村等系列荣誉。然而,作为粮食主产区,随着一些低效工业产业的腾退出局,如何持续为农民增收却遭遇到一些新的瓶颈:一是土地资源受到限制。土地红线使得村供地指标严重不足,土地性质变更困难,如何更好地利用闲置土地和房屋成为新命题。二是人力资源不足。乡村出现空心化趋势,留守人群"妇、幼、老"特征明显,土地流转后更是处于无农可务的状态。三是低效产业腾退后农民经济收入下滑,而未来产业发展则缺少明确指向和要素资源支撑。如何在诸多要素制约之下,寻找新仓村乡村振兴、共同富裕的路径,成为摆在新仓村村党委面前的一个难题。

三、主要做法:以"党建统领＋共富同行"模式找到新仓村共同富裕密码

新仓村建设美丽乡村,发展美丽经济,离不开党建统领。2021 年

6月，新仓村发布了《共富同行·党建统领景区村庄建设规范》，提出了以"八个一"为建设规范来指导乡村景区建设和开展景区村庄党建工作。"八个一"内容包括：有一个坚强的战斗堡垒、有一个清晰的发展规划、有一个创新的运作模式、有一批实用的党建阵地、有一个特色的党建品牌、有一个暖心的服务保障、有一张红色的打卡地图、有一条宽广的致富道路。"八个一"规范从党建统领共富格局、引领村庄治理、驱动共建共富、保障共享共富等方面给出了乡村景区建设的富民密码，也是对新仓村"党建统领＋共富同行"模式的高度凝练和总结。

（一）发挥党建领导力，统领共富格局

为积极响应习近平同志提出的"绿水青山就是金山银山"理论和他对浙江省全域旅游作出的重要指示，新仓村党委根据本地实际情况、特色优势、发展瓶颈等现状，对如何发展乡村旅游，带动乡村富裕进行了细致的谋划与布局。

第一，因地制宜，明确发展指向。新仓村虽紧靠钱塘江和翁金线，但相比观潮胜地盐官，知名度相差悬殊，观潮分流的旅游人群十分有限。梁家墩是村中一处近江小村落，也是村中基础设施相对较差的区域，道路泥泞，交通不便，唯一的特色是观潮线和有个小公园。村党委选定梁家墩为乡村景区打造试点，借梁家墩环境综合整治的契机，以"宜居宜业宜游"为目标，带领村民完成了"三改一拆"和生态建设。基础设施改造后，梁家墩的生态风貌焕然一新。2016年，通过编制《丁桥镇新仓村村庄旅游规划》，村党委将景区定位为休闲旅游导向、采风基地亮眼、农耕文化传承的"钱塘江畔的诗画乡村"，形成了"一心一轴一带三片区"开放型空间发展格局。

第二，抓住机遇，创新管理模式。随着国家对休闲农业和乡村旅游的大力扶持与发展，新仓村党委结合政策和梁家墩旅游发展情况，认为完全由村民自主开发休闲农业和乡村旅游存在一定的局限性，应当进一步提升专业化和标准化，使梁家墩景区再上一个台阶。2017

年春，新仓村党委与嘉兴远景旅游公司合作成立仓塘旅游开发有限公司，股份占比为远景占 51%，村集体（合作社）占 49%。通过公司的介入和带动，鼓励村民以闲置房屋及土地使用权入股，从而形成了"村党委全面引领、公司负责景区运营和管理、村民自主经营景区业态"的乡村旅游联合体模式。引入专业公司实施运营管理后，2018 年梁家墩的乡村旅游实现了飞速增长：村集体经济收入由 2016 年的 279 万增至 2018 年的 697 万，村民年人均可支配收入由 30694 元增至 37119 元，带动村民创业、就业达 336 人。

第三，共富为民，框定合理机制。在发展乡村旅游之初，村党委就确立了"党建引领、企业运作、村民参与、互利共赢"的发展原则。在新仓村，有几个朗朗上口的口诀广为流传。一是"四统一、三差异"模式，即在乡村旅游联合体中，形成了"公司负责统一的市场营销、统一的业态运营、统一的质量管理、统一的后勤保障；村民负责提供差异化的接待服务、差异化的个性体验、差异化的文化特色"的分工模式，大大提升了管理和服务效率。二是"现居居民保留原状、空置家庭合约租赁、两新居民回购房屋"的不同类别处理原则，明确了闲置房屋资源如何结合景区开发利用实现再次利用的机制。三是"二八"原则，即引进 20% 的外来经营者起示范作用，80% 的本地经营者发挥主体作用；20% 的收入归公司所有，用于公司运营服务，80% 的业态收入归经营者所有，实现增收致富。这一原则明确了内外部经济构成的比例与分配原则，亦保障了梁家墩发展乡村旅游、带动村民致富等核心目标的实现。

（二）发挥党建组织力，引领村庄治理

乡村旅游要实现持续发展，必须充分发挥基层党组织的领导力、凝聚力。新仓村党委构建了"村党委＋多级网格"组织体系，形成"组织红链"来加强对景区的治理与服务。

第一，强化基层党组织，夯实战斗堡垒。为更好地发挥党建在景区村庄的作用，新仓村党委从政治、组织、机制引领各方着手做好保障旅游安全、完善景区管理、优化村庄环境、维护游客权益、提供优质服务、村级经济增长等工作。在景区各个运营主体内成立党组织，加强景区管理服务、产业发展相互融合。村党委依据网格管理模式把全村46个村民小组，划分为6个大网格56个微网格。在每个网格通过民主选举的方式，配备网格长、微网格长、专职网格员、网格评议员和网格指导员，从而形成了一条"村党委—网格支部—微网格党小组—党员中心户"的组织红链。网格管理和组织红链将基层党组织与村民之间紧密地联系在了一起，村民有事可向各级中心反馈并得到及时服务，村庄治理进一步精细化，增强了村民的安全感、满意度。

第二，创建党建品牌，激发工作活力。新仓村党委以"支部建在景区上"为特色党建品牌，深度挖掘品牌内涵，激发党建融入景区活力。在梁家墩景区，新仓村对综治网格和党支部网格进行重组，成立景区党支部，实现了党对景区的"专属"管理，把景区党建与乡村旅游开发、乡村振兴、乡村治理有机联结起来。在党建品牌内涵挖掘上，新仓村以"我们的村庄，我们的家"为建设理念，牢牢把握"围绕景区村庄抓党建，抓好党建促共同富裕"的工作主线，聚焦"四个面向"和"四个结合"，即面向党员、业主、游客和群众，将景区村庄服务水平、环境面貌、共富产业、与全域发展相结合，打造具有海宁特色与辨识度的党建阵地品牌，共同扛起共同富裕新使命。在党建品牌外延展现上，新仓村深入挖掘红色资源，设立了红色打卡线路，通过一批红色阵地的串联，让游客在休闲之余，感受别样的"红色"之旅。

第三，打造党建阵地，提升服务能力。新仓村利用景区各种载体，打造了一批具有特色的党建阵地，不断强化村内基层党组织的战斗堡垒作用。除较为常见的党群服务中心外，新仓村在梁家墩景区还开设了潮城驿·温暖嘉景区会客厅、"红立方"党员志愿服务驿站（先锋岗）、景区党员经营户等，将党建资源转化为服务资源，让党建阵地与景区建设互相促进。党群服务中心按景区村庄定位与党建活动需求设立了综合接待、党员宣誓、红色教育、党群活动、党群议事等功能区，成为村内党员政治生活、联系群众、帮贫扶困的综合平台。景区会客厅则包含了党建形象展陈、党群综合服务、历史文化展示、游客参观游览等功能，类似于村博物馆。"红立方"党员志愿服务驿站是由党员面向游客、商家、村民提供景区咨询、矛盾调解、学习教育服务的综合性。景区党员经营户代表了村内诚信经营、优质服务的典范。多个党建阵地的设立，丰富了党建工作的模式，提升了村庄治理水平。

（三）发挥党建执行力，驱动共建共富

景区的发展，离不开村内党员的先锋模范作用。新仓村梁家墩景区目前有党员 47 人，党员家庭参与美丽乡村实现全覆盖。基层党组织成长并担当了景区发展的"领头羊""主心骨"。

第一，发扬"首创"精神，带头创业打样板。在景区设立之初，村民没有乡村旅游的从业经验，对投入资源进行旅游服务踌躇不前。村里的党员就站了出来，在景区村庄建设中带头创业。村内第一家民宿"行乡子"，就是由时任村党委书记陆永明自掏腰包 70 万元对自家房屋改建而成的，一经亮相就预订火爆；景区第一家乡村咖啡馆则由嘉兴市党代表潘园菲开设，成为女大学生回乡创业的示范点；还有党员丁儒萍，不仅带头打造优美庭院，让环境更加舒适，还开了景区第一家农家乐"叮当家"等。在创业党员的带动下，村民纷纷加入创业。如今，梁家墩景区建设中村民投入达 1500 万元，直接从业人员达150 人。

第二，发扬奋斗、奉献精神，主动担当优服务。党员在新仓村不仅要当好"带头人"，还要当好"服务员"。为强化党建品牌与阵地建设，党员主动贡献为村民提供暖心的服务保障。村妇联执委贾娟萍在家中设立的姐妹驿站是新仓村妇联建设的妇女之家网络点。驿站有图书柜、小会议桌、温馨墙等设施，也建立了相关工作制度。驿站将妇联组织的服务和活动延伸到各户，成为妇女群众最紧密的联系服务点，并通过巾帼志愿服务队，积极参与美丽乡村、优美庭院建设。位于党员潘小明家的景区环境议事点作为微网格议事中心，定期召开户长会，就景区内环境治理、服务规范等问题展开讨论、进行反馈。村民有事都可以通过潘小明反馈到村里，他家的电话被亲切地称为"小明热线"。

（四）发挥党建凝聚力，助推共享共富

保持乡村旅游持续发展是新仓村党委一直关注的问题。在"二八原则"的基础上，新仓村党委坚持以市场需求为导向，不断拓宽富民之路，加强景区业态的开发与建设。

第一，内建外引，强化旅游业态健康发展。村党委积极鼓励村民开展各类与景区结合的业态建设。通过民宿的标准化分级，引导村民对房屋进行改造，整合盘活现有闲置资源，扩大民宿经营规模。鼓励村民进行与民宿发展相配套的农事体验和农产品销售，拓宽村民收入渠道。同时加强针对村民的从业培训，引导和吸纳村民在景区中就业。内建动力的引导与释放使新仓村民人均可支配收入在 2019 年就已超 4 万元。其次，村党委积极进行有针对性的外部招商，引入各类旅游业态。通过驻点招商、浙商回归、以商招商等方式先后引入高端民宿、餐厅、水彩之家、研学基地等多个业态，并将它们与红色打卡线路相结合，从而保障业态互融互促，健康发展。其中钱塘学院是景区红色研学基地，作为浙江红船干部学院现场教学点和嘉兴市委党校现场教学点，接待各类党政考察团队上千批次，并以梁家墩景区发展为素材，举办数十批次的乡村振兴能力培训班，分享美丽乡村建设经验。

第二，启动联盟，串联景区村庄共同发展。2021 年，新仓村党委将建设与发展景区的宝贵经验凝练成《共富·同行党建统领景区村庄建设规范》，确立了党建统领景区村庄建设的新标准。这一标准的制定与发布，为打造乡村旅游联盟与更大区间的旅游业态给出了参照与发展思路。在景区村庄建设规范发布会上，新仓村与丁桥镇其他旅游

乡村共同成立了丁桥镇景区村庄党建联盟，其工作使命是发挥党总揽全局、凝聚各方力量和协调各方工作的政治优势，致力于党建统领和融合景区村庄建设，成为探索共同富裕的新优势和新力量。党建联盟成立后，不断强化组织联建和区域联动，引领各类要素资源加快集聚和发挥规模效应，推动旅游产业升级发展，实现产品、市场、服务多层次产业链互补。

（五）依托美丽乡村建设升级转型

与其他村落相比，新仓村有两大特色：一是南靠钱塘江、北邻翁金线、地处百里钱塘中心区域，具有一定的观潮优势；二是村落仍保存着典型的"四门八窗"式传统民居，能展现"枕水人家"的江南水乡风情。在合作社成立后，新仓村尝试以"新仓谷堡"为品牌进行推广，打造农趣新仓吸引亲子群体，开创农旅融合新模式。

然而，由于整体环境和基础设施未得到良好整治，旅游资源开发和利用仍存在困难。2012年始，新仓村党委经过周密部署，选取了梁家墩作为落实开发计划的试验点。梁家墩总面积480亩，有3个村民小组105户人家。该区域原是村内基础设施较差的区块，本地人称之为"拐角的拐角"，一下雨，道路就变得泥泞难行。2012—2016年，新仓村在美丽乡村建设中，通过投资3000万元，对梁家墩进行了大幅改造，通过农村房屋外立面改造、生活污水治理、道路硬化、线路走地下通道、环境卫生整治、景观精品节点打造等，使其整体面貌焕然一新，成为海宁市升级版美丽乡村示范点。

（六）引入社会资本共同创新发展

2017年，在乡村振兴战略大背景下，新仓村党委积极探索党建统领景区村庄建设新模式，引入外部企业共同打造乡村产业联合体，极大地促进了旅游产业的发展。自2017年始，新仓村梁家墩景区基于"村党委全面引领、公司负责景区运营和管理、村民自主经营景区业态"的乡村旅游新模式，形成了"四统一、三差异"的旅游业态运营理念,村民累计旅游直接收入、业态商户数量、业态类型数量、乡村旅游团队接待量、乡村会务培训收入、村民民宿床位数、村民民宿入住率、村民民宿投资收益率、业态存续率等指标近四年来均位列嘉兴第一,并先后被评为国家3A级旅游景区、第二批全国乡村旅游重点村、中国美丽休闲乡村等。2020年,新仓村梁家墩景区核心区块已拥有各类业态超45家,总接待游客数超过44万人,旅游综合收入超2000万元。目前,梁家墩景区一期项目已全部完成,二期、三期工程将通过打造"水彩之家""艺术空间""研学基地""梁家墩印象潮"等业态,将景区开发从最初的三个小组逐步扩展到全村。

新仓村以美丽乡村建设为依托,在作为粮食主产区实行土地集约利用的情况下,由村党委统领村集体和社会资本创新发展模式,依托自身和外部资源,培养新产业新业态,改造提升乡村旅游,共同探索"党建统领＋共富同行"的乡村旅游高质量发展道路,在乡村振兴中奏响了共同富裕"交响曲"的华美乐章。

四、经验启示:以党建引领助推共同富裕

(一)坚持党建统领,筑牢共富基石

共同富裕关系到党的执政基础。推动共同富裕对基层党组织发挥组织能力、凝聚能力、治理能力、服务能力提出了更多新挑战。新仓村党委在景区村庄建设与发展中一直坚持党建统领,以强有力的姿态谋划景区村庄的发展方向,制定带动村民增收的机制和模式,充分展示了在乡村振兴进程中,党对方向、大局的核心把握作用和对政策制定、机制改革的核心主导作用,为共同致富确定了基调。下一步,应继续建立健全村党委对景区村庄的全面领导制度体系,将党的全面领导落实到景区村庄发展和共同富裕的全过程、各领域、各环节,不断探索在战略推进、产业发展、机制保障等方面的新变化、新需求,从而抓实新时代党建统领,树立高质量建设共富乡村典范。

(二)创新发展模式,激活共富动力

共享富裕的首要条件是富裕,就是要快速发展,做大蛋糕。在党建统领的基础上,构建更好更快的发展模式是重中之重。新仓村党委在深入调研自身发展瓶颈的基础上,引入外部企业共同投资成立乡村产业联合体,通过管理模式创新,获得了景区村庄发展的显著成效。随着景区村庄开发的深入,开发投入与产出的不平衡逐渐凸显,下一步村党委拟在二期、三期开发过程中,尝试将景区开发与景区运营服务分离,创设景区开发实体企业专门负责开发工作,在原有"三位一体"模式上持续创新,同时优化相应的各项工作机制,真正实现全村共同参与开发建设,共同分享开发成果。

(三)统筹共建共享,探索共富路径

实现共同富裕要统筹保障公平,就必须在为农民增收的初心指引下设定科学合理的共建共享模式和机制。新仓村通过"四统一、三差异"等机制设定引导了景区内外共建共享,保障村民享受到乡村振兴的红利。在业态竞争日益同质化的情况下,村党委通过深化业态改善、党建联盟等方式不断寻找新的产业增长点,打造区域合作协调模式,以创新和统筹相互结合为乡村共富探索新路径。下一阶段,景区建设将把握沉浸体验、研学、康养等新市场需求热点,强化景区业态开发,同时加强党建联盟的协同工作,和其他景区村庄一起,找准定位推进全域旅游集群发展。

(四)加强基层治理,提升共富保障

基层治理的升级,是基层群体民生福祉的坚强保障。党建引领基层治理,要不断增强基层党组织的组织力、凝聚力、战斗力。新仓村党委经过景区村庄党建的数年耕耘,形成了强有力的网格管理体系和组织红链,有效地将党建组织、党建工作和党建活动融入景区建设、管理、服务等各项工作中。党建品牌和党建阵地的打造将村内党员团结起来,不断提高思想觉悟并让其深入网格管理、景区服务、村民议事等

公共事务中，极大地提高了村级组织的治理能力。下一阶段，基层党组织将借助组织链条不断提高治理、服务能力，并逐步引入数字化治理，向"数智治理"迈进。同时，深化党建品牌特色，突出潮城、景区等元素，达到品牌与阵地双升级，营造优质新环境，描摹共富新图景。

作者单位：嘉兴大学

嘉善县缪家村：
"党建引领、乡村振兴"的共富密码

董沁文

摘要:嘉善县大云镇缪家村是习近平总书记在 2008 年赴嘉善调研时的村级考察点。长期以来,缪家村党委始终牢记总书记"走在前列,作好示范"的嘱托,传承弘扬红船精神,探索乡村高质量发展的有效路径,共建共享文明和谐美丽家园,走在乡村振兴前列,做好共同富裕示范。坚持党建引领、统一规划,不断创新组织设置形式,构建农村网格党建工作新格局,有效提升村集体管理能力,获得全国先进基层党组织等荣誉;持续开展全域土地综合整治试点工作,辖区内 98% 的农田实现全域流转,农民新社区集聚率达 95%;打造生态保护和产业融合新高地,做大做活农旅融合产业链,探索出了以旅游为黏合剂推动三次产业融合发展的"美丽经济""特色经济"等新模式:切实增强集体经济和农户的造血功能,2021 年缪家村农民人均可支配收入达到5.3 万元;不断汇聚民心,改善民生,成功创建 2020 年"无访村",打造和谐村庄、文明社区的典范;坚持乡村文化提能增效,深入挖掘乡贤文化资源,全面形成"四治融合"的乡村新文化。缪家村通过党建工作的"高质量",不断推动产业兴旺"高效益"、治理有效"高水准"、生态宜居"高颜值"、乡风文明"高素质"、生活富裕"高水平",成功打造"党建引领、共同富裕"的乡村振兴样板。

缪家村位于大云镇东部,紧邻沪杭高速大云出口及嘉善高铁南站,面积 7.1 平方公里,户籍人口 3369 人,村党委下设党支部 5 个,现有党员 145 人。早在 1994 年,缪家村的村集体可支配收入不足 5 万元,村民人均收入不到 1000 元,是嘉善县 31 个贫困村之一。如今,缪家村 98% 的农田已完成全域流转,95% 的农民新社区实现集聚,通过培育和发展规模农业,以及引进田园综合体、工业旅游、农业旅游等途径促进村民就业、创业、参与村集体分红。截至 2021 年底,村集体收入提升至 1420 万元,村民人均收入达到 5.3 万元,先后获得全国先进基层党组织、省级全面建设小康示范村等荣誉。

关键词:党建引领;"四治融合";共同富裕

一、研究背景:以党建引领打造乡村振兴缪家样板

2005 年 4 月 10 日,习近平通知在嘉善考察时提出了三点希望,即"在主动接轨上海方面迈出新步伐""推进城乡一体化方面创造新经验""在转变经济增长方式方面取得新成效"。[①] 近年来,缪家村始终坚持"农村基层党组织领导核心地位不动摇",筑牢坚强战斗堡垒;坚持"用改革的办法解决发展中的问题",勇当乡村振兴示范;坚持"绿水青山就是金山银山",绘就绿色共享精美画卷;坚持"以人民为中心",以真心换民心,密切党群干群关系;坚持"人才就是未来",以内部聚能创新人才共富机制。通过当好"领头雁"、念活"土地经"、引进"项目库"、架起"同心桥"、筑起"人才路",释放五大动能,打开通往共同富裕大道的"幸福密码",合力打造了农业强、农村美、农民富的新时代乡村振兴缪家样板。

二、发展历程:缪家村共同富裕历经三个阶段

改革开放以来,缪家村始终贯彻落实中央,省市县委的重大决策部署,深入推进三产融合,稳步推动共同富裕,主要经历了三个历史阶段。

---

① 习近平:《干在实处走在前列——推进浙江新发展的思考与实践》,中共中央党校出版社 2006 年版,第 498—499 页。

(一)第一阶段(1978—2002 年):共同富裕强基固本

改革开放初期,国家实行的家庭联产承包责任制激发了浙江农民投入生产的积极性,农业生产力得到了大发展和大解放。缪家村紧紧跟随改革的脚步,大力推进农业多种经营、深化农村改革等政策落地,加快农业结构优化,发展乡村工业,形成了"粮经结合"的模式。

20 世纪 90 年代初,嘉善县牢牢抓住浦东开发开放、邓小平南方谈话等重大机遇,利用区位红利,制定了"立足上海、接轨欧美"的发展战略。缪家村充分发挥地处大云镇区、紧邻 G60 高速出口的区位优势,将内生发展与外向开拓双轮驱动,积极发展乡村工业企业。1994 年,第一座 320 平方米的标准厂房建成,引进了日本前川天然味品有限公司。随着"筑巢引凤"的成功,缪家村有了稳定的收入来源,村集体经济的壮大更加坚定了的发展信心。随后,一大批产业项目相继落户。这一阶段是缪家村推进共同富裕强基固本的阶段,农业现代化初步实现,共同富裕物质基础不断夯实。

(二)第二阶段(2003—2012 年):共同富裕谋篇布局

2003 年"八八战略"的提出,全面总结了浙江八个方面的优势,为共同富裕发展提供了方向指引。2004 年以来,作为联系点的嘉善,先后出台了城乡一体化发展规划纲要,以及加快小城镇建设、建设现代新农村推进城乡一体化等若干政策意见,提出了全方位六个"一体化"整合布局,深入实施"接轨上海开放带动"战略,相继推出农村综合改革、强村计划、"两分两换"、强镇扩权等一系列改革举措,不断促进城乡经济社会发展和繁荣。

这一时期,缪家村走上了发展优质高效生态农业及精品农业的道路,加大对农业基础设施的投入,通过加强灌排、道路等基础设施建设,形成了渠畅路通、林田成方的现代美丽田园,不仅显著提高了农业机械化作业率,更打通了农产品运输保鲜的关键环节。缪家村以生态观赏产业为主导,配套形成"一心多点"的多业态和高科技大农业布局,打造了碧云花园、缪家大米、华神甲鱼等多个知名品牌。工业方面,缪家村立足本村实际,积极响应县委、县政府"一号工程"和"百姓致富工程"的号召,不断培育民营企业、著名商标、名牌产品。仅2001—2004年,就先后引进6个产业项目并开工生产,利用外资总额达100万美元。这一阶段是缪家村在"八八战略"指引下推进共同富裕谋篇布局的阶段,在推进体系、发展理念、目标框架、工作措施等方面形成了系统脉络,为全面推动共同富裕绘制了发展蓝图。

(三)第三阶段(2013年至今):共同富裕全面发展

2013年和2017年,国家发展和改革委员会先后批复了嘉善县域科学发展示范点建设方案和嘉善县域科学发展示范点发展和改革方案。2019年,嘉善县全域被纳入长三角生态绿色一体化发展示范区,以"双示范"为载体,深入践行"八八战略"。2018年,嘉善县自入选全国农村综合性改革试点试验名单后,以大云镇为中心试点开展工作。

在"县域统筹,跨村发展"的大势下,缪家村作为全县17个重点扶持村之一,以融合发展为主线,以增效增收为目标,走出了一条产业融合的强村富民之路。缪家村以全域土地流转、盘活土地资源为发展资本,不断优化功能布局,充分利用"飞地抱团"实现高效造血。瞄准"农旅结合"发展定位,积极培育精品花卉、甲鱼养殖等特色农业,打造巧克力甜蜜小镇、碧云花海农场等"三产融合"度假产业。缪家村坚持以党建引领,大力培养农村实用人才及致富能人,构建"六金"共同富裕模式。这一阶段是缪家村推进共同富裕全面发展的阶段,各级产业实现高质量发展,成功打造了"缪家样本"。

三、主要做法与实践成效：打造"党建引领、共同富裕"乡村振兴样板

（一）强化基层党组织建设，当好"领头雁"，筑牢坚强战斗堡垒

作为乡村社会的"领头雁"，缪家村党委始终坚持党的领导，将政治引领作用贯穿乡村发展全过程。坚持党建统领的核心原则，创新组织设置模式，充分发挥基层党组织的六大作用。一是强化政治引领力。村党委始终坚持把加强政治建设作为首要任务，结合党史学习教育、"三会一课"、主题党日活动等形式，切实加强理论学习，进一步指导实践、推动工作。二是强化队伍战斗力。缪家村通过村级组织换届，将思想好、干劲足、作风正、能力优的优秀人才选拔纳入村"两委"领导班子，村"两委"班子平均得票率94.58％，平均年龄35周岁，进一步选优配强村班子人选。组建"红云突击队"，充分发挥党员干部带头示范作用，不断在征地拆迁、环境整治、垃圾分类等工作上破难攻坚。三是强化组织覆盖力。近年来，缪家村深入推进"网格＋"党建模式，成立嘉善县首个村级党委，建立5个网格党支部，由党员带头组建服务管理团队，通过党员家庭户挂牌、发放党员服务卡等方式，充分发挥党员扶贫、助学、帮扶的积极作用，形成"村党委＋网格党支部＋党员中心户＋群众"的农村网格党建工作新格局，全力助推共同富裕。

（二）以党建引领全域整治，念活"土地经"，盘活土地要素资源

缪家村党委始终坚持与时俱进，以党建引领农村产权制度改革，系统集成创新激活持续发展动能，首创全域土地综合整治，激活土地要素价值。农村最重要的生产要素是土地，农村产权制度改革要聚焦在三个关键领域，促进农村土地资源优化配置。为此，缪家村党委深刻认识到完善产权制度、盘活土地资源是实现乡村振兴、共同富裕的

关键所在。一是以超前的政治判断力抢抓国家农村综合改革落地。缪家村党委抢抓国家农村综合性改革试点机遇和"多规合一"国家试点经验，围绕全域土地综合整治、集中财力办大事政策整合、社会资金引进和健全增收机制，形成了以探索村级集体经济有效实现形式为基础，以搭建农村产权要素集成改革体系为支撑，以构建新时代农民持续有效增收机制为落脚的试点方案，提出了以全域土地综合整治引领全域农田规模流转、全域农房有序集聚的"三全集成改革"实现路径。二是以深刻的政治领悟力首创全域土地综合整治。缪家村党委聚焦农村土地这个核心，清醒认识到人均耕地少、土地分散、新业态保障弱等制约发展的现实问题，牢固树立起"全域规划、全域设计、全域整治"的系统思维，创新提出以"保耕地"为基础，实现产业结构优化、资源要素节约化、产业美化、红利转化的"一保四化"全域土地综合整治模式，分步骤、分年度统筹推进农村田、水、路、林、河综合整治以及农村存量建设用地、低效用地、未利用地等综合开发利用。三是以坚强的政治执行力激发全民共同参与活力。行百里者半九十，在两大国家级改革试点机遇下，缪家村党委深刻认识到改革的成败关键在于村民的共同参与，为此通过入户调查、召开座谈会等，广泛征求村民意见，把没有保留价值、布点分散、公共服务配套资源缺乏、农民自愿搬迁的农居点作为拆旧区，把具有江南水乡特色、居住集中农居点列为保留、整治提升区，并结合"三改一拆""五水共治""低小散"腾退工作，累计清退"低小散"农业经营户 32 个，全村土地流转面积已达到 4500 亩，是 2008 年的 2.5 倍，流转率达 95%，全村农房集聚农户 996 户，集聚率达 95%，初步形成以丰乐合作社、碧云花园和云帆农场为亮点的精品农业及休闲观光农业，打下了较好的农民"职业化"发展基础，农民收入水平显著提升。

（三）以党建引领融合发展，盘好"项目库"，实现产业迭代升级

缪家村党委坚持发展定力，用新发展理念开启共同富裕新征程，

将生态建设、美丽经济纳入全村发展整体规划,按照"村域景区化、景区全域化"标准,实现乡村人居环境提档升级,以全域生态铺就美丽经济"新底色",实现洁美、秀美、富美三次蝶变。一是发挥区位优势,发展美丽经济。缪家村秉持可持续发展理念,着眼于文旅产业,不断打通"美丽经济"转化通道,大力培育和服务歌斐颂巧克力、碧云花园、十里水乡等核心项目,整合挖掘温泉养生、巧克力甜蜜风情、水乡田园等文化内涵,打造鲜明的区域特色文化标识,全面推进全域旅游、规模流转、农村电商等增收路径,真正让好环境吸引好项目,让好项目成为好"钱景"。二是推进农业转型,增加村民收入。在全域旅游基础上,村党委聚焦群众致富增收,稳中求拓,以工资性收入为基础,拓展增加财产性收入、股金分红和民宿开发等补充性收入,探索形成推动农民增收的"六金"(薪金、租金、股金、福利金、养老金、创业金)模式,每年为村民发放各类福利、分红,2020年共计发放400余万元,最多的一户拿到了6000多元,农民人均可支配收入超过5万元,已连续6年实现增幅超8%。三是拓宽增收渠道,壮大集体经济。缪家村以村集体入股"飞地抱团"强村项目,实现村集体经济的可持续增长。自2015年起,缪家村将腾退出的29.2亩土地指标通过规划调整和空间腾挪至大云中德生态产业园,利用土地指标折价款、村集体历年积累的自有资金、银行贷款,共计筹资5850万元入股,与大云镇共建标准厂房,年分红收入可达770万元。同时,缪家村在推进农贸市场、店面、超市等农村新社区营业性用房建设中,通过招标出租服务配套用房,年租金收入可达百万余元,实现集体经济自我造血功能,进一步夯实了共同富裕经济基础。

(四)以党建引领善治安村,架起"同心桥",坚守为民谋事初心情怀

缪家村党委坚持以人为本,把为人民服务作为一切工作的出发点和落脚点,以实际工作践行"奉献、友爱、互助、进步"的志愿服务精神,

提升便民服务,优化乡村治理体系,引领乡风文明,不断为助推乡村振兴注入源源不断的新时代文化内涵。一是以"数字化改革"筑牢平安底线。缪家村坚持以人民为中心的工作理念,近年来,缪家村充分运用"互联网+"技术,积极推进"云访室""云网格""云管家""云诊室"的"四朵云"社会治理服务和"共建、共治、共享"品牌建设,为打造"重要窗口"把好平安底线。截至 2020 年底,缪家村通过"四朵云"平台共化解信访问题 6 批次,收集百姓报事信息 828 条,办结率达 100%,并成功创建 2020 年"无访村"。通过"民情在线系统""缪家党员微信群""红色 E 家园"等网络平台,全面提升乡村社会治理效能。二是以"最多跑一次"提升为民服务。缪家村深入实施党建引领民生建设"八个一"工程,打造一个舒心宜居小区、一个高效便民服务大厅、一个功能齐全的文化礼堂、一个全科型医疗服务站、一个幸福的居家养老中心、一个综合性先锋站、一条智能化常态服务热线、一个设施齐备的邻里中心,构建村域"5 分钟党群服务圈"。依托社区便民服务实体平台,不断延伸"最多跑一次"为民办事服务工作触角,设立综合受理岗和红色代办工作站、工作点,代办满意率达到 98%。三是以"文化提升工程"厚植乡风文明。缪家村建立以文化礼堂、文化庭院、文体中心为主要阵地的公共文化服务体系,通过菜单式文化管理服务模式,了解群众需求,创新公共文化服务手段,强化服务实效,累计开展各类文化活动 109 场,农村文化事业蓬勃发展。设立村民关心关爱基金,在传统节日期间对全村困难老党员、退职老干部、困难群众等进行走访慰问。同时,改造提升居家养老照料中心,增设独居老人送餐、生活洗护等系列居家养老服务。

(五)以党建引领人才兴村,筑好"人才路",汇聚持续发展新动能

缪家村党委始终坚持"人才兴村"战略,以乡贤参事会为平台,以乡土乡情乡谊为纽带,以"组织起来、活动起来、作用发挥出来"为路

径,通过吸引和支持乡贤助力乡村经济、政治、文化、社会和生态文明建设。一是充分发挥乡贤参治作用。2018 年,缪家村成立了大云镇首家村级乡贤参事会,通过健全村民利益表达机制,进一步调动村民参与乡村振兴的积极性,提升群众凝聚力和村落自治力。统筹推进乡贤在参与招商引资、招才引智、基层治理、道德示范、纠纷调解、公益慈善和营造生态宜居环境等方面发挥作用。二是全面推进"乡贤回归"工程。缪家村摸清乡贤底数,完善乡贤数据库建设,通过举办乡贤家乡行、乡情恳谈会等联谊交流活动把根在农村、心系家乡的乡贤人才有组织、有方式地团结和聚拢起来,如积极引导海归"创二代"莫雪峰、"返乡大学生"杨珍、"全国劳模"柴金甫等一批人才反哺家乡、创业创新,为乡村振兴激发新活力和新动力。三是大力实施"人才兴村"战略。缪家村依托中组部、农业农村部农村实用人才培训基地,建立休闲农业培训体系,加大对经营从业农民的生产经营技术和专业服务能力培训,壮大农村实用人才队伍。建立国家级农村实用人才培训基地—缪家乡村振兴学院,主动加强与上海交大、浙江省乡村振兴研究院等办学合作,打造 6 条精品教学线路,全面推广缪家经验。截至目前,累计接待各类参观培训 285 批次共 6000 余人次。

四、经验启示与发展建议:以高质量党建助推高质量发展

(一)坚持为民初心,实现基层善治

共同富裕的实现离不开党的全面领导。要全面发挥基层党组织战斗堡垒作用,做好做强共富引擎。聚焦以人为本的共同富裕,强化政治引领力、队伍战斗力和组织覆盖力是基层党组织筑牢坚强战斗堡垒的根本途径。下一步,缪家村要持续推动基层党建提档升级,完善干部选拔"一体系三机制",打造高素质专业化干部队伍。加强党组织领导力,深入实施村支书"领雁工程",提升"领头雁"队伍的"领飞"本领。持续完善自治体系建设,落实"五议两公开"制度和"1+1+X"民

主议事决事机制。要完善党委联系服务群众的长效机制，深化网格化管理，选优配强网格工作力量，建强党建引领共同富裕的最小单元。

（二）发展多元经济，实现村民共富

共同富裕的实现离不开经济的高质量发展。要聚焦先富带后富，率先构建稳步提升居民收入的体制机制。因地制宜、突出特色，是破解区域经济发展难题的关键所在。发挥区位优势，进一步理清招商拉动、配套滚动、规模推动是实现高质量经济发展的必要手段。下一步，缪家村要找准发展重点和关键点，认准主攻方向。进一步发展"智慧＋"农业等新业态，加大招商引资力度，实现农业一二三产业融合发展，提升农业产业效益。全面拓宽居民财产性收入渠道，完善企业与农民利益联结机制，提升"美丽经济""物业经济""数字经济"转化效率，带动农民就近就地创业就业。常态化开展"优秀人才回归""大学生回引""新乡贤回乡"行动，健全"三培养"机制，着力引进和培养优秀人才。大力实施先富带后富专项行动，打造党群致富联合体，实施党群创业共富工程，开展低收入农户常态化帮扶。

（三）发挥生态优势，实现绿色发展

共同富裕的实现离不开生态文明建设。"绿水青山就是金山银山"，要坚持推进生态蝶变和产业质变才能实现幸福蝶变。下一步，缪家村要持续秉承绿色发展理念，做好生态发展这篇文章。严格执行生态环境保护制度，努力提升生态环境质量，以建设农村未来社区为方向，持续推进全域土地综合整治，保护和建设林草植被，保护耕地资源，实现美丽乡村全域升级。进一步完善林田共生的生态空间结构，推动生态保护、绿色发展与乡村振兴有机结合，实现"生态＋"的绿色发展模式。将乡村旅游产业作为优势转化的有效突破口，促使绿色产业成为农民创业就业、共同致富的新亮点新路径。

（四）丰富基层文化，实现精神共富

共同富裕的实现离不开人民群众的精神富有。共同富裕是物质生活和精神生活的全面富裕。强化思想引领,满足人民群众日益多样化、多层次、多方面的精神文化需求是促进人民精神生活共同富裕的有效举措。下一步,缪家村要立足于"勤劳致富,和善立家"的缪家精神,彰显人文智慧,高水平建设现代化公共文化服务体系。统筹整合农村党建文化网格,深入推进整村文化提升工程,加强文化服务阵地建设,提升服务实效,丰富人民群众的精神文化生活。进一步整合乡贤资源优势,充分激发乡贤助力乡村振兴和共同富裕的无限活力。以创新乡贤文化、传承乡村文明为契机,不断汇聚起助推共同富裕的强大精神动力,以"善治"引领"四治",以"乡风文明"引领"乡村振兴",实现"文化育村、文化兴村、文化富村"。

作者单位:嘉兴职业技术学院

桐乡市高桥街道越丰村：
"四治融合"铺就共同富裕之路

杨永磊

摘要：健全自治、法治、德治相结合的乡村治理体系，是党的十九大作出的重大部署。"三治融合"体系发源于桐乡越丰村，是新时代"枫桥经验"的创新举措。近年来，越丰村在基层治理中注入智治元素，形成了"四治融合"促共富的新模式：以党建为引领，指引共同富裕中"四治融合"新方向；以自治增活力，发挥共同富裕中农民主人翁作用；以法治强保障，维护共同富裕中农民依法享权利；以德治扬正气，增强共同富裕中乡村治理软实力；以智治提效能，注入共同富裕中数字治理新元素。通过不断深化社会治理创新，越丰村以村民需求为依归、以组织创新为抓手、以基层善治为保障、以精神富有为聚焦，走出了共同富裕的"四治融合"之路，实现了农业基础增强、集体经济升级、民生福利提升、乡村环境优美。面对改革中存在的部分村民观念保守、创新创造人才匮乏、经济发展后劲不足等问题，需要进一步从强化党建引领、创新治理模式、培育合作组织、加强数字赋能等方面加大改革力度。

关键词：乡村治理；"四治融合"；共同富裕

一、研究背景：基层善治与共同富裕的契合

1963 年 10 月，毛泽东对浙江省绍兴市枫桥镇的"枫桥经验"作出

亲笔批示"要各地仿效，经过试点，推广去做"①。"枫桥经验"提出的"大事不出镇，小事不出村，矛盾不上交"，是当时历史条件下社会管理的有效手段，主要经验是把矛盾解决在基层。在新的时代背景下，越丰村的"四治融合"不再限于"就地化解矛盾"，而是丰富和创新社会基层治理模式，是"枫桥经验"在新时代的新体现。习近平同志在浙江工作时就已强调，"法治和德治，如车之双轮、鸟之两翼"，是相辅相成、相得益彰的关系。② 2020 年，习近平总书记在浙江考察时强调，要"完善社会矛盾纠纷多元预防调处化解综合机制"③。2021 年 4 月，《中共中央　国务院关于加强基层治理体系和治理能力现代化建设的意见》要求用 5 年时间建立"三治融合"（自治、法治、德治）的基层治理体系。这为越丰村"四治融合"（自治、法治、德治、智治）之路指明了方向。作为"枫桥经验"的继承与发展成果，党建引领下的"四治融合"进一步为建设共富越丰发挥了积极作用。

越丰村位于嘉兴桐乡市南部，区域面积 3.33 平方公里，具有高速高铁"双门户"优势，地理位置优越。全村共有 26 个村民小组，811 户农户，总人口 3114 人，村党委现有党员 99 名。近年来，通过不断努力，越丰村收获了 30 多个荣誉称号，如全国民主法治示范村、浙江省先进基层党组织、浙江省善治示范村、浙江省农村引领型社区、浙江省"平安家庭"创建示范村、浙江省卫生村等。

越丰村扎实开展"四治融合"的乡村治理体系建设，以自治改造基层发展平台，决定外部投资项目引进；以法治定分止争，维护农民合法权益，保障共同富裕中各方利益不受侵犯；以德治春风化雨，让"三治信农贷"鼓励好人善行，培育共同富裕内生动力。在"三治"基础上，又

---

① 中共中央文献研究室.毛泽东年谱（一九四九——一九七六）第五卷[M].北京：中央文献出版社，2013：283.

② 习近平.干在实处 走在前列——推进浙江新发展的思考与实践[M].北京：中共中央党校出版社，2006：389.

③ 统筹推进疫情防控和经济社会发展工作 奋力实现今年经济社会发展目标任务[N].人民日报，2020-04-02（001）.

进一步通过数字赋能,引入智治新元素,探索农村地区基层治理现代化,促进物质富裕和精神富有同步推进,铺就共同富裕之路,大大提升了村民的获得感、幸福感。

二、主要做法:党建引领"四治融合"共富路

乡村基层治理中的"三治融合"模式源于越丰,且成为党的十九大的重大部署。近年来,越丰村进一步以党建为引领,不断深化社会治理创新,走出了共同富裕的"四治融合"之路。

(一)以党建为引领,指引共同富裕中"四治融合"新方向

第一,团结学习,强化引力。村党委围绕建设学习型、团结型、服务型的村干部队伍,由党委书记带头,坚持以学促干,坚持民主集中,坚持联系群众,坚决贯彻执行重要事项内部通报、重大事项集体决策等制度。推行每周工作例会,盘点部署工作,协商解决难点问题,班子内部形成了互相沟通、互相帮助、互相信任的良好工作氛围。

第二,三网融合,凝聚合力。通过网格化管理和组团式服务,实现党建、民情、综治相融合,建立三个网格党支部,通过定人、定岗、定责,切实发挥联村干部指导帮带、支部书记(网格长)联系协调和党员示范引领作用,带动网格支部党建工作和网格内社会治理工作互促,形成了共建共治共享新格局。

第三,筑牢阵地,增强动力。构建"村党委+网格党支部+党员先锋站"模式,高标准建成村党群服务中心和党建特色先锋长廊,合理布局党建文化广场,以党建茶馆、党员示范户等形式将党建触角延伸至农村第一线。2018年5月,全国首个展示"三治融合"起源发展的"三治融合馆"在越丰村揭牌成立。在村党群服务中心开展便民服务,党员亮身份上岗,实现党员服务有窗口、群众办事有去处。

第四,着力深化"红色代办制"。由村党委及时梳理群众诉求、实时代理群众事务、即时处理群众难题。在"红船领航党员先行"先锋岗

的基础上，探索为民服务全程代理，充分发挥党员、全科网格员及村干部作用，开展流动式即时性村级管理服务，实现办事不出村，服务"零距离"；对街道以上层面可以代办的事项，由红色代办员全程代为办理，让党建引领"在身边""看得见"。

（二）以自治增活力，发挥共同富裕中农民主人翁作用

第一，加强民主选举，贯彻村民意志。越丰村在换届选举中最大限度地贯彻村民意志，公推直选候选人后，全体选民选举村委班子。同时，明确重大事项经村民代表大会表决后由村委会执行，以规范有序的程序机制取信于民。

第二，完善民主决策，提高自治效率。越丰村严格遵循民主决策"五步法"。通过"两会"（百姓议事会和乡贤参事会）事前充分听取意见，保证决策的民主和高效。涉及村民集体利益的重大事项，须经议事会充分讨论，再提交村民代表大会表决。"两会"中的乡贤参事会对村里发展项目的规划、重大活动的开展用"群众说、乡贤论、榜上亮"的手段提出有针对性、建设性的意见和建议，发挥乡贤教化村民、反哺桑梓、温暖故土的作用。

第三，加强民主监督，保证自治效果。越丰村除村级监事会外，依托百姓议事会和道德评判团不断强化村务监督机制，坚持定期财务审计和村务公开制度。赋予村民充分的知情权和建议权，监督村务决策。道德评判团在"四治"曝光栏公开不文明现象并予以整改。

（三）以法治强保障，维护共同富裕中农民依法享有的权利

第一，建章立约，划定共富行动标线。坚持立足本村、贴近群众，通过前期准备、宣传动员、组织起草、征求意见、表决通过、备案公布等"六步走"，订立《越丰村村规民约》，按照易记、易懂、易行的原则，把村规民约与党的建设、法律法规和人们日常生活紧密联系起来，涵盖民主决策、护水拆违、社会治安、公益事业、乡风文明、产业发展等六大方面，为全体村民的行为规范划定标线。

第二,设立法律服务团,提供专业法律意见。法律服务团由专业律师、检察官、司法所工作人员等成员组成,在每月 15 日这天为村民提供专业法律咨询、代写法律文书等服务,有效弥补了基层法律服务特别是村级法律服务专业力量不足的短板。此外,越丰村还创新人民调解形式,把过去的"办公室坐诊"调解变成了灵活的"上门巡诊"调解,在村民家中、田间地头通过说法理、拉家常的方式把矛盾解决,真正做到了把矛盾纠纷化解在基层,实现上访事件"零发生"、行政诉讼"零发生"、矛盾纠纷"零上交"。

(四)加强法治教育,培育共富法治思维

越丰村专门邀请司法局等单位对村干部进行法治培训,不断提高"关键少数"的法治素养。建立法治文化礼堂、广场和长廊等宣传阵地,采用各种形式对村民进行法治宣传,形成全民学法知法尊法守法的良好氛围。

(五)以德治扬正气,增强共同富裕中乡村治理软实力

第一,创建道德评判团,扫除共富法治盲区。道德评判团由 10—15 名模范代表组成,在道德评议弘扬先进的同时批评和曝光不道德行为。对缺少法律法规约束的管理"盲区",由道德评判团集体商议,评判好坏,协助解决问题

第二,让有"德"者更有"得",培育共富内生动力。越丰村联合农商银行,将"四治融合"和"金融惠农"相结合,推出"三治信农贷",通过"两会三团"把好信用评定关,为农户提供普惠式贷款授信,额度 5 万元到 30 万元不等。共授信 651 户家庭(全村共有 811 户),授信金额 1.32 亿元,贷款额达 3273 万元,将无形的精神财富转化为真金白银的经济效益,为共同富裕注入了金融活水。

第三,开展先进评选,提升共富道德修养。越丰村积极参与"平安家庭"创建活动,积极评选"四好家庭""五有市民",对文明家庭开展星级评比。通过一系列评先评优活动,充分发挥身边榜样的带动力量,

使得村民见贤思齐,潜移默化地提升村民的共富道德修养。

（六）以智治提效能,注入共同富裕中数字治理新元素

越丰村充分利用桐乡市作为世界互联网大会永久举办地所具备的技术优势,利用数字手段,推动党组织领导的"四治融合"不断创新升级,为共同富裕提供源源不断的新动能。越丰村将共同富裕注入"数据治理元素",建立了数字一张图,以三维实景地图为底图,叠加了乡村的人口、地理、经济、文化,可实现村里人、地、物、情、事、组织等信息的一网全覆盖。该村通过数字治理,实现三个板块的有机整合。

第一,搭建党建党务板块,通过技术支撑,构建起党建引领的"四治融合"网络体系。

第二,构建基层治理信息综合化板块,在"四治融合"相关信息基础上,融入一户一档、垃圾分类、环境监测、消防、设备监控等基层治理重要信息。

第三,开通网上村务管理板块,村民通过"村务公开""财务公开"等小程序直接参与村务管理。

三、实践成效:"四治融合"促进物质富裕、精神富有

越丰村在党建引领下,自治、法治、德治、智治"四治"融合的基层治理新模式正在加快构建完善,推动着"四治融合"这张集中体现着中国善治之道的工作金名片迎来新的飞跃,为共同富裕贡献更佳方案,取得了物质富裕、精神富有的丰硕成果。

（一）农业基础增强,共富地基更牢

围绕"农业增效,农民增收"目标,村党委始终把农业发展作为共同富裕的基础。为发展改善农业,越丰村通过"四治融合"积极引导农户转变传统思想观点,适时调整种养结构,全域推进土地流转,增加村民土地性产出收入,解决老年劳动力的就业问题。及时做好保障服务,有效促进农户多渠道增收,更好地顺应了当前新形势下的新要求。

为提升农业服务力度,努力做好农田长效保洁工作,维护好农业基础设施,加强水利工程基础设施建设,向上级争取资金200万元,配套村集体资金投入40多万元,在赵家木桥建造水闸,在同和桥、车坊上建造抗洪泵站,在南沈门、墙门头建造上水泵站,完成李北泵站全面改造。结合上级农业综合项目建设,完成了王家兜、万岁桥2500平方米的田间水泥道路建设、田间沟渠配套建设等。此外,积极做好水稻保险、种粮补贴工作,三年补贴金额近50万元。

(二)集体经济升级,共富源泉奔涌

发展是硬道理,是实现共同富裕的关键。只有把村集体经济的"蛋糕"做得更大了,"蛋糕"才能分配得更加合理。近年来,越丰村村级集体经济开始转型升级,充分利用开发区重大工程建设平台,累计投入新区建设平台2400万元,确保村集体资产能保值增值,每年固定收益近200万元,同时依托新社区公共服务用房拍租、"退散进集"、新建市场化运作的农村综合服务用房等项目以及宅基地复耕等现有政策,持续为村集体增收。通过不断盘活存量资产,村集体经济收入从2013年的280万元增长到2021年的1120万元。

(三)民生福利提升,共富措施有力

一是有序推进合作医疗,2022年度参保率为99.89%(应参保1881人,不参保2人),村级补贴由每人190元提升到了260元(2022年缴费标准640元/人),用于2022年度的合作医疗补贴有50万元左右,三年合计补助近6000人次共计120万元。二是做好重阳节老年人慰问工作,2021年共慰问全村60周岁以上老人847人,慰问金额335500元,其中90周岁以上老人有11人,三年合计慰问金额近100万元。三是继续做好对全村13户低保户、困难户、军属、退役军人的慰问工作,继续做好对党员、小组长、妇女组长的关爱工作,三年共计支出约30万元。四是持续开展"'三治'最美家庭"争创,每户最高奖励300元,每年花费近24万元。

（四）美丽乡村建设,共富环境蝶变

在全市农村全域秀美环境整治中,加大整治力度,充分发动村民,由各组长带队,对全村进行环境大整治,清理大量的垃圾、杂物,总投入约 60 万元,整个村容村貌得到较大提升。在村庄环境卫生"四位一体"保洁方面,村全面委托鼎成物业负责全村保洁工作,现有全天上班的保洁员 16 名,负责全村河道、房前屋后、道路等区域的环境卫生,每年支出保洁费用约 70 万元。在"五水共治"方面,结合村庄实际,重点对中砂渚塘、斜港、匠人浜、朱家门浜、南沈门等支线的河浜实施综合治理工程,总长度 6 公里(河道清淤长度 1.1 公里,清淤土方 8500 立方米,加固加高堤防 1.025 公里,干流护岸 1.822 公里,支流护岸 5.638 公里,岸坡绿化 1.025 公里),工程总投资约 800 万元。每年对破损的道路、公共设施进行及时维修,已完成从乌镇大道到宋介石桥 5 米宽的柏油道路修建,总计投入 100 万元。同时,新增交通防撞护栏 3 处。此外,已完成村组公共停车场的建设,涉及 7 个小组、9 个停车点,停车位近 100 个,总计投入 50 万元左右,解决了老百姓停车难的问题。

四、经验启示:以基层善治满足百姓共富需求

越丰村始终坚持党建引领,将"实力更强、村民更富、环境更优、文明程度更高"的共同富裕图景作为发展目标,力争在共同富裕的征程上做好更扎实的工作,让共富图景呈现得更加精彩,让老百姓生活的色彩更加鲜亮。越丰村"四治融合"铺就共同富裕之路,为乡村共富提供了很好的经验启示。

（一）以村民需求为依归,最大限度激发共富活力

越丰村的共同富裕之路始终坚持以人为本、以民为先,以村民需求为依归,想民之所想,干民之所盼,既着力于社会和谐稳定,下功夫化解家庭矛盾、促进邻里和睦、加强社会治安综合治理,又着眼于改革

发展,不断激发集体经济活力,提升村民民生福利,提高村民获得感和满意度。越丰村通过有效的社会治理促进共同富裕进程,通过充分发挥村民主人翁作用,最大限度激发共富活力,使得越丰共富之路越走越宽。

(二)以组织创新为抓手,最大限度凝聚共富合力

越丰村"四治融合"促进共同富裕的成功实践充分说明,"四治"是有机整体,共富需要组织抓手,必须充分发挥自治组织的主体作用,通过"一约两会三团"等组织载体创新,真正形成大事一起干、好坏大家判、事事有人管的良好氛围,不断提高人民群众共同富裕的凝聚力。

(三)以基层善治为保障,最大限度优化共富环境

越丰村始终坚信,实现共同富裕,根本靠发展,关键靠治理。治理是强支撑,是实现共同富裕的重要保障。越丰村探索的"四治融合"基层社会治理模式,以党的基层组织为核心,以村民自治组织为主体,以信法守法为准绳,以崇德向善为基础,以智慧治理为创新,实现农村社会的基层善治,以共建共治共享的基层治理模式最大限度优化共富环境。

(四)以精神富有为聚焦,最大限度提升共富文化

2013年8月19日,习近平总书记在全国宣传思想工作会议上强调:"只有物质文明建设和精神文明建设都搞好,国家物质力量和精神力量都增强,全国各族人民物质生活和精神生活都改善,中国特色社会主义事业才能顺利向前推进。"[1]越丰村在注重增加村民收入的同时,更加关注村民的精神富有,注重提升村民的文化素养,丰富村民的文化生活,昂扬村民的精神面貌,从而让村民生活得更有尊严、更有品质。

---

① 胸怀大局把握大势着眼大事 努力把宣传思想工作做得更好[J].人民日报,2013-08-21(001).

五、发展建议：以创新谋发展　加大共富建设改革力度

在调研中，我们也发现面对基层治理改革和共同富裕建设，越丰村还存在部分村民观念保守、创新创造人才匮乏、经济发展后劲不足等问题，需要从强化党建引领、创新治理模式、培育合作组织、加强数字赋能等方面加大改革力度。

（一）强化党建引领，创新共富理念思维

行动以思想为先导，实践以认知为前提。针对村民观念保守、创新人才不足的问题，必须不断强化党建引领，增强基层党组织的凝聚力，有效发挥基层党员的先锋模范作用和骨干带头作用。通过党建引领更新群众共富理念，培养和吸引创新创造人才投入共富实践。引导先富群体"富而思进"，"先富带后富"，服务社会、回馈乡村。消除部分村民"等靠要"思想，调动其主动性和创造性，实现共同富裕建设的可持续推进。

（二）传承"枫桥经验"，丰富"越丰模式"内涵

"枫桥经验"提出的"大事不出镇，小事不出村，矛盾不上交"，是当时历史条件下社会管理的有效手段，主要经验是把矛盾解决在基层，把矛盾摁在基层。但新形势下矛盾的多样化、复杂化使得原有的经验已经不能从根本上解决问题。与"枫桥经验"相比，"越丰模式"提倡的是"大事一起干、好坏大家判、事事有人管"，探索的是把矛盾解决在爆发前，是当前社会治理的新途径。越丰村要继续深化"四治融合"基层善治之路，以协商共治的治理理念、上下互动的治理方式、协同推进的治理格局不断丰富"越丰模式"的治理内涵，使共富路上的基层治理体系更加成熟和完善。

（三）培育合作组织，促进共富产业发展

乡村基层善治的实现离不开农村经济的发展。面对村经济缺乏

新的增长点,后继乏力的局面,需要通过培育各类农村经济合作组织,寻找新的产业发展出路。只有把各自为战原子化的村民组织起来,生产、供销、信用一体化发展,才能完成小农户与大市场的有效对接。必须把基层善治的组织载体与农村各类合作经济组织一体推进、相互促进,才能更好实现党的各项惠农富农政策,协调村庄各方利益,促进共富产业发展。

(四)聚焦"整体智治",提升共富数字效能

作为"三治融合"发源地的越丰,要充分利用世界互联网大会永久举办地桐乡成熟的互联网基础,持续迭代"四治融合"场景应用,以智慧化手段赋能高质量治理。越丰村要以智治新元素,加快完善"四治融合"的基层治理新模式,推动"四治融合"这块集中体现着中国善治之道的工作金名片迎来新的飞跃,为越丰的共同富裕加"数"前进。

主要参考文献

[1] 盛勇军."三治融合"桐乡经验持续创新[J].政策瞭望,2020(10):23-24.

[2] 顾青青.三治融合:农村党建嵌入基层治理模式探究[J].前沿,2021(3):95-103.

[3] 孙冲.村庄"三治"融合的实践与机制[J].法制与社会发展,2021(4):5-23.

[4] 方敏."三治融合"促基层善治[N].人民日报,2021-10-29(013).

[5] 邵春雷.越丰村:"三治融合"结出民主法治之花[N].民主与法制时报,2019-06-23(003).

[6] 张应隆.桐乡越丰村:一条乡村治理的田间样板路[N].嘉兴日报,2020-06-06(004).

［7］宋彬彬，徐潇卓.推进村社整体智治！桐乡迭代升级"四治融合"场景应用［EB/OL］.（2021-12-25）［2022-10-16］.http：//jx. zjol. com. cn/202112/t20211225_23552339. shtml.

［8］陈金彪，创新基层治理体系　走乡村善治之路——赴桐乡蹲点调研报告［EB/OL］.（2018-06-28）［2022-10-16］. https：//zjnews. zjol. com. cn/zjnews/jxnews/201806/t20180628 _ 7643139 _ ext. shtml.

作者单位：嘉兴大学

平湖市独山港镇：
立体式、全方位建设"帮共体"的乡村振兴之路

王延隆

摘要：本文以独山港镇打造乡村振兴样板区，凝聚乡村振兴战略下本地乡村建设经验及特色，归纳战略内涵和对规划建设的新要求，构建立体式、全方位的"帮共体"乡村振兴之路。总结了"帮助带动共同富裕联合体"，以实施系统帮扶项目、打造现代产业体系、推进未来乡村建设、锻造有为善为铁军、弘扬转角湾精神为突破口，为共同富裕补齐短板弱项、夯实物质保障、拓展实践通道、筑牢坚强保障、奠定精神支撑，实现立体式、全方位的共同富裕进程。

关键词："帮共体"；高质量发展；共同富裕

一、研究背景：以"帮助带动共同富裕联合体"促进共同富裕的独山港样板建设

乡村振兴作为国家战略层面的重大部署，是决胜全面建成小康社会、全面建设社会主义现代化国家的重大历史任务，关系到我国全面建设社会主义现代化国家的进程。浙江积极响应国家乡村振兴号召，制定和出台了一系列推进乡村振兴战略、农业农村现代化的行动计划、战略规划等，全省乡村生活状况持续优化，并拥有数量最多的全国美丽宜居示范村，为美丽乡村建设和乡村振兴提供浙江样板。浙江省被确立为高质量发展建设共同富裕示范区之后，浙江制定了详细的工

作方案,该方案提出,要率先基本建立推动共同富裕的体制机制和政策框架,努力成为共同富裕改革探索的省域范例。

独山港镇位于平湖市东南部,东接上海金山,南濒杭州湾。乡村振兴背景下独山港镇共同富裕的实现,有赖于城市要素和资源流入乡村,以及健全合理的社会流动机制和城乡利益均衡机制。以城乡联合和"毗邻党建"帮扶乡村协同发展,拓展一体化工作内涵和外延,打通"帮助带动共同富裕联合体"发展的制约环节。近年来,独山港镇打造乡村振兴样板区,凝聚乡村振兴战略下本地乡村建设经验及特色,归纳战略内涵和对规划建设新要求,构建立体式、全方位的"帮共体"乡村振兴之路。其以"帮助带动共同富裕联合体"为发展目标,以"三个统一"的理性理念、改革破题和创新制胜的手段、综合集成和迭代升级的方法,破除系统帮扶、产业发展、乡村振兴、队伍保障、精神支撑中存在的问题。以实施系统帮扶项目、打造现代产业体系、推进未来乡村建设、锻造有为善为铁军、弘扬转角湾精神为突破口,为共同富裕补齐短板弱项、夯实物质保障、拓展实践通道、筑牢坚强保障、奠定精神支撑,实现立体式、全方位的共同富裕进程。

二、主要做法:以"帮助带动共同富裕联合体"助推高质量发展

独山港镇"帮助带动共同富裕联合体"以数字化资源排摸各线、精准匹配为前提,搭建党建联盟基础下"1+N+X"的组织合作架构、探索乡村新模式运行的实施方法,齐心协力打造"美丽经济、抱团发展、治理联动、共建共享"的共同体样本,经济建设、产业生产和文化教育等各项工作高质量推进,辐射带动各区联动发展,同时,也折射出共同体实践进程中存在的部分问题。

(一)实施数字精细化管理,优化"帮共体"的帮扶模式

独山港镇以信息化手段感知区域民生态势,畅通信息流通渠道,

以数字化促进精细化管理，科学谋划"帮共体"应用场景。一是排摸路线，解决民生共性问题。以慈善捐助、低保救济、虚拟岗位、劳务用工、低收入农户分红等为内容，动员镇村企 1500 多名在职党员干部深入基层。针对道路、乡村风貌等与人民生活相关的项目建设，排查走访农户 37929 户、企业 631 家，排查 232 件民生问题并全部解决。二是对点帮扶，精准对接帮扶对象。搭建"1＋N＋X"的共同体架构，以数字化治理对点帮扶区域发展，精准对接全镇困难群体和助力企业，解决"无处着手去帮扶""多头重复帮扶""帮扶精准度不够"等问题。如抱团发展党建联盟由赵家桥村为牵头村，联合 3 个村成员、10 个助力企业和 4 个助力机关事业支部，形成广泛吸纳、优势互补、互助共建的联盟运行体系。三是建设"毗邻党建"，协同落实帮扶工作。两地把对点帮扶工作贯彻到"毗邻党建""1＋6＋4"的整体规划中，形成浙沪山塘联合党支部、马拉松示范带"十村党建联盟"、乡村振兴联盟·旅居产业集群活动型党委、"田园五镇"乡村振兴先行区党建联盟等创新成果。但目前"帮共体"各主体之间仍存在信息分散、条线分隔、信息流通不畅等问题，部分乡村在各自孤立的框架下开展工作，基于信息共享联通的帮扶工作还不够。

（二）打造现代产业体系，夯实"帮共体"的经济基础

"帮共体"建设的经济基础是关键，工业经济和现代产业体系是重中之重。高质量的现代化产业和经济发展有效有力保障独山港镇的开发建设，推动助力企业统筹效率、利益和社会影响力的三重因素加快产业落地。一是加强"四港"基础设施建设。实施港口、港产、港城、港运"四港"联动发展战略，建设"两横四纵"路网体系，打造浙北地区海河联运中转枢纽港。上半年投资完成全年规划的 84.7％，实到外资完成 101.1％，市外内资完成 69.6％。签约项目 8 个、外资项目 4 个、数字经济项目 3 个，引进世界 500 强企业和国际知名行业龙头企业、项目 3 个。二是做大做强浙沪新材料产业园。以长三角一体化公共

管廊一期建成为契机，联动上海港、舟山港发展集装箱业务，拓展国际物流、港口贸易，推动物流港向贸易物流港升级。高效完成新"四个百亿"，各项经济指标实现"时间过半，任务过半"，上半年生产总值同比增长24.1%，增速位列平湖市第一。财政总收入14亿元，同比增长226.4%，实现工业总产值274.9亿元，同比增长68%。三是打造长三角现代产业运营中心。推进64个重点产业项目建设，其中浙江嘉兴LNG应急储运项目库区试运行，码头、外输线分别完成70%和20%。苏宁华东电商产业园项目一期项目主体工程完成50%，整体完成32%。持续跟进重点配套项目建设，开展独山大厦、人才公寓等重大项目前期工作，建设港区政务配套及民生实事项目，协同党建联盟单位向乡村捐赠829万元项目资金。但部分助力企业在以乡村资源为媒介谋求自身片面发展的同时，未能带动党建联盟村协调发展。

（三）推进"未来乡村"建设，构建"帮共体"的实施载体

推动"未来乡村"建设是城市反哺农村的重要载体。独山港镇注重把"未来乡村"作为推进"帮共体"建设、实现共同富裕的重要载体，着力打造"乡里人的美好家园、城里人的向往乐园"。一是奠定"未来乡村"环境基础。按照美丽乡村建设总要求，树立"绿水青山就是金山银山"的发展理念，以"宜居、宜游、宜业、宜文"为标准，实施创业路、滨港路等6公里港城区域内道路亮化工程，改善农民生产生活环境。二是发展"未来乡村"核心产业。以红色转角湾、中国航天科普基地、"郁树临枫·最红江南"风景线等乡村旅游资源，打造红色研学共同体。打响"水韵赵家桥""花海优胜"等品牌，举办海洋文化亲子文化节、农民运动会等活动，凝聚品牌效应，聚集各方人气。三是完善未来乡村数字化管理模式。推动智慧菜场、智慧市政设施建设，拟投入约400万元对16个小区实行垃圾智能收集。配置可智能称重、采集信息的收运车，自动拍照上传、评价垃圾分类情况。但管理模式运行、产业经济效益实现和村民参与度等实际问题较为突出，"未来乡村"建设面临

市场、村民、资源和资本衔接的困境，联入主体的有限性、整体性需要延展。

（四）锻造有为善为铁军，构建"帮共体"的人才保障

推进"帮共体"需要各条战线、各个区域干部的统筹合作，负责任敢担当和有为善为是决定"帮共体"能否有力推进的重要保障力量。通过锻造一支有为善为的铁军，接洽民生需求和政策实施渠道，拓展"毗邻党建"联盟服务广度。一是组建党建联盟，拓宽组织架构。精准对接联盟企业、社区、居民的利益契合点和兴趣连接处，组建"美丽经济、抱团发展、治理联动、共建共享"的党建联盟，盘活整个区域化基层党组织建设。搭建"1＋N＋X"的组织架构，每个联盟确定 1 个牵头村、N 个党建联盟成员村、X 个助力单位，延伸党建引领基层治理、提供公共服务的触角。二是深化多种机制，激发干部工作活力。以专班化运作细化七大类共 55 项区镇党史学习教育工作安排，建立"五个一"工作机制和八个"一线"专项行动，出台《关于"让干部不在办公室办公成为常态"，锻造"唯实惟先、善作善成"工作团队的实施意见》，激励干部抓好助力机关事业支部建设，下沉基层一线。改革干部评价制度，将乡村脱贫成效作为评价干部的重要内容。四大党建联盟单位已推进联盟项目 18 个，构建两新组织 48 个。三是建立人才共育机制，提升人才工作质效。两地以"毗邻党建·领雁工程"、"1＋4"人才工作合作协议等形式，在互联互通互动中提高干部能力，联合推动基层党建联盟工作共建与合作，辐射带动独山港各区域联动发展。干部队伍建设需注重各主体间的横向联系，在基层治理理论学习、民生排查走访、帮扶举措落实中需要提升思想认识，强化实际工作能力。

（五）弘扬"转角湾精神"，实现"帮共体"的文化支撑

文化是实现共同富裕的关键变量。地方党史文化的挖掘和地方精神的塑造有利于形成全体人民群众共有的精神凝聚力和文化凝聚力。独山港镇是红色转角湾的发源地，转角湾精神是平湖人民群众的

集体记忆。一是以争先创优为导向，浓厚工作氛围。高质量开展"规定动作"，创新方式方法，在"自选动作"上做好文章。通过生成性学习激发创造性张力，在传承"转角湾精神"上下功夫，放大特色、打造亮点。由 8 个红色景点串联成而成的"红色记忆长廊"，已累计接待浙沪各单位、部门 890 多场次 18500 多人次。二是以成果转化为目标，增强工作动力。通过学习转角湾精神悟初心、明使命，常态化探索适宜各党建联盟村发展的新型农业专业合作社联合社等诸多运行模式，汇集党建联盟村全产业链共建合力。党群服务中心定期开展"智慧助老""书送阳光"等多样化志愿服务活动，落实"我为群众办实事"。三是以"毗邻党建"为媒介，促进文化互通。两地联合挖掘地方文化特色进行"文化走亲"，举办三届沪浙乡村马拉松赛事、长三角首届农民丰收节、330 余场各类文艺活动，把资源整合、合作共赢作为根本前提，共享发展成果。但仍有不少群众缺乏对本土人文精神的深入感知，历史文化和集体记忆的塑造有待加强。

三、经验启示：以多元治理、多维帮扶的共同体助推乡村振兴

区域差异分歧使不同区域间产生利益冲突，通过构建"帮共体"确立各街道、村社和社会组织在区域共同体中的位置，以党建统筹各地利益分歧，搭牢帮扶工作总体框架，使区域整体发展最大化。"帮共体"建设中要体现乡村扶贫主体的实际效用、社会适应性和竞争性，也要凸显在助力单位承担乡村扶贫工作中的责任担当和价值取向，以多元治理、多维帮扶的共同体形式诠释乡村振兴中实践与理论的结合路径。独山港镇推进"帮共体"建设中的难点和重点是进一步解决各帮扶主体间信息交流不畅、纵向联系不足、价值理性薄弱和人文精神不足等问题，这些问题综合表现为"帮共体"主体间的弱黏性。基于独山港镇乡村振兴案例的前期经验，要从五个方面进一步进行改革创新。

（一）进一步推进数字化改革，实现"帮共体"的共享共治

"帮共体"的联结有赖于信息网络技术的发展，数字化改革有力地推动了"帮共体"建设。要进一步破除汇集、分析和使用过程中的"信息孤岛"痼疾，借助多元数据融合实现多方应用、精准化对接的目标，增强"帮共体"主体协同治理能力。一是加强数据挖掘的应用。利用大数据识别困难人群，分门别类划分群体特征，精准匹配对接单位。"帮共体"以超实体化和个体化的联合治理形式，针对帮扶进程中存在的个性和普遍性问题，以"共享、集中、协同"的原则整合数字资源，形成数字资源库，实现社会治理信息"双向互哺"和精细化发展。二是建立信息化综合网格。综合网格以信息化为载体联系民生、党建联盟和助力单位等个体，通过数字化赋能、赋效、赋智的效应，理顺各主体的"交互关系"，实现全要素覆盖下的社会治理"一张网"。依托党建引领糅合乡村、企业和支部三个主体的职责，以精细化整治标准和体系化工作流程实时研判趋势、对症施策，打造信息化治理共同体。三是推进数字帮扶。结合各区块民生优缺点，利用党建联盟构建的模式与数字化智能研判的联动运作，搭建"1＋N＋X"的组织架构，对点帮扶党建联盟成员村。强化基层党组织建设、增强基层党组织政治功能和组织力等关系理性主体的联系性，通过实际行动落实"条块结合、条抓块统"的治理要求，联合助力企业和机关事业支部的力量整合、共同规划，凝聚数字化改革理念和路径合力，推进集成化数字服务应用，形成线上线下相结合的服务机制。

（二）进一步推进城乡产业升级，夯实"帮共体"的经济基础

分好蛋糕的前提是做大蛋糕。扎实的经济产业、可持续的经济发展动力是支撑高质量助力单位建设的基础，要以利益机制为驱动，探索"帮共体"机制下各主体具体行为的优先实施逻辑，着重解决发展中的重大现实问题。一是发展特色产业。"帮共体"超越发展模式的同一性，以合作代替层级管控，以乡村差异性为动力探究重叠共识，按照

"组织融合、资源融合、发展融合"的总思路,定位本地经济要素、产业系统特征,布局具有属地特色的现代化产业体系。利用"数字贸易创新发展区",深化"四港"路网体系建设,拓宽内外产业联合共建模式。利用乡村旅游资源延伸和完善特色产业链,开展文旅活动、打造研学线路和乡村品牌,聚集人气和品牌效应。二是优化产业链构成要素。整合产业集群内部资源,以点串线形成优势产业链内循环,实现产品功能、结构的升级优化。引进优势产业项目,将集成信息技术与生产、流通、管理、服务等环节融合,促进产业链协作发展,为联盟村注入所需的要素资源。乡村基于自身的资源禀赋和历史文化、特色产业的基础,将资源优势转化为产业优势,科学开发兼具优势与特色的产业,有效对接市场和村民、资源和资本。三是协同毗邻产业合作机制。以项目合作推动两地资源要素、产业发展、载体平台全面对接、深化融合和协同生产,实现要素互通、共赢发展。探索农产品产销对接机制、农业科技合作机制,减少因结构分散造成的资源浪费,实现"支部连接产业、合作推进共赢",发挥跨界联合生产的最大效力。抓好"未来乡村"建设,发挥乡村秉承区域固有资源和发展特性进行"环境—产业—治理"的协同效应,环环扣准帮扶工作整体部署,拓宽"帮共体"发展道路。

(三)进一步加强干部队伍建设,提升"帮共体"的治理素养

蓝图的绘就急需人才助推理念落地,唯实惟先、善作善成人才队伍的建设是现代化建设重任团队的坚强保障。人力资源要素紧密联系治理理论和帮扶实践,整合多部门共同参与"帮共体"构架过程。"帮共体"要求组织明晰自身和组织的关系构架,强调实现个体和他体的协同发展。有别于个体主观性的简单联合,这是建立在现实差别基础上各主体间的统一。一是强化理论学习教育工作。完善政府统一领导、党建联盟成员村协同发展、助力组织帮扶配合的多元协调机制,常态化开展党史、乡村基层治理等理论学习,推动理论学习成果向实

践应用范畴转化,防止思想和工作"两张皮"。以传统研讨模式、教学资源和新媒体平台为抓手,明确理论学习任务清单化、内容具体化、进度可视化、成效可量化指标,筑牢党员干部帮助带动思想共识。二是提升结合实际抓落实的能力。有针对性地对各乡村补短板、强弱项,推进助力单位组织架构从"简单连接"转向"精准对接",构建"联动发展共谋、基础设施互联、公共服务一体、平安建设协作"的发展模式。通过排查走访基层、"线上+线下"征集的方式凝聚民意诉求,以党建带动毗邻地区经济社会和区域发展融合,推动共同体主体再拓展。提升干部抓关键问题的能力,以"未来乡村"为抓手,跳出被动式、跟随式思维定式,以数字技术应用为载体,将区域网格化、管理属地化、服务多样化等目标共同聚焦于此中心,建立"区域结合、交叉负责"的工作机制,确立广覆盖、跨部门协同的数字化现代治理共同体。三是完善干部评价指标体系。将总结经验、现实观照与"帮共体"工作相结合,将乡村脱贫成效纳入干部评价指标,推进"帮共"内部协同运行,实现主动服务、靠前服务。明确工作表、路线图、责任人、时间点等干部评价细则,以多方联动、全面融合的实践路径,从乡村特色品牌打造、两新组织建设和帮扶成效等多重维度对助力事业机关支部进行帮扶质量评价。

(四)进一步推进精神富有,凝聚"帮共体"的文化共识

本土文化的挖掘是破除共同富裕进程中唯重技术思维而忽视人文精神的重要渠道,以价值理性的价值意义为诉求,其强烈的伦理倾向和责任意识驱使共同体密切关注村民的需求。要抓好精神富有这一主题,有效凝聚群体集体记忆共识以连接区域间文化纽带,强化帮扶进程中的人文价值关怀。一是深入挖掘本地文化底蕴。要做好对红色资源的挖掘和调研,发挥红色故事发生地的镇街道、各行业协会、各艺术团体及专家的作用,引导各方面力量共同推动红色题材艺术创作,挖掘施奇、许明清、于以定等一批红色人物故事,以革命人物形象

雕塑类艺术创作为契机，展现好独山港镇"红色魅力"。二是创新本土文化传播方式。以数字化技术为媒介，将文化产业同结合政府信息平台、企业数字出版、群众传播等不同组织主体相融合，加快互联网数字化技术推进文化整体性、协同性进程。加强各主体间的协同运行和交互配合，构架区域内外人文精神的结合点，联合商业、艺术和传播各界，构筑多元化文化传播共同体。通过领导干部带头传党音、"百姓名嘴"广泛传党史、优秀青年特色述感悟等接地气、点单式的方式，以及现场观摩、作品讲解等可视化具象的场景模式，为"帮共体"文化互动和认同提供动力支持。三是深化红色题材精品宣传推介。以数字赋能提高红色文化利用水平，提升新媒体时代转角湾红色文化的视觉表达方式，运用 VR 技术、3D 技术等建立全域红色资源数据库，通过声、光、电形式再现历史场景，通过场景还原、故事还原、人物还原等形式，为干部群众提供现场教学、互动参与、情景体验等服务，提升红色题材精品宣传效果。围绕"上海'一大'会址—嘉兴南湖—平湖转角纪念馆—长兴新四军苏浙军区旧址"精品红色旅游线路，建立党史"初心地"红色研学地图，以追寻习近平在长三角足迹为主线，在长三角党建品牌体系中让转角湾"一抹红"连成"一片红"，为党性教育和青少年成长教育打开一片新天地。

作者单位：浙江中医药大学

嘉善县洪溪村：
共建共治共享的"三共汇洪"促共富

陆　洋　　程秋萍

摘要：十几年前的嘉善县天凝镇洪溪村原本是一个集齐"脏""乱""差"的"上访村"，但现在的洪溪村已今非昔比，成为全国民主法治示范村，获得"2019 中国最美村镇乡村振兴榜样奖"。本案例归结了洪溪村巨大转变背后的做法，提炼了经验，并提出了存在的问题和相应的发展建议。洪溪村的巨大转变来源于十几年的共建共治共享的村级治理探索。从党员层面民主到村民实现共治，充分体现了村民的责任感；各种举措发展壮大村集体经济，推动村民共建；用篮球队和辣妈宝贝两张金名片凝聚村民，共同建设出美好家园，强化共享理念。洪溪村的共富路具有较大的推广意义，如依靠群众路线、重大村务公决制度、建设社会组织联结村民等经验值得借鉴和推广。但洪溪村在发展中也遇到了诸如土地利用、养老等问题，本文对此提出了发展高效生态农业、推行时间银行等建议。

关键词：村级治理；共建共治共享；共同富裕

一、研究背景：共建共治共享是实现高质量共同富裕的重要路径

（一）共建共治共享是新时代基层社会治理的根本要求

党的十九大报告从中国特色社会主义新时代的实际出发，明确提

出要"打造共建共治共享的社会治理新格局"。2013年12月23日，习近平总书记在中央农村工作会议上指出："社会治理是一门科学，管得太死，一潭死水不行；管得太松，波涛汹涌也不行。"①这要讲究辩证法，处理好活力和秩序的关系，完善共建共治共享的社会治理制度，完善党委领导、政府负责、民主协商、社会协同、公众参与、法治保障、科技支撑的社会治理体系，建设人人有责、人人尽责、人人享有的社会治理共同体，确保人民安居乐业、社会安定有序、国家长治久安。乡村是社会治理的基层单元，通过共建共治共享将乡村打造成有效的治理单元，形成乡村治理共同体意识，是实现基层治理现代化的根本途径，是实现国家治理现代化的重要基础。

（二）共建共治共享是实现高质量共同富裕的本质内涵

共同富裕不是"吃大锅饭"，不是"平均主义"，必须通过人人参与、人人有责，才能人人享有。共建是实现共同富裕的基础，为共同富裕提供了物质资料和精神资料基础，属于生产维度；共治是实现共同富裕的路径，为共同富裕提供了有序发展的框架，属于秩序维度；共享是实现共同富裕的最终途径，属于分配维度。人人参与需要人人尽力，洪溪村的发展体现了人人参与的共建意识，将村发展作为自身的任务，重点体现在美丽乡村建设、环境整治方面。人人有责需要人人尽责，洪溪村的转变体现了人人有责的共治图景，从高浜修路到各种村级大事，实施村务公决体现村民有责也需尽责，达到治理有效。人人享有，人人受益，洪溪村的发展使全体村民在村集体经济、美丽乡村、休闲活动等方面都有受益。

（三）共建共治共享是洪溪村走上共同富裕的重要途径

洪溪村，全村共1.38平方公里，下辖7个自然村、18个村民小组，共556户，常住人口1697人，外来人口896人，党员73人，村民代表

---

① 中共中央文献研究室.十八大以来重要文献选编（上）[M].北京：中央文献出版社，2014：684.

46 人,党总支下辖四个支部。十几年前,洪溪村村集体资产几乎为负,是远近闻名的上访村,村干部连换五任,村内纠纷、干群矛盾仍然没有缓和。但 2021 年村集体可支配资金 1200 万元,其中固定收入达到 350 万元,村民人均年纯收入 45667 元。近年来相继荣获了农业农村部颁发的"全国乡村治理示范村""2019 中国最美村镇乡村振兴榜样奖""全国民主法治示范村""2018 中国最美村镇治理有效奖""浙江省善治示范村""嘉兴市文明村"等荣誉称号,"重大村务决策公决""文化活动创造文明幸福生活"分别于 2012 年、2015 年入选"中国全面小康十大民生决策"。

从"上访村"到"民主法治示范村",这一巨大的转变背后有着一条洪溪村多年来坚持的共建共治共享之路,本案例试图通过洪溪村的发展转型之路来探讨共建共治共享推动共同富裕的路径。

二、主要做法:以共建共治共享"三共汇洪"促共富

(一)党员层面民主,无候选人直选村支书

传统社会"皇权不下县"的自治系统,乡绅曾经发挥了巨大的中介联结作用。村干部处在农村工作的第一线,担负着贯彻落实党的路线、方针、政策,密切国家和村民的联系,带领村民共同富裕的重任,是党在农村实施核心领导的关键群体,村干部的人选至关重要。

20 世纪 90 年代,洪溪村的发展遭受重创,主要原因也在于村干部决策失误。90 年代之前的洪溪村,曾经发展得红红火火,村办企业发展势头良好,村集体经济非常富裕。但一次村干部的决策失误,导致村里转瞬亏损 500 多万元,让原本富裕的洪溪村集体经济一贫如洗。民怨越发积累,主要聚焦于三个方面:一是村干部不了解投资项目实情就拍脑袋下决定,导致决策失误;二是村干部拿着村里的资源干私活,从中牟利;三是与老百姓利益切身相关的耕地补偿政策迟迟不落实。村民想找村干部讨说法,但吵闹等各种方式都不能解决实质问

题,最终发展到村民组队上访,劝阻上访成了村干部乃至县干部最头痛的问题,十年连换五任村支书并没有让情况改善。2003年,处于困境的洪溪村开展了一次绝无仅有的选举。村里27名党员,每人发一张白纸选书记。大家一人一票,通过"无候选人直接选村支书"的选举办法,最终将妇女主任陈俐勤推选为村支书。

(二)实施村民共治,探索建立村务公决制

十多年"上访村"的帽子,让陈俐勤真切感悟到村级民主的重要性。通过村民自治充分发挥村级民主,这位刚上任没几天的村支书认识到凡是关系到村级发展的大事都应该由村民表决,着力推行村务公决制度。村务公决制度保障了村民参与村级重大事务的权利,增强了他们的责任感,同时大大提高了他们对公决结果的认同。这个制度的成功实施基于两个阶段:一是村务公决制度的实施,二是制度实施程序的标准化。村务公决制度的实施源于村庄事务的复杂性和重要性,土地问题成为该制度实施的缘起:2004年的高浜修路开启了村务公决的先河。修路涉及土地征地问题,村支书认识到修路对农村发展的重要性,同时也知晓土地对农民的重要性。为保证修路顺利,村支书带领村委做了大量的前期工作。利用晚上时间挨家挨户走访,说明修路的重要性以及老百姓的得失,给每家发了一份建桥筑路征求意见表,并事先讲明,只要有一户人家不同意,这路就不修! 结果得到所有人的支持,甚至还收到了捐款,这让村支书加深了对村民民主重要性的认识。接着针对洪港岸小区申请宅基地引发的"假离婚"事件也充分发挥了村民自治的作用,并形成了"洪港岸新村点补充决议",最终"假离婚"事件得到平息。

在村务公决制度实施的过程中,洪溪村不仅认识到了这一制度的重要性,同时还创新了制度的系列实施程序,保障了制度实施全过程的人民民主。村里涉及集体利益的大事,如土地复耕争取政策奖励、建造厂房收租金等,都广纳民意,进行村务公决。洪溪村依法实行民

主选举、民主决策、民主管理、民主监督，用法治管住底线，积极探索村民参与民主管理的新模式，推行重大村务决策公决制，形成了"重大事项由村民公决—村干部具体实施—村民监督委员会全程监督"的模式。2012年又创新推出了重大村务决策公决"八步工作法"：公决事项酝酿、公决事项论证、提出公决草案、合法性审查、完善公决方案、组织村务公决、决议实施及监督、实施结果公布。2004年以来，二轮土地承包、征地拆迁、农房集聚、环境整治、垃圾分类等41件大事都靠村务公决拍板。2006年以后，村里再无一例群体性上访事件，由"上访村"变为"和谐村"。

（三）推动村民共建，发展壮大村集体经济

洪溪村原本是集镇所在地，其发展充分利用集镇的地理优势，通过集镇开发、项目改造、争取补助资金、发展高效农业等，不断壮大村集体经济。

一是利用土地复耕项目争取上级财政奖励。2004年，洪溪村土地复耕项目通过验收并得到40多万元的补助款，为洪溪赚来了"第一桶金"。此后，通过土地复耕项目得到奖励作为建厂房、发展村级建设的重要资金来源。二是利用建设厂房收取租金。新建公建配套用房约2万平方米，增加集体一次性收入1000多万元。三是拍租码头经营权。利用原有厂房新建固定码头和废品分拣回收中心，每年固定收入350万元；四是带动农民增收。发展高效生态农业，建立天洪果蔬专业合作社，占地157亩，并引进中草药基地1个；通过创建3A级旅游景区，发展休闲农庄及农家乐，带动村民共同致富。五是参与飞地抱团强村项目。

（四）强化社团建设，以文化活动联结村民

洪溪村以体育项目篮球和"辣妈宝贝"两张金名片为依托，以文化活动为切入点，动员全体村民参与文化活动。

一是强化村篮球队伍建设。洪溪村篮球历史由来已久，形成了占据村文化重要地位的篮球文化。20世纪70年代,洪溪篮球已经小有名气,村民参与度较高。但进入90年代后,洪溪篮球一度因包括经费、组织等方面原因,发展受阻。2003年洪溪村重组了村篮球队,村里建设有三支篮球队。村里的篮球队天天热身,月月比赛,洪溪村还承办了第七届中国小康村篮球赛总决赛。2016年,洪溪篮球馆成为中国小康村篮球赛总决赛的永久承办场馆。二是强化"辣妈宝贝"组织建设。这支由农村妇女组建的"辣妈宝贝"舞蹈团不仅经常在村里演出,还登上过《中国达人秀》,还去过人民大会堂,甚至走出国门参加国际演出。"辣妈宝贝"曾两次参加《中国达人秀》,五次登上中央电视台,还受邀参加了第42届龙达国际民间艺术节,吸引了众多国外粉丝。

(五)善于动员村民,共建与共享美丽乡村

洪溪村的发展离不开对全体村民的有效动员,村领导班子通过各种途径将全体村民动员起来,成为共建的重要力量。洪溪村紧紧抓牢美丽乡村建设和优美庭院工作两个通道,从村子建设和发展的细节出发,对村内7个自然村的各个环境建设点开始全面集中性的整治工作,从房前屋后违章搭建的拆除、物品堆放的整理、废弃砖瓦的再次利用,到发动村民种树、栽花、植草,美化小环境。村内大环境因此焕然一新,犹如身处多个小花园中。

一是因地制宜,就村民基础,成功动员参与美丽乡村建设。近年来,充分利用废弃物建设美丽景点。洪溪村北汇头原来仅是一处废弃砖窑,经由重新规划建设,建起凉亭和广场,成为村民们纳凉和健身的好去处。中龙港的花围墙充分利用了废弃砖块,里面栽种着各类蔬菜和花卉。二是由党员、村民代表带头推行环境整治。洪溪村召集60多名党员和村民代表,召开"美丽乡村"建设推进大会,吹响了环境整治的号角。党员带头的小城镇环境综合整治工作由于有模范起表率作用,成为动员村民参与的激励力量。三是进行评比,以多种奖励形式动员村民参与共建共治。洪溪村挨家挨户发放垃圾分类手册，开展"垃圾不落地"行动。为动员群众积极参与到活动中来，推出了美丽家庭星级评比活动，每季度评比一次，达到 4 星级以上的给予物质奖励，让获奖的村民有一种荣誉感和自豪感。"垃圾不落地"的文明理念已深入人心，化为村民的一项自觉行动，正不断散发出更大能量的"涟漪效应"。

三、实践成效：实现农民增收、乡村善治

（一）村集体经济强发展，农民增收成效较显著

一是 2020 年洪溪村完成了全域土地流转，探索起了农业发展的新路径新模式，利用村里的 150 多亩零散农田成立了天洪果蔬专业合作社，既增强村集体经济又为农民创业就业搭建起了平台。二是抱团发展项目得到固定村集体收入。由洪溪村与周边相邻的 4 个兄弟村共同投资开发建设的美丽乡村服务中心项目目前已经完成土地平整，该项目占地约 4400 平方米，总投资 1400 多万元，能得到 8％以上的收入回报。2021 年，洪溪村集体经济收入超 380 万元，人均可支配收入约 45500 元。

（二）村集体认同感增强，村级发展实现和谐有序

2006 年以来村级无一起群体上访事件，这种巨大转变来自村民对村集体的认同感增强。一是村庄治理有效，获得各种全国治理有效类奖项的肯定。小事不出村，大事不出镇，矛盾不上交。洪溪村连续 7 年被县委、县政府评为"平安村"；同时还被列入省级"三治融合"建设示范点和首批市级"三治融合"示范村名单。以"三治融合"推动"善治"，洪溪村让群众成为乡村治理的主角。二是村民对村庄的认同感增强，由被动参与转变为主动参与。全体村民主动参与"美丽乡村"建设，村民的卫生意识、环境意识、文明意识大大提高，村容村貌进一步提升，充分体现了村民对村集体的认同感。

(三)村级文体活动丰富,村庄活力大、凝聚力强

篮球队和"辣妈宝贝"是村里的两张金名片。篮球队和"辣妈宝贝"两张洪溪村的金名片,通过组织村民参与活动、观看活动,联结了松散化的村民,将其凝聚起来,增强了村级活力。篮球队影响力大,篮球赛成为村民聚会的重要载体。每年都会常规性地举办各级比赛,每次比赛都是村民的重要聚会,人满为患,氛围浓厚。不仅是住在村内的村民,就连住在市区的村民,为了参加比赛也都会挤出时间。村民早早吃好晚饭到球场,就为了抢到一个便于看球的位置。"辣妈宝贝"声名鹊起,影响范围广。自 2015 年开始,辣妈宝贝连续三年荣获"浙江省文化礼堂排舞大赛金奖",2016 年荣获"全国村晚最美村花奖"。二是借助"辣妈宝贝"创设村级电子商务品牌。2013 年,洪溪村成功注册"洪溪辣妈宝贝"商标,领取了"嘉善辣妈宝贝文化传播有限公司"营业执照,还开启了电子商务模式,"辣妈宝贝"电子商务微商城平台于 2016 年 5 月 15 日上线。三是文体活动激发了村民强烈的集体荣誉感和责任感,化解了村民之间的纠纷矛盾,促进了村民和谐。

(四)共享环境整洁优美,村民生活舒适现代化

一是整体建设优美如画。洪溪村陆续推进多个环境改造提升项目,总投资 2000 多万元,几乎覆盖了整个洪溪村,洪溪村的环境卫生、村容村貌因此有了一个质的提升。在全村范围内安装了 6 个大屏及摄像头,运用手机 App 及智能手表等"互联网+"信息化工具,实施智慧村创建,描画水清、树绿、路畅、村美、人和的美丽乡村画卷。二是公共空间温馨舒适。休闲凉亭、广场、各种巧妙利用废弃物的美丽工程,加上洪溪的自然特色,形成了水清、岸绿、景美的新农村风光。

(五)实现村民共享成果,社会保障力度大

关注民生,是一种底线思维,洪溪村村干部也深谙此道。一是社会保障方面,2021 年全村合作医疗参保,参保率达到 99%,各类养老保险参保率达 98.8%,并且继续做好对低保户、残疾户、困难户等村民

的救助帮扶慰问等工作。第二，居家养老方面，以文化礼堂、居家养老服务照料中心为依托，为老年人提供打扫卫生、清洗衣被、送餐、理发等服务，受到广大村民欢迎。第三，开办村老年大学。村老年大学已有学员110余人，村老年文体队经常组织活动，丰富了老年人的生活。

四、经验启示：创新乡村治理体系，走乡村善治之路

（一）坚决以党建引领，走好并依靠群众路线

一是充分发挥党员带头引领作用。村党总支和村"两委"班子成员、全体党员都制定了创先争优活动承诺，向广大党员群众公开承诺。统一制作"0户"标牌，在全村58户党员家门口统一上墙，向村民亮明党员身份。通过"三亮"，党员干部接受广大群众监督，进一步促使党员发挥表率作用，提升党员在村民中的形象。二是尊重民意，走群众路线。洪溪村的转变，很大程度上依靠村干部贴近村民，尊重村民意见，征询村民想法。无论是村务公决程序中的走访还是社会组织建设中村干部的参与，都体现了村干部以村民发展为核心积极推动各项工作的初衷。三是网格建设使村干部与村民之间形成一定意义上的正式联结。洪溪村将全村分成四个网格，每个网格由2—3名村干部负责包干，要求他们走访到户，认真听取村民意见，便于第一时间收集村情民意。

（二）实施重大村务公决，助推村民共建共治

从逻辑上看，洪溪村村务公决始于"无候选人直选村支书"。这种选举办法，现在看来起码有三点值得借鉴：一是充分体现了村民在困境下对党的认同和信任；二是充分体现了村级党员的民主性，没有更高层次指定或者自愿的候选人；三是能够选出大多数党员认可的合适人选，利于后面工作的推动。

经过十多年的发展，如今已较为成熟的村务公决制度的实施，从三个角度体现了共建共治：一是从主体构成看，洪溪村的重大村务公

决体现了主体平等，涉及重大村务都要遵循八步工作法，避免了少数村干部拍脑袋的决策失误。二是从决策过程看，体现了程序公正。制度本身的建立也是一项村务公决，其结果的应用及效果充分体现了基层协商治理的智慧。三是从决策结果看，增强了村民对结果的认同，加大了任务执行的顺利程度，降低了交易成本。

（三）依托社会组织建设，建立起强社会联结

洪溪村社会组织建设充分体现了村干部的治理技能和智慧。一是通过社会组织建设将村重要人物联结了起来，给予其实现价值的平台。二是社会组织的核心人员成为村干部和村民的有效联结要素，利用原来的影响力将村民有效联结起来，增强了村集体的凝聚力。三是社会组织成为村庄共同体文化发展的重要平台。第四，社会组织成为村级任务的重要抓手。社会组织的作用远不止文化传播，同时在疫情防控、环境治理、村庄建设甚至农村电商发展等方面都发挥着重要的作用。

（四）借助各种文化活动，增强村级组织认同感

如何将村民凝聚起来，洪溪村找到了一条行之有效的方法。其中，各种活动的组织就是法宝之一。洪溪村的村干部善于利用丰富多彩的文化活动将村民凝聚起来，从而形成共同体意识。一是通过活动举办，强化村民在村集体的成员责任感。多种活动考量了各种人群的特点，充分结合文化活动的特性，将洪溪村青年人、老年人、男性和女性调动起来、融合起来，争取村荣誉的过程就是形成对村发展的认同过程。二是通过活动举办，充分利用村民的闲暇时间，减少摩擦和冲突机会。活动的准备、排练或训练增进了村民之间的沟通交流，提高了对彼此的包容。三是通过活动举办中成员的频繁交流，增强村民之间，以及村民与村干部的联系紧密度。村干部在活动中的参与一方面增强了群众对村干部的认可，同时也加强了两者的紧密程度。四是借助文化活动的举办，大力传承和发展乡村传统文化。

（五）推动村"三治融合"，促成洪溪共治密码

一是坚持"自治"，洪溪村实施的村务公决，给了村民自治的生长空间，充分体现了村级发展中村民的共建共治特色。二是成立各种社团组织，发挥德治引领作用。利用文体活动组织的建设，化解村民矛盾；成立"道德评判团"调解村民纠纷。三是强化"法治"保障，开展"一村一法律顾问""法律六进"、绘制"普法文化墙"等活动，推动洪溪有序发展。四是利用数字化技术，提升"三治"实施效率和效果。

（六）构建多元激励制度，激发村民内生动力

一是建立"五户"评创激励制度，每年对60户获奖家庭进行表彰，并制作奖牌进行上墙，激发村民树立行为榜样。二是开展美丽家庭星级评比活动，每季度评比一次，达到4星级以上的给予物质奖励，让获奖的村民有一种荣誉感和自豪感。三是制定多种激励制度，充分激发村民的内生动力，在村共建共治中实现主动参与、主动投入，与村级发展形成良性互动。四是激励制度体现了村民共享性，体现了村级民众主人翁意识，有利于提高村民进一步行动的责任感。

五、发展建议：深化"共建共治共享"，促进高质量发展

洪溪村的发展虽然从治理有序方面取得了较大的成绩，但在实际发展中，村基层依然遇到了诸如"两非"整治带来的发展方式转变、村干部行政化带来的干群关系逐渐疏离、农民持续增收陷入困境、村里的养老需求日益增长等问题。如何在共建共治共享的图景下解决上述问题？在当前乡村振兴、共同富裕的大背景下，可以考虑以下几点。

（一）坚持发展高效生态农业，增强村庄利益联结强度

"两非"整治政策是国家保障粮食安全的重要策略，在此背景下村级单位应严守底线，保障粮食供给，保障农产品安全。可以通过以下几点促进增收，加强以利益联结农民的强度，增强农民对村庄共同体

的认同感。一是坚持发展高效生态农业，优化农业产业结构，提高农业生产效率和回报率。二是实施规模农业，实现规模经济。洪溪村土地流转率已达100%，村集体有基础推动规模农业的发展。三是延长农业产业链，提高节点回报总值，提高集体经济收入。

（二）建构村庄团结的有效联结要素和联结载体

受多种因素影响，原先联结较为紧密的村民关系出现松散，影响村庄团结，必须建构村庄有效联结要素和联结载体。一是利用户外空间，保障村级文体活动的正常进行。二是依托数字技术，将有条件实施的文体活动搬到线上，用新技术重新凝聚村民。三是建立参与激励制度，提高村庄活力。四是选择社团组织中的关键联结人物，增强联结效度。

（三）尝试推进乡村基层治理的标准化和精细化

村级治理是国家治理体系中最基本的单元，事务烦琐，对接部门多。这就要求：一是以村务清单化推进村级治理精细化，同时为村级组织减负。二是优化重大村务公决制度，以程序标准化和操作精细化化解村级纠纷。三是以村级治理的标准化和精细化强化村民与村集体的联结基础，通过标准化增强村民认同，通过精细化强化村民联结。

（四）探索建立村级"时间银行"互助式养老制度

针对村老龄化现状，探索"时间银行"互助式养老制度村级应用的路径。"时间银行"是一种由政府治理、社会调解、居民自治的养老服务应用，作为村级组织实施"时间银行"具有一定的条件，但也存在挑战。与城市相比，农村仍然是熟人社会，邻里互助式养老具有一定的社会传统基础。同时，也存在着挑战，非农化背景下的农民闲暇时间较少，不参加生产的年龄要远大于城市老人，限制了参加"时间银行"的劳动力供给。对此，一要降低"时间银行"参与人员年龄限制，扩大服务供给主体；二要尝试"服务储蓄"转让制度，提高参与的积极性和主动性。

主要参考文献

[1] 曹威伟,张云英."一核多元"社会网络：理解中国社会动员能力的新视角——基于疫情危机应对实践的思考[J].湖南农业大学学报(社会科学版),2020,21(6):66-73＋83.

[2] 跟着总书记学思维　洪溪村的实践感悟[EB/OL].(2021-04-29)[2023-10-18].http://www.jiashan.gov.cn/art/2021/4/29/art_1229250583_59029308.html.

[3] 洪溪村：村民富、农村强、村庄靓[EB/OL].(2022-02-12)[2023-10-18].https://www.sohu.com/a/514325752_121106832.

[4] 洪溪村：坚定乡村文化自信,唱响新时代赞歌[EB/OL].(2021-04-29)[2023-10-18].https://www.sohu.com/a/423035168_120206410.

[5] 刘义强,胡军.村户制传统及其演化：中国农村治理基础性制度形式的再发现[J].学习与探索,2014(01):53-59.

[6] 王浦劬,汤彬.当代中国治理的党政结构与功能机制分析[J].中国社会科学,2019(9):4-24＋204.

[7] 吴晓林.党如何链接社会：城市社区党建的主体补位与社会建构[J].学术月刊,2020,52(05):72-86.

[8] 周晓虹.认同理论：社会学与心理学的分析路径[J].社会科学,2008(4):46-53＋187.

作者单位：陆洋,同济大学浙江学院；程秋萍,嘉兴大学

第三单元

兴文化促共富，铸造共富之魂

秀洲区新塍镇:打造"志愿赋能·系统集成"的文明共富新高地

杨燕群　周　娜　王凌霄

摘要:嘉兴市新塍镇在实现共同富裕过程中,以志愿服务为抓手,构筑"志愿服务十"特色发展体系,全面融入经济发展、文化振兴和社会建设之中,最终打造了以文化促发展,以发展兴文化的"志愿赋能·系统集成"的文明共富发展模式。在共富实践中,通过志愿赋能,以党建带动社建、以微激励激活组织力、以小志愿汇聚大资源、以发展涵养文化、以政治引领社会,系统集成共富发展所需的主体要素、动力要素、资源要素、文化要素等各类要素,推动特色产业链形成和多元文明发展,最终实现主体更新、经济焕新、社会崭新的"三新"发展。鉴于志愿赋能发展过程中的志愿服务主体和服务方式较为单一、志愿赋能经济社会发展的程度还不足等问题,通过"三化""两合"等方式,提高志愿服务行动持续力、产业增值力和文化培育力,以深化志愿赋能助力文明共富的集成力。

关键词:志愿服务;文化共富;共同富裕

一、研究背景:志愿服务与三次分配、共同富裕的内在契合性

(一)理论背景:共同富裕的第三次分配实现逻辑

共同富裕是社会主义的本质要求,是全体人民的富裕,是人民群

众物质生活和精神生活都富裕。有学者指出,"共同富裕始于经济、成于文化,精神文化层面的丰富与理论思想的创造反映出一个国家、社会的文化强度与思想创造力"。可见,精神共富是共同富裕不可或缺的组成部分,能否实现精神共富在一定程度上成为检验共富成效的关键依据。2022 年中央一号文件《中共中央、国务院关于做好 2022 年全面推进乡村振兴重点工作的意见》中特别强调了加强精神文明建设,深化文化产业赋能乡村振兴发展的计划。如何尽快弥补精神文化建设短板,实现精神文明共富,成为当前面临的迫切难题。党中央指出,要在高质量发展中促进共同富裕,正确处理效率和公平的关系,构建初次分配、再分配、三次分配协调配套的基础性制度安排,而其中第三次分配显得特别重要。全国人大社会建设委员会副主任委员宫蒲光表示:"初次分配关注市场经济效率,再分配以强制性行政手段促进社会公平正义,第三次分配是社会成员在道德、文化、观念等影响下,通过慈善事业、志愿服务等方式自觉自愿参与的社会资源和财富流动。"可以看到,第三次分配通过人性的温暖和友爱促进社会资源在不同群体间均衡流动。其不仅具有通过"保障最底层、提低扩中层"来缩小群体间差距,进而实现物质层面共同富裕的优势,引导社会向上向善,营造"我为人人,人人为我"的和谐、公平氛围,促进精神文明发展。可以说,第三次分配已成为当下实现物质和精神共富的有效路径。

(二)实践背景:志愿赋能促物质精神共富的内在逻辑

《浙江高质量发展建设共同富裕示范区实施方案(2021—2025年)》指出,要"加强家庭家教家风建设,健全志愿服务体系,广泛开展志愿服务关爱行动。"作为一项社会公益事业,志愿服务凭借其志愿性,成为整合各类社会主体、汇聚各种发展资源、促进共建共享共富的有效方式。新塍镇以打造红色志愿小镇为载体,成为以志愿服务实现文明共富,同时反向推动物质共富,最终实现全面共富的典型。审议通过了《关于加快推进新塍红色志愿小镇建设的建议》,以党建为引领,依托红色志愿服务基地、红色志愿广场等 5 类服务平台,全力打造"塍益 580"志愿服务品牌。在打造志愿服务队伍,深化志愿服务内容,完善志愿服务激励等工作基础上,着力构建"志愿服务+"特色工作体系,以志愿服务为抓手,撬动各类乡贤、退役军人、教师、医生等各类主体参与,在服务实践中发展乡贤文化、好人文化等文明形态渗透到农业、文旅、社会治理等各领域,形成"志愿服务+产业"发展模式,反向推动物质富裕,最终实现精神文明和物质富裕全面发展。

二、主要做法:"文化促发展、发展兴文化"实现文明共富

新塍镇在完善服务内部要素系统基础上,通过构筑"志愿服务+"工作体系,将志愿服务的人力优势、资源优势等发展势能注入产业发展和社会建设中,形成产业兴旺、社会和谐、文化振兴、生态文明的发展样态。

(一)主体拓展:以党建带动社建,打造双向发力的共富组织体系

为撬动共富参与主体,新塍镇以党建为引领,以志愿服务为抓手,构建了自上而下的党建引领体系和自下而上的社会参与体系,织密了共富行动网络。

第一,党建引领,构建纵向多级阵地体系。以红色志愿小镇为建设目标,以全镇 24 个行政村、4 个社区为基础,按照镇总站、村分站原则,构建了集 1 个服务总站、28 个服务分站、2000 个服务点于一体的"1+28+X"志愿服务体系。依托"红色志愿服务基地、红色志愿广场、红色服务中心"等五大服务平台,创建"双工联动机制、志愿者激励机制、志愿服务项目化管理机制"等 8 项工作机制,实施"困境老人援助项目、留守儿童成长项目、新居民融入项目、残疾人关爱项目"等 10 个重点项目,志愿服务活动蔚然成风。

第二,社建参与,织密横向社会行动网络。依托"1+28+X"组织

体系,发挥"虹之韵""金扳手""縢丝带"等已有品牌志愿服务队的带动作用,借助孝慈专业社会组织力量,以项目化为抓手,引导各村社区发展志愿者、孵化志愿组织,广泛吸纳退役军人、企业家、教师等多方力量,培育志愿者1万多人,孵化"阳光天使""郝老师课堂""老班长工作室"等各类品牌志愿服务队100支以上。

(二)动力强化:以微激励激活组织力,创建多维支撑的共富动力机制

为充分调动各类主体参与共富的积极性,新縢镇强化共富参与动力机制:

第一,物质型与精神型结合。一方面,实施物质性优惠激励。通过"志愿者礼遇行动",制定志愿者专属礼遇卡,挖掘爱心企业和商家,组建"礼遇志愿者联盟",为志愿者提供"衣食住行乐"等方面不同程度的优惠。另一方面,实施精神性荣誉激励。实施志愿者星级化认定,100小时为一颗星,星级志愿者可获得荣誉证书,同时广泛开展最美党员、爱心商家、新型职业农民、创业致富带头人等评选活动,并依托"我们的村晚"等平台隆重表彰各类典型人物。

第二,基础型和升级型结合。一方面,实施基础型积分激励。推行志愿服务"微激励"机制和志愿时间管理机制,基于志愿服务时长和质量,获取积分,以红领微激励超市为平台,兑换积分,同时,为提高积分吸引力,规定新居民可凭志愿服务时长兑换子女入学积分。另一方面,实施叠加型答谢激励。乡贤出资设立基金,为在社区服务、有突出贡献的"二次退休"志愿者,举办荣退答谢会,发放《爱心积分本》、荣退证书和纪念品回馈志愿者。

(三)文化赋能:以小志愿汇聚大资源,开创文化促发展的共富实现模式

志愿服务的开展有力撬动了各类主体,汇聚了雄厚的共富人力资本,并以"志愿服务+"为抓手,渗透到产业发展、社会建设和精神文明

之中，形成了文化促发展的共富模式。

第一，"志愿＋"赋能特色农业，推动生态小镇建设。以"志愿服务＋"特色工作体系为抓手，引导资金、技术、项目等资源要素注入，赋能农业。一是"企业组织＋农业"助推农业生产模式转变。企业家志愿者设立农业发展基金，与农户抱团发展，构建"农户＋公司/合作社"联合生产模式；二是"社会公益＋农业"助推农产品销售模式转变。组建由党员、农技人员、企业、退役军人、青创联盟等志愿者开创"公益＋农业"的新型销售模式；三是"党建引领＋农业"探索农旅发展新道路。发挥党建引领作用，研发"党建引领·田园古乡"精品美丽乡村旅游线路。

第二，"志愿＋"赋能文旅升级，助推艺术小镇建设。一是引入专业力量，开发存量文化资源。引入专业规划团队，充分开发红色文化资源、美丽乡村资源等文旅资源，创立省级历史文化街区、嘉兴地方党史陈列馆等文化 IP。二是引入志愿力量，挖掘潜在非物质文化遗产资源。积极引导乡贤回流，成立陶笛、帛画、美食等非物质文化遗产传承人组织，招商引资、招才引智，助力艺术小镇。三是打造美食风情小镇，开展美食发展交流论坛、巡展活动，探索"本地美食"与"外来美食"的融合创新之路，深化美食文化内涵。

第三，"志愿＋"赋能社会发展，推动文明小镇建设。一是以社助社。充分发挥社会力量在教育、养老、助残中作用，如借助乡贤力量设立沈耀德沈美华助学基金资助教育、筹集 1.8 万元帮扶弱势群体等。二是以社育社。创新宣传教育方式，发挥草根组织"郝老师课堂"，在政策宣传、环境治理、矛盾调解、疫情防控等社会生活各领域中的"大宣讲"作用，延伸文明实践触角。三是以社带社。整合本土走出去的工商界人士、机关公职人员和高技能人才等乡贤人力资源，通过投资创业、回乡任职和设立乡贤爱心基金等方式，反哺乡村振兴。

第四，系统助力：以发展涵养文化，打造多元共生的文明共富新高地。文化促发展，而经济繁荣，也反向推动了文化振兴。新塍镇打造了多重文化发展高地：一是挖掘红色文化资源，打造党建高地。以嘉兴地方党史陈列馆、沙家浜革命传统教育基地为载体，打造集爱国主义教育、党史学习教育、干部教育等多功能于一体的红色文化高地。二是活化群众宣讲形式，打造政策理论宣讲高地。建立"郝老师课堂"工作室，深入田间地头教育群众，培训"小郝老师"队伍，孵化"80、90宣讲队"等，形成人人听讲，人人宣讲的良好氛围。三是激活乡贤文化资源，打造"三治"发展高地。创建乡贤统战教育实践基地，增设乡贤捐赠展品展陈，完善乡贤人物文史资料，推动乡贤精神进社区进学校，发挥乡贤在志愿服务、法律宣讲、矛盾调解中作用。四是延伸服务的触角，打造志愿文化品牌高地。以"睦益580"志愿服务平台为载体，将志愿服务延伸至产业发展、社会治理、文明实践等环节，打造特色志愿文化品牌。

第五，集成保障：以政治引领社会，构建要素齐全的共富生态系统。共同富裕的实现不仅需要内部要素体系的健全，还需要外部保障系统的完善。新塍镇从机制创新、组织保障和资金保障入手，完善共富发展的生态系统：一是创新机制保障。为充分发挥志愿服务效能，以三社联动机制为基础，探索三社组织联建、公益项目联动、服务活动联办，实施志愿者星级管理机制、走访督查机制和项目指导机制。二是加强组织保障。明确各部门在志愿服务中的工作职责，将志愿服务工作纳入目标责任制考核内容；强化草根志愿服务组织的体系建设，构建与"1+28+N"阵地体系相适应的乡贤组织体系、理论宣讲组织体系等草根组织体系。三是深化资金保障。以政府资金支持为基础，社区发展基金会为主要来源，商会互助资金会辅助支持，社会企业补充促进，创新社区公益服务资金社会来源，探索社会众筹等基金模式推动发展。

三、实践成效："由人到物"的三新变化

新塍镇通过盘活各类行动主体，汇聚致富资源，最终塑造了时代

新人，形成了新的产业经济发展方式，营造了新的社会文化氛围。

（一）主体更新："党建＋社建"双向行动体系，激活了农民参与意识

依托"虹之韵""蓝马甲"等已有品牌志愿服务队的带动作用，不断扩大志愿队伍，开展志愿服务活动。

第一，志愿服务主体多元。以红色志愿服务基地为阵地，壮大队伍主体。新增 28 个村志愿服务分站、退役军人、7 支新塍非遗特色文化志愿服务队，建立起机关、企事业单位、村（社区）等各类品牌志愿服务队 100 支以上，提供上门健康体检、政策咨询等在内的 26 项服务，实现志愿服务网络全覆盖。

第二，志愿服务效能显著。以"塍益 580"志愿服务平台为载体，在中秋节、重阳节等节日开展丰富多彩的特色志愿服务活动，并以志愿服务结对项目为载体，对贫困家庭、失独家庭、残障人士、空巢老人等弱势群体，进行"一助一"帮扶，开展社区微动力自治项目、困境老人援助项目、留守儿童成长项目等 10 个重点项目。

（二）经济焕新："志愿＋产业"特色发展模式，提高了农民致富能力

新塍镇按照"一带一路两链三区"空间布局，做大做强主导产业，做精做优特色产业，提高了产业集聚水平，培育了农业多种功能。

第一，农业特色发展突出，农民增收成效显著。通过"企业＋农业"生产模式，以台湾农民创业园为载体，建成无公害农产品基地、省级标准化生产基地等，形成了粮油、水果两大农业主导产业。21 家稻渔共生家庭农场联合组建的灵心稻渔种养专业合作社，共同开展品种、技术、烘干、仓储、销售等合作，亩均效益普遍达到 1 万元以上，实现千斤粮万元钱农作新模式。

第二，农旅融合度高，农民增收途径拓宽。突出农旅结合、养生古镇，延伸产业链，提升价值链，推进农业"三产融合"发展，培育出田园

古镇线、"党建引领·田园古乡"等精品旅游线路，联结带动农户1500户，新增就业岗位1200个，增加农民工资性收入6000万元，户均增收4000元。

（三）社会崭新："志愿＋文化"多元文明体系，提升了社会文明程度

在志愿赋能发展过程中，新塍镇形成了集红色文化、乡贤文化、志愿精神和好人文化于一体的多元文明体系，有力提升了社会文明程度：

第一，形成了充满正气的好社风。各类乡贤积极参与抗疫、助学、助老、助残等社会公益活动。新冠疫情时期，乡贤累计向市场投放大米近2000吨，捐赠300万元；同时，开展形式多样的助学助老活动。"沈耀德沈美华助学基金"每年为25名新塍学子授奖；乡贤联谊会走访慰问困难群众，捐资捐物超过10万元；成立华之毅"舌尖上的新塍"发展基金，奖金总额15万元，助力乡村振兴。

第二，营造了文明向善的好民风。坚持开展红人选树、"我们的节日"、志愿服务大赛等活动，通过评比，引领居民向善向上。如天福村开展"最美婆婆""最美小组长"等评选活动，虹桥社区开展"美丽庭院""最美乡贤"等评比活动。通过系列评比，树立了一批身边典型，逐步形成好人精神星火燎原的良好态势。

四、经验启示：精神富有推动物质富裕，先富带动后富

新塍镇的共富实践，成为精神富有推动物质富裕，先富群体带动后富群体的典型，给我们探索共同富裕以下几点启示。

（一）志愿服务是实现共同富裕的有效手段

共同富裕的实现是个系统性过程，需要经济要素、文化要素、社会要素的全面支撑，而志愿服务则成为完善共富要素体系的有效手段。为此：

第一,转化理念,树立以人为核心的发展理念。人是生产中最活跃的因素,实现共同富裕应促进人力资本的全面性、普惠式发展。在共富实现过程中,要重视人力资本,充分利用各类主体的优势资源,如企业的资金和技术,教师和医生的专业知识,本地乡贤的人脉声望和资源等,让各类主体优势互补,最终以志愿为纽带,汇聚资金技术、专业知识、文化艺术等资源,完善共富要素体系。

第二,创新方式,实施"志愿服务＋"发展体系。志愿服务并不是目的,它只是手段,在共富实现过程中,要创新实施"志愿服务＋",将志愿服务与经济发展、社会治理、教育发展、文化繁荣结合起来,进而将志愿服务的人力优势、专业优势、资源优势注入社会各领域中,推动各领域发展迭代升级。

(二)物质富裕和精神富有应是融合式发展模式

共同富裕是指物质富裕和精神富有的全面发展,如何处理二者间的关系,关系到共同富裕的实现程度。

第一,物质富裕和精神富有是"你中有我、我中有你"的融合式发展关系。在共同富裕实现过程中,需要认识到物质富裕和精神富有并没有严格意义上的顺序之分,在物质富裕发展过程中,要注意推动精神富有,而在精神富有过程中,要注意赋能经济社会发展。不能在发展中顾此失彼,唯有实现二者的平衡、融合发展,才能形成高质量的可持续发展之路。

第二,精神富有是社会发展的关键推动力。新塍镇的实践告诉我们,在物质富裕发展不足背景下,精神富有可以成为推动经济社会发展的关键动力。而这要求各发展地区结合自身实际,将抽象的文化具象化,实现精神文化繁荣,全面激活共富主体参与意识、提高共富主体致富能力,为共富建设注入源源不断的动能。

(三)利益共享是先富带后富的前提条件

先富带后富是共同富裕的实现方式,但如何让"带"落地一直是共同富裕实现的难题。这里面既涉及公平性问题又涉及道德性问题。共建共享是实现共同富裕的基本途径,如何构建先富带后富的利益共享共同体成为实现共富的关键。

第一,要正确处理共建与共享的关系。共富实践中,人们往往单方面强调优势主体的共建,把是否参与共建作为考核指标强加给优势主体,而忽视了共享,严重挫伤了共建主体的参与积极性。共建共治以共享为动力,共享以共建共治为前提。要想调动先富群体带动后富群体的积极性,必须打造利益共享共同体,才能引导先富群体"愿参与、能参与、乐参与",在自身发展中带动后富群体发展。比如新塍在农业发展中的公司与农户抱团发展模式,在艺术小镇打造中制定各种优惠政策,吸引乡贤回乡反哺方式,都是利益共享的现实体现。

第二,创新利益共享方式,壮大共富共同体。以利益共享为纽带,聚合各类共富主体,有助于打破资源流动的组织界限、地域界限,实现组织间、区域间、城乡间的资源整合,在组织共建、资源共享中实现共富。而这要求创新利益共享方式,不仅在村域内探索组织间联合共建,还可以突破村组织界限,探索村村间,乃至城乡间联合共建,不断扩大共富共同体。

五、发展建议:深化志愿赋能助力文明共富的集成力

新塍镇通过志愿赋能助力共同富裕,但实际发展中还存在一些束缚经济社会发展因素,如志愿者队伍结构偏老年化,志愿服务方式还较单一,志愿赋能经济社会发展有待提升等。为此,要进一步完善志愿赋能的文明共富模式(见图1)。

(一)以"三化"增能,提高志愿服务的行动持续力

一是推动志愿服务主体社会化。引导志愿服务主体由行政化走向社会化、由老年化走向年轻化,打破原来以红色党员和老年群体为主的参与格局,吸纳党外社会主体,尤其是富有活力和知识的年轻群

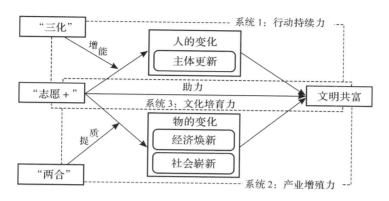

图 1　新塍镇文明共富模式

体,提高志愿服务参与面。二是推动志愿服务方式专业化。要创新志愿服务方式,推动输血式志愿参与走向造血式志愿参与,以助人自助为理念,以专业社会工作方法为手段,增强被帮扶主体的自我发展能力,引导被帮扶主体在接受服务过程中实现自我增能,不断扩大志愿服务的人力资本可持续性。三是推动志愿服务品牌升级化。新塍镇要强化红色志愿小镇管理机制,依托"塍益 580"志愿服务品牌,不断深化志愿服务内容,将志愿服务的助老助学助残社会建设功能,延伸至经济和文化发展领域,引导志愿服务助农助产助企,提升志愿服务的经济效能和文化效能,深化志愿服务品牌。

(二)以"两合"提质,增强志愿服务的产业增殖力

一是志愿赋能产业融合,引领经济高质量发展。一方面,打造集生产、加工、销售等环节于一体的特色农业。加强粮食生产新技术和新模式的集成应用,做强禾天下等现代种业企业,打造精品粮油全产业链;另一方面,实施"农业＋",推动农旅深度融合。要继续开发农业和旅游业等产业发展优势,推进农业生态化发展、文化市场化发展,将现代农业与休闲旅游有机融合,开展农业观光游,提高经济效益。二是志愿赋能要素聚合,引领发展环境提质蝶变。经济发展需要优质环境支撑,而这其中,汇聚高层次、高端化要素,成为提升发展环境的关键。因此，新塍镇要在优化发展环境上下功夫，深挖人才资源，积极引进特色产业项目，加大力度激发科研人才创新创业活力，密切联系清华三角研究院国际部，为本地推荐一批优质的海外高层次人才，设立人才工作站，汇聚高端发展要素，营造高层次发展环境，助力产业高质量发展。

（三）以"志愿＋"助力，提高志愿服务的文化培育力

在新塍镇共富实践中，志愿服务成为多元文化的孵化器——以志愿性为纽带，广泛吸纳多元社会主体参与，以服务实践为载体，含蕴多元文化。为深化精神文明共富实践，需要进一步提高志愿服务对多元文化的培育力。

一是深化"志愿＋文化资源"，提高乡土资源向特色文化的转化力。文化资源是文化发展的土壤。新塍千年古镇，域内文化资源丰富，拥有宋代古井、唐代零宿庙遗址、清代李潮生故居等历史遗存，更是嘉兴地区"第一个中共嘉兴县委、第一个党小组、第一个无产阶级进步刊物、第一支独立武装部队"等五个第一产生地。要引入专业文化挖掘团队，提高文化资源的转化力：一方面，从文化理论上，深挖本土历史资源和红色资源的伦理文化和思想精华，形成具有感染力、影响力的文化精神；另一方面，从文化技术上，赋能文化资源的存储方式、呈现方式和传播样态，塑造特色文化产业。

二是深化"志愿＋文化环境"，提高经济发展对文化发展的反哺力。志愿赋能经济发展的同时，经济也要反哺文化发展，要充分利用经济发展的"硬实力"来提升文化发展的"软实力"：一方面，要利用经济将无形文化有形化。文化的传承与发展需要有形化，而这需要物质条件的支持。要充分利用经济发展红利，在文化氛围营造、文化基地修建、文化资料展示、文化人物宣传等方面提供助力。另一方面，要吸纳经济主体参与，构筑"经济＋社会"的文化发展主体。文化发展不能仅靠志愿力量和社会主体，还需要经济主体参与，要引导中高收入群

体和企业参与文化建设，将更多经济资源引入文化领域，发展慈善事业，促进文化繁荣和社会和谐。

主要参考文献

[1] 黄承伟.论乡村振兴与共同富裕的内在逻辑及理论议题[J].南京农业大学学报(社会科学版),2021,21(6):1-9。

[2] 李利宏,董江爱.新型城镇化和共同富裕:资源型地区的治理逻辑[J].马克思主义研究,2016(7):96-102.

[3] 郁建兴,任杰.共同富裕的理论内涵与政策议程[J].政治学研究,2021(3):13-25.

[4] 高燕,构建共同富裕社会治理新路径[N].浙江日报,2021-10-29.

[5] 刘培林,钱滔,黄先海,等.共同富裕的内涵、实现路径与测度方法[J].管理世界,2021,37(8):117-129.

作者单位：杨燕群、周娜,嘉兴南湖学院；王凌霄,秀洲区社科联

秀洲区潘家浜村：农文旅有机融合打造潘家浜桑梓品牌助力共同富裕

胡梦轩　叶丽丽

摘要：共同富裕是人民群众的共同期盼，农村地区是实现共同富裕的难点和重点。近些年，依托乡村特色资源的乡村旅游发展较快，已成为农村经济发展新的增长点，在促进农业产业化、农业结构升级、扩大农民就业渠道、促进农民收入增加等方面发挥了非常重要的作用。发展乡村旅游，是解决"三农"难题、加快农村地区居民实现共同富裕的重要抓手和关键路径。嘉兴市秀洲区潘家浜村依托丰富的生态资源和深厚的历史文化底蕴，以实施乡村振兴战略为契机，挖掘整合利用乡村资源，拓展乡村多重功能，将资源价值转化成经济产值，推动农村地区"三产"进一步有机融合。创新乡村旅游运营机制和利益分配模式，提高激发当地居民参与乡村产业建设的积极性和主动性，拓展农民增收空间，不断提高乡村旅游的发展质量和综合经济效益，走出了一条农文旅有机融合助力乡村振兴的共同富裕之路。

关键词：乡村旅游；农文旅有机融合；共同富裕

一、研究背景：发展乡村旅游是推动共同富裕的重要路径

我国是传统农业大国，城乡收入差距较大，农村农民是实现共同富裕的洼地，是实现全民共同富裕的重点和难点。政府工作报告多次指出要优先发展农业农村，全面有序推进乡村振兴。乡村旅游的发展

减少了农村经济发展对土地、气候、季节等自然条件的依赖，解除了农业土地产出的局限，提升了村民的生活便利度和幸福感。乡村旅游满足当前市场对休闲旅游的需求，致富效果突出，是推动旅游业差异化发展、促进乡村振兴、助力共同富裕的重要手段。对于全面建成小康社会，最终实现共同富裕有着重大实践意义。

以旅游带动乡村振兴，助力打造共同富裕示范样本，2018 年 7 月嘉兴市印发《关于推进村庄景区化建设的指导意见》提出，以美丽乡村建设作为基础，推进景区村庄各方面升级，培育我市旅游产业新的有效增长点。

嘉兴市政府制定《实施农业农村领域高质量发展推进共同富裕行动计划》，为建设共同富裕示范区的典范城市筑牢了"三农"基础，到 2025 年，农业农村现代化将率先实现，城乡融合度进一步提升，形成乡村产业之美、乡村数字之美、乡村生态之美、乡村和谐之美、乡村殷实之美"五美"协同新格局，在共同富裕美好社会形态的"五幅图景"中展现更具特色的乡村之美。

二、主要做法：依托乡村资源促进产业融合推进共同富裕

潘家浜村隶属嘉兴市秀洲区新塍镇，与嘉兴市区相邻，与桐乡接壤，地势平坦，交通便利，全村区域面积 4.06 平方公里，共有 13 个村民小组 545 户，其中常住人口 2050 人，流动人口 450 人。潘家浜村以特色水果翠冠梨和葡萄种植为基础，加大农文体旅深度融合大力发展乡村旅游。多年前，潘家浜村还是一个名副其实的"养猪村"，近七成村民以养猪为生，村庄乱堆放、乱搭建现象较多，河道更是污染严重，臭味扑鼻。近年来，潘家浜村在新塍镇党委政府的正确领导和大力支持下，在全体村干部及老百姓的共同努力下，以打造全国第一桑梓文化旅游村落为目标，从美丽乡村建设到景区化创建，因地制宜、创新产

业、挖掘乡村元素、保护历史文化底蕴，全村生态环境和居住条件发生了喜人的变化，成为江南地区富有特色的旅游集散小村。

（一）内外兼修彰显乡村价值，夯实"共同富裕"基础

为了乡村的和谐与可持续发展，在适应乡村生产和方便乡村生活的基础上挖掘乡村生态价值、生活价值、文化价值、社会价值。进一步拓展乡村的功能，实现农业强、农村美、农民富。

第一，擦亮生态底色，提升乡村绿色价值。潘家浜景区拥有水域面积 45000 平方米，前些年，村庄内老百姓养猪、污水乱排放导致河道水质较差。潘家浜村以美丽乡村建设为契机积极改善生态环境，着力推进美丽河湖工程建设，通过污染治理、生态环境修复、景观打造、文化提升等一系列措施，保障水生态安全，提升水景文化。从 2018 年 4 月开始河道生态修复工程，在河底种植沉水植物，构造"水下森林"结合微生物、水生动植物、增氧曝气等措施，恢复水体生态，提升水体自净能力，实现河道水体生态链平衡。潘家浜村美丽河湖工程建设内容包括种植水生植物矮化苦草 26000 平方米、鸢尾 350 平方米、再力花 350 平方米、美人蕉 350 平方米、荷花 350 平方米，设置喷泉式曝气装置 6 套、生态浮岛 350 平方米，底质改良 30000 平方米。

第二，深化人居环境整治，拓展乡村生活价值。2013 年起潘家浜村以创建省级美丽宜居示范村为契机，对村容村貌进行洁化、绿化、亮化、美化，以开展美丽乡村精品旅游线路设施改造为重点，提升公共基础服务，补种生态绿化工作。与此同时，全面开展全域生活污水处理、沿街建筑外立面改造、环境景观综合规划等工程。在人居环境整治中以房前屋后、田间地头、沿路沿线、河塘沟渠作为整治要点。潘家浜村结合党员活动日组织教育学习、农民信箱和微信推送，通过设置六星级家庭评比和"党员联户双星联评"、录制宣传语音滚动播放等多形式开展人居环境整治宣传工作。逐步规范村民生活习惯，营造"干净整洁、人居和谐"的良好环境。

第三，挖掘地方特色，提炼乡村文化价值。潘家浜村加大对乡村历史文化和传统民俗等资源的开发与利用。潘家浜历史文化底蕴兴盛于唐朝，有保存完好的千年梓树、宋代古井、百年榉树以及清代李朝胜故居、老知青馆等历史遗迹，这些是该村独具的特色旅游资源。潘家浜以农耕、种桑养蚕文化挖掘为乡村旅游的突破口，充分利用这些农业产业特色，把乡村旅游建设与历史文化特色相结合，拓展乡村旅游产品体系和产业链，保护与发展同行，让"特色资源优势"转变为"品牌经济优势"，从而带动乡村经济全面发展。

第四，营造文明乡风，丰富乡村社会价值。潘家浜村牢牢抓住文化宣传这个"牛鼻子"，着力提升村民思想道德水平。以村文化礼堂为依托，搭建草根文化舞台，水乡歌舞队、说唱队、排舞队等文化队伍自导自创自演文艺汇演节目内容弘扬社会正能量。极大地丰富了当地村民的精神文化生活。通过"抗疫爱心企业""抗疫爱心人士""抗疫志愿者""幸福金婚老人""先锋党员""最美人物"的评比，提升乡风文明水平。同时，潘家浜村在全村范围内开展最美村民、文明家庭评创活动，通过全方位挖掘先进典型和平民模范，促使潘家浜的"最美现象"不断涌现，使"最美"成为全村广泛认同的价值取向。

（二）产业融合打造乡村品牌，共筑"共同富裕"新篇

潘家浜村立足本土资源，以当地农民为发展主体，以三产融合发展为实现路径，通过发展精品水果种植业、培育市级农业主体，打造特色农产品品牌，加强农业人才培养等手段推动农业升级、实现产业兴旺。

第一，深耕特色水果种植业，推动一产"接二连三"。潘家浜村从2002年土地整治后，开始发展高效农业，种植梨、葡萄等水果，成立水果专业合作社，与乡村旅游公司合作，加大乡村旅游业与特色水果种植业融合，形成特色水果采摘和休闲观光农业。为更好地运营发展农旅产业，成立嘉兴市首个专业的乡村旅游合作社，建立"亲子旅游＋梨

种植"的产业融合，以及基于新媒体的"梨小龙"产业化营销推广新模式，全力宣传助推乡村旅游。特色水果种植业和旅游的融合发展，因地制宜的打造生态农业、休闲农业，通过产业联动，拓展产业链，扩大乡村旅游规模和品质。

第二，深化农文旅产业融合，焕发乡村旅游新活力。为了适应市场竞争和满足游客的深层次多元消费需求，潘家浜村以打造全国第一桑梓文化旅游村落为目标，盘活村内闲置民房，挖掘利用千年梓树、宋代古井以及老知青馆等历史遗迹，将农耕生产、桑蚕养殖、传统技艺和生活习俗等资源转换成具有观光、体验、度假、休闲价值的旅游服务产品，开发出民俗体验、乡村民宿、生态观光、田园采摘、科普教育等多种主题的乡村旅游产品体系。为了在众多乡村旅游市场脱颖而出，拓展以会务会展度假、自驾运动营地、研学教育、皮划艇运动为主的乡村旅游创意产品体系，打造独具特色的旅游集散小村。将文化和旅游引入农村经济中，积极推动乡村旅游与乡村的生态资源、历史文化、人居环境、特色风俗融合，打造农村发展的新动力，促进农业多功能发展，延伸农业产业链，促进农民收益共享。

第三，深挖潘家浜桑梓特色，塑造乡村旅游品牌。潘家浜村推出了"桑梓潘家浜"品牌，主要是从"桑梓·家"（民宿）、"桑梓·宴"（农家乐）、"桑梓·味"（食品）、"桑梓·游"（夜市）、"桑梓·园"（采摘）、"桑梓·传"（人文历史）六个方面去推广"桑梓潘家浜"品牌，通过品牌活动聚集乡村人气，激活乡村文化旅游消费市场。以潘家浜村桑蚕养殖史、千年梓树底蕴文化为特色，形成"桑梓情·养生地·梦里水乡潘家浜"品牌特色。形成产业整合联动的潘家浜桑梓品牌体系，有效地带动其他瓜果蔬菜、家禽家畜消费、农家乐、民宿、民俗文化展览等的进一步发展。

（三）多元主体参与共建，形成"共同富裕"合力

第一，引导培育村民共建共富。潘家浜村在景区建设过程中鼓励

农户利用自家的房屋院落和田间地头从事旅游接待活动,形成农家乐和农业观光园区,自主经营,自负风险。鼓励本地村民创业,将自家农房改造成一家集农家乐、民宿、拓展训练基地等于一体的综合性农庄。景区里面有 35 家业态,其中 20 家属于村民自有,包括传统糕点制作、陶笛馆、蚕桑馆等。当地村民投资乡村旅游业已经超过 3500 万元。与此同时,村里组织村民到周边安吉、桐庐等地学习考察乡村旅游学习经验,村民纷纷投资乡村旅游绿色经济,同时提升了村民的生活质量,转变了思想观念,呈现良好的发展态势。

第二,引入专业运营团队共管共富。引入专业运营团队参与乡村旅游整体规划、业态布局和营销推广。潘家浜村成功引进嘉兴远景旅游开发有限公司进行景区村庄整体运营、开发。积极对接乡伴文旅、田园东方等国内知名文旅公司,力争引入高端精品民宿和业态,着重加大在民宿、休闲业态等方面的招商力度,同时扶持和引导村民投资经营。潘家浜村里还引进第三方投资资金,打造成水陆"双栖"短期度假休闲旅游地。潘家浜村引导新型经营主体与农民建立契约型、分红型、股权型合作模式。推行"农户＋种植合作社""农户＋专业运营团队"等模式,打通融合结点,让村民在城乡融合发展中同步受益,同步发展。

第三,聚焦人才队伍培育致富主力军。潘家浜村整合本乡本土走出去的工商界人士、机关公职人员和高技能人才等资源,通过投资创业、回乡任职和设立乡贤爱心基金等方式参与乡村建设。持续加强返乡创业人才队伍建设,加大在返乡创业人才中发展党员、培养选拔村干部工作力度,引入乡贤工作室等政策,为乡贤回乡创业提供保障。人才建设聚焦挖掘新型职业农民队伍,根据景区村庄和水果种植需要,培育农村实用人才梯队,启动实施"乡村振兴实用人才培育计划",5 年内从乡村选拔和评比新型职业农民、创业致富带头人、青年农民专家等 15 人,为乡村培养留得住用得上干得好的实用人才,成为乡村致富主力军。

三、主要成效：从乡村建设到景区建设，共富成果突出

（一）乡村建设格局稳定

潘家浜村以美丽乡村建设为契机进行美丽乡村精品旅游线路设施改造、公共基础服务提升和生态绿化补种等工作，效果显著。景区45000平方米面积水域，恢复了环村庄河流的生态自净系统。水质达到3类水标准，水体透明度达到1.6米以上。中心村庭院绿化率以及中心村视域内宜林绿化率均达到较高水平，美丽乡村建设也从规划走进了现实。潘家浜村成立民情、治水、爱心、平安、卫生五大红管家，村民积极参与自治，形成了以党组织为核心、村民广泛参与的治理新格局，进而取得全国文明村、全国生态文化村、国家森林乡村、浙江省美丽乡村特色精品村、浙江省引领型社区等荣誉称号。

（二）乡村旅游成果显著

从美丽乡村建设到景区化建设，始终坚持在党建引领带动下因地制宜，将乡村旅游开发和历史遗迹保护关联起来，深入挖掘历史遗迹的旅游价值和宣传热点；将乡村旅游规划与农耕文化集合一体，以农耕文化挖掘为突破口，以当地桑蚕养殖史、千年梓树底蕴文化为特色，打造潘家浜品牌的旅游集散小村。整个景区共涉及5个小组，目前有113户人家居住，从2018年到2021年接待游客人数近200万人次，全国各地各类考察团队1050场以上，实现旅游综合收入超2500万元，当地村民直接参与乡村旅游的资本投入超3500万元左右。目前潘家浜景区内共开设有38家包括农家乐、民宿以及配套咖啡馆、陶笛馆、皮划艇基地等在内的休闲娱乐业态，其中当地村民投资创业有25家，直接参与乡村旅游的资本投入超3500万元，从事乡村旅游的村民就业人员120人，初步形成集餐饮、住宿、休闲、购物为一体的综合性乡村旅游景区。通过多年经营，取得全国AAA级旅游景区，全国乡村旅游重点村、浙江省3A级景区村庄，2019年入选第一批全国

乡村旅游重点村。

（三）旅游共富成效突出

潘家浜村在乡村旅游建设和景区开发过程中，推行"农户＋种植合作社""农户＋景区运营公司"等经营模式，引进专业经营主体与当地农户构成契约型、分红型、股权型利益联结机制，让村民在城乡融合、产业融合发展中共建共享，同步发展。聚焦村民参与乡村建设的收益问题，一方面，在制定利益分配相关政策时，保证村民收益，制定利益分配红线；另一方面在实际操作层面上，通过合同条款确保利益主体关系的稳定和村民利益的实现。村民积极投资美丽乡村经济建设，2021 年村级集体经济总收入 230.91 万元，村民人均收入42860 元，较上一年度增长了 13.42%。村级经营性收入 101.23 万元，村级集体经济经常性收入 169.11 万元，较去年增长 49.21%。

四、经验启示：发展乡村旅游助力共同富裕的关键点

（一）依托乡村资源，推动农村产业发展

发展乡村旅游要根据乡村自身实际和特点，因地制宜发展规划，避免跟风效仿。盘活乡村闲置房产、土地、历史文化遗产等资源，使它们在乡村旅游中发挥新功能、创造新价值、产生新效益。在迎合市场需求的基础上，将农村的生产、生活资料、民风、民俗，利用开发成具有观光体验、度假休闲价值的系列旅游产品，进而构建乡村休闲、田园观光、民俗 DIY、科普教育、健康养生等主题丰富的乡村旅游产业链。引导村民投资创业，促进农业多功能发展，延长乡村旅游产业链，提升农业、文化等产业及其产品的附加值，带动当地民俗、餐饮、购物、娱乐、休闲等消费。让"农产品"变"商品"，让"资源优势"转变为"经济优势"。

（二）发挥引领作用，提高居民生活品质

一方面，发展乡村旅游有效促进各级政府增加对乡村公共基础设

施的投入力度,大幅改善村容村貌、提升村民的生活便利度和幸福感。秉持"绿水青山就是金山银山"理念发展乡村旅游,注重乡村旅游发展的前期规划,秉持保护与开发并重,保护当地生态环境、历史文化遗存。满足旅游消费者对高质量乡村旅游需求,同时,增加农民收入、改善人居环境、促进农村精神文明建设。另一方面,为推动乡村旅游高质量发展,旅游监管部门开展旅游厕所革命、民宿等级评定和乡村景区化建设、乡村旅游重点村镇评选等工作,加强政府和市场的规范和农村地区的人居环境改善、农民生活品质的提升起到了引领示范作用。

(三)聚焦人才短板,激发乡村发展活力

各级政府应该不断完善人才管理机制,注重相关政策引导。一是依托镇委党校、人才培训基地等人才培养平台,进一步培育农村实用人才梯队,实施"乡村振兴实用人才培育计划",为乡村培养留得下用得上做得好的实用型人才。二是多途径加快招贤纳士,注入乡村发展新血液。整合本乡本土走出去的工商界人士、机关公职人员和高技能人才等资源,通过投资创业、回乡任职和设立乡贤爱心基金等方式,推动乡村振兴。鼓励和激发青年才俊回乡就业创业、乡贤"上山下乡",壮大乡村振兴人才队伍,加速人力资源要素向农村流动,推动农业农村的高质量发展。三是完善人才引进机制,放宽奖励机制方面的限度,出台人员培训机制,定期对从业人员的进行专业培训,提高岗位综合素质。

(四)利用机制创新,带动村民共富

发挥乡村旅游的模式、机制和制度创新优势,通过经营模式创新探索和利益分配机制创新设计,引导农村经济社会发展走共同参与、共同发展、共享成果的共同富裕道路。在乡村旅游发展实践中,涌现出"村集体＋农户""村集体＋公司＋农户"、乡村旅游合作社、乡村旅游股份制企业等多种利益均衡分配机制和利益共享模式,引领农村走

新型集体经济发展道路。村民通过参股分红、导入业态、资源处置等形式参与乡村旅游建设，推动乡村多元价值转化成经济产值，由此激发村集体和农户致富的生命力与主动性。

五、发展建议：解决发展后劲不足的关键要素

（一）延长乡村旅游产业链，稳固"共同富裕"物质基础

乡村旅游的可持续发展核心在于完善产业链，充分发挥政府、农户、外来投资者，旅游企业等利益相关者协作，促进多个产业融合。目前，潘家浜乡村旅游主要集中在田园风光、乡村民居等传统旅游资源的开发利用上，对乡村文化和传统民俗等资源的开发与利用还不够全面深入。目前乡村旅游产品服务类型主要集中在吃、住、游等几个主要环节，行、购、娱等环节的产品服务相对欠缺，尚未形成持续稳定的旅游产业链，且乡村旅游上下游产业缺乏深层融通，限制了乡村旅游综合经济效益的发挥。依托乡村资源优势，引导村民创业，发展游"绿水青山"，品"农家美食"，学"农耕文化"，购"农家产品"，住"农家乐居"的乡村旅游产业链和价值链，稳固共同富裕基础。

（二）推进乡村旅游规范化，形成"共同富裕"持续动力

在乡村旅游发展中以标准化带动规范化推进产业化，不断提升乡村旅游发展水平。由于资金和人才缺乏，潘家浜村旅游开发运营监管力度较弱，居民旅馆、餐饮店存在一些不规范行为，乡村旅游标准化、规范化、品牌性比较欠缺，整体服务意识和质量水平较低，影响了乡村旅游的可持续发展。因此，要根据现有国家、省乡村旅游相关标准加强指导和监督，并结合本村发展实际和游客需求的变化，针对乡村旅游公共设施、管理和服务等方面，制定灵活的具有地方特色的标准，大力推进乡村旅游的健康发展。对现有的业态主体进行周期性的统计检查，对不正规乡村旅游的主体和不达标旅游产品给予惩罚措施。监管过程中重点扶持和严格管制并重，科学引导与合理约束并举，规范

经营者行为,提升乡村旅游产品质量,保证乡村旅游的服务水准。

(三)壮大乡村旅游企业,发挥"共同富裕"主体力量

目前潘家浜乡村旅游发展处于初级阶段,管理和经营主体多为乡村居民和村民委员会,缺少资本、技术、管理等要素的参与。农家乐旅游业经营主体也多为本地农户,同样缺乏乡村外部发展要素的参与,这些都限制了乡村旅游业态的转型升级。随着乡村旅游需求的不断增长,乡村旅游业态的精品化、高级化发展需要乡村外部要素如资本、人才、信息、技术、管理等的加入。企业特别是有实力的企业作为乡村旅游发展的经营主体,是乡村旅游业态转型升级的主体性力量,企业的经营理念、经营模式和经营能力很大程度上影响乡村旅游业态的发展路径,因此潘家浜乡村旅游业态的转型升级需要引入经济实力较雄厚、经营管理能力较强的大型企业,发挥企业规模经济效应和主体性力量。

(四)探索乡村旅游抱团联合,实现"共同富裕"目标

潘家浜景区乡村旅游目前还存在规模较小,管理运营缺乏长期规划等问题,处于"小""散""杂"的局面。乡村旅游的持续发展需要突破地理和资源条件束缚,充分发挥旅游资源的集聚效应,整合资源抱团发展,提升村庄发展内生动力,使乡村旅游发展从"单打独斗"到"握指成拳",通过"以强带弱、抱团发展、资源共享、合作共赢"的集聚化发展,让乡村发展更具整体性、协调性,实现"共同富裕"目标。潘家浜旅游景区发展需要与新塍美食古镇、乌镇度假旅游和市区红色旅游等周边旅游资源相结合,形成资源共享,优势互补,共同发展的格局,并借助已有旅游景点的吸引力,吸引流量,增加规模效应,带动区域经济发展。依托村庄联合体模式,打造乡村旅游集聚区,形成规模发展从而提高乡村旅游竞争力。

主要参考文献

［1］张赞梅,顾金孚.乡村振兴背景下农家书屋与乡村旅游融合发展
　　路径探析——基于全国乡村旅游重点村潘家浜的思考［J］.图书
　　馆建设,2020(S01):274-285.

［2］嘉兴市文化广电旅游局.潘家浜全国首批乡村旅游重点村［EB/
　　OL］.（2019-07-30）［2020-04-05］.https://www.xiuzhou.gov.
　　cn/art/2019/7/30/art_1229411941_3895837.html.

［3］2018年全国休闲农业和乡村旅游营收达8000亿元［EB/OL］.
　　（2019-04-04）［2020-04-05］.http://www.cfen.com.cn/dzb/dzb/
　　page_8/201904/t20190404_3214815.html.

［4］上半年乡村旅游人次达15.1亿次320个村被列为重点村［EB/
　　OL］.（2019-07-29）［2020-04-05］.http://travel.people.com.cn/
　　n1/2019/0729/c41570-31261848.html.

［5］王兆峰,邵海琴.发展乡村旅游,助力共同富裕［EB/OL］.（2021-
　　12-24）［2022-11-15］.https://m.voc.com.cn/wxhn/article/2021
　　12/202112241659551585.html.

［6］让乡村旅游成为服务"三农"、推动共同富裕的重要力量［N］.文化
　　旅游报,2021-12-20(003).

［7］程瑞芳.乡村振兴:乡村旅游多元价值功能响应调整及开发路径
　　［J］.河北经贸大学学报,2019(6):75-81.

［8］李雪芬.文旅融合背景下乡村旅游产业发展路径研究［J］.南方农
　　业,2019(21):110-113.

［9］王韬钦.文化振兴视阈下乡村文化旅游融合发展的内生逻辑及路
　　径选择［J］.科技促进发展,2018(12):1186-1192.

［10］周益敏,宋世清.发展乡村旅游助推共同富裕的思考与对策建议
　　［J］.农村经济与科技,2021,32(23):91-93.

[11] 陆林,李天宇,任以胜,等.乡村旅游业态:内涵、类型与机理[J].华中师范大学学报(自然科学版),2022,56(1):62-72.

[12] 嘉兴出台村庄景区建设指导意见[N].中国旅游报.2018-08-03.

[13] 发挥旅游产业优势,全面推进乡村振兴[N].中国旅游报.2021-03-12.

[14] 张燕联.辽宁发展乡村旅游的问题与对策[J].辽宁经济职业技术学院·辽宁经济管理干部学院学报,2009(6):6-7.

作者单位:胡梦轩,嘉兴南湖学院;叶丽丽,秀洲区社科联

嘉善县大云镇："农文旅"深度融合打造甜蜜版"共同富裕"新路径

吴婷莉　　郑　芳　　王洪远

摘要： 我国是农业大国，如何推动农业农村发展一直是实现共同富裕的关键环节。根据国内外发展实际，单方面从农业发力，路子太窄。"农文旅"融合发展模式，通过打造特色农业、品牌农业，发展区域旅游文化，延伸农业产业链、价值链，为实现共同富裕蹚出了新路。2008年，习近平视察嘉善大云时提出了"走在前列，作好示范"的要求。近年来，大云镇积极贯彻落实习近平新时代中国特色社会主义思想，探索实践"绿水青山就是金山银山"的绿色发展理念，紧紧围绕打造"中国甜蜜度假目的地"总目标，探索形成了以"农文旅融合＋"为创新发展模式的乡村振兴"大云样本"，探索形成了一条东部平原地区特色发展的共同富裕路径。但随着消费升级，大云旅游也面临缺少突出顶层资源禀赋、与周边景区同质化、整体竞争力弱等问题。下一步，需进一步加强顶层制度设计，突出乡村振兴发展重点，强化数字赋能提质增效，进一步打造农村文旅融合品牌，推进共享共富，为实现共同富裕提供可借鉴、可推广的"大云路径"。

关键词： 农文旅融合；绿色发展；共同富裕

一、研究背景：探索农村文旅融合发展，构建物质精神共同富裕

中共十九届六中全会首次审议通过的《中共中央关于党的百年奋

斗重大成就和历史经验的决议》强调,中国特色社会主义新时代是"逐步实现全体人民共同富裕的时代",要求"坚定不移走全体人民共同富裕道路"。面对人民日益增长的精神文化需要,旅游业作为"五大幸福产业"之首不仅是区域经济发展的重要动力,更与文化业一同在全面提升人民生活质量方面发挥了重要作用。全国层面组建文化和旅游部,表明国家在行政上推动文化和旅游融合发展的决心,意味着文旅融合已经成为我国文化业和旅游业现实发展方向。以旅游来促进文化发展,以文化来赋予旅游灵魂,以农文旅的融合统一来推动农业发展,坚持以文塑旅、以旅彰文,探索打造独具魅力的文化旅游共富模式,让文旅融合高质量发展在丰富乡村人民精神文化生活、推动实现农民共同富裕的路子上持续发挥突出作用。

2021年5月,党中央、国务院发布《关于支持浙江高质量发展建设共同富裕示范区的意见》,明确提出支持浙江省率先探索建设共同富裕示范区,因地制宜、探索实践,积极探索推动共同富裕的有效路径。多年来,大云人民时刻牢记习近平总书记视察大云时提出的"走在前列,作好示范"的要求,积极探索实践习近平新时代中国特色社会主义思想,不断践行"绿水青山就是金山银山"的可持续发展理念,紧紧围绕打造"中国甜蜜度假目的地"的总目标,坚持"镇域景区化、景区全域化"的发展理念,扎实开展全域生态建设特色引领专项行动,狠抓全域基础完善、全域景点提升、全域氛围营造、全域营销推广,逐渐探索出以"农文旅融合＋"为创新发展模式的乡村高质量发展"大云样本",走出了一条富有沿海平原特色的共同富裕路子。

二、主要做法:"五位一体"打造农文旅融合发展"大云样板"

（一）全域统筹协调、要素配置优化,文旅发展保空间

第一,聚焦区域协同共荣,构建全域农村文旅格局。大云镇紧抓

长三角一体化发展战略机遇,探索建设长三角生态绿色示范区,积极规划编制长三角生态休闲旅游度假区城市设计和大云绿色生态一体化概念性规划,坚持区域上统筹合作,破除两地行政壁垒,谋划好度假区 12.79 平方公里与惠民街道 26.15 平方公里区域(大通、大泖、新润、惠通)的关系,实现共享共赢。

第二,推进全域综合整治,腾挪文旅发展空间。实施土地综合整治,盘活存量用地、整合闲置用地、优化建设用地,探索构建"一保四化"①整治模式,通过整治,净增高标准农田 4021 亩,新增标准农田面积 1445 亩,标准农田的容量达到 18979 亩,耕地质量等级从 5.9 级提升到 5.4 级。实施全域农田流转,梳理农田肌理、提升农田效益、拉动农旅开发。优化农田流转政策,集中开展倒逼流转,通过土地流转对全镇农田进行重新布局整理,不断改善农田生态环境。截至目前,大云镇土地流转比例达 96.1%。实施全域农房集聚,改善居住条件,提升自然村落,提高节地水平。开展新农村规划建设,让分散农宅向社区集聚,通过农房有序搬迁,零星分散自然村数由 86 个降至 13 个,户均农村居民点和人均村庄建设用地分别从 680 平方米、223 平方米降至 330 平方米、108 平方米,农居环境有效改善。

第三,破局要素瓶颈,用最优区块反哺乡村。集聚土地高效开发,瞄准低效建设用地,打破坛坛罐罐,全面整治"低散乱"村级工业园区、企业,激活可用土地指标。收储后的土地指标放在区位最优的大云镇中德生态产业园,连续安排三期共 163 亩,打造村级强村创业园,由大云镇政府统一建设、招商、管理、核算。

(二)美化乡村环境,联动业态配置,擦亮底色换新颜

第一,集镇风貌靓化、农村面貌美化,"五位一体"抓"整洁"。实施

---

① "一保四化",即在严守保耕地红线基础上,通过"结构优化、资源节化"双轮驱动,实现"产业美化、红利转化",形成了全域土地综合整治"一保四化"的嘉善大云模式,充分发挥了土地在推动乡村振兴战略实施中的支撑保障作用,大云成为全省首个整镇全域土地综合整治省级试点。

城镇有机更新，投入 3.1 亿元实施 65 个重点项目，先后开展美丽乡村建设和环境综合整治提升行动，改善提升环境基础。同时推进环境卫生公共服务向乡村延伸，探索农村、集镇、园区、道路、河道"五位一体"乡村环境市场化综合整治推进机制，重塑乡村面貌、重理形态肌理。

第二，做精美丽形象、做强美丽产业，点线并进抓"秀丽"。实施美丽乡村建设，结合村镇经济发展特色，以线带面，找准特色，联动业态配置、基础建设和有效运营，搭建形成 14 公里美丽乡村特色旅游路线。提升农村新社区品质功能，深化优美庭院建设，打造美丽田园，结合生态循环农业发展，开展田间作业环境整治，做美农业大底色，将美丽乡村打造出美丽风情、美丽产业。

第三，立足美丽优势、转化美丽经济，一心一意抓"富裕"。围绕打造"中国甜蜜度假目的地"总体目标，积极争取创建国家级旅游度假区，不断完善旅游基础设施，同步推进旅游产业发展，实施歌斐颂、云澜湾、碧云花园、拳王水街等项目二期提质扩容。目前，已拥有省级温泉旅游度假区、省级巧克力甜蜜小镇 2 个省级平台以及 3 个国家 4A 级旅游景区，旅游项目总投资达 145.5 亿元，年均接待国内外游客 338 万人次，带动旅游收入近 7 亿元。

（三）文旅集聚产业、产业支撑文旅，一二三产大融合

第一，以"生态旅游＋"引领农业大开发。大云镇通过全域旅游开发，结合民宿运营、电子商务等实现农民旅游增收；通过全域农田流转，结合村集体领办合作社、农业大招商实现农业增收；通过全域农房集聚，结合新社区公共物业经济、存量资产提升。如大云镇缪家村的碧云花园是全国最大的杜鹃品种资源圃和嘉善杜鹃花的主要生产基地，已成为中央农业部定点学习的地方，每个月都会有全国各地的参观团到这里学习培训。

第二，以"生态旅游＋"引领工业大融合。大云镇牢牢把握长三角一体化发展区位战略契机，充分发挥紧邻大上海的区位优势，以争创

国家旅游度假区为抓手,推动实施全域功能区建设一体化布局、农商工发展一体化运作,实现了工业经济的高质量发展。大云旅游度假区已建成三个省级平台,目前正积极创建国家级旅游度假区;从十里水乡、碧云花园到温泉小镇、巧克力小镇再到浙江省命名的首批特色小镇,连续多年跻身"嘉兴市招商引资十强乡镇"。

第三,以"生态旅游+"集聚甜蜜大产业。大云镇时刻牢牢记住习近平总书记的嘱托,以全域旅游的发展思路,推进镇域景区化、景区品牌化、品牌国际化,以 3 个国家 4A 级景区(碧云花园、云澜湾、歌斐颂)建设为抓手,逐步实现了从"+旅游"到"旅游+"、从"乡村游"到"度假游"、从"生态云"到"甜蜜云"的华丽蝶变,致力于把大云打造成为一个"回家如度假、度假似回家"的甜蜜度假目的地。如大云的一张金名片"巧克力小镇"——歌斐颂巧克力小镇,该小镇为 4A 级景区,是国内唯一、亚洲最大的巧克力王国,5 年来,连续举办"歌斐颂国际巧克力文化旅游节"。

(四)因地制宜创新、文旅 IP 融合,走出特色共富路

第一,基于产业特色,创新文旅 IP。随着大众对旅游出行的需求越来越大,大云镇不断探索发展生态绿色农业,推动文旅融合发展,创新文化旅游形式,借助水乡、巧克力、田园、花海等形式,基于自身区位优势、特色产业,坚持小而优、特色化的发展模式,强化与上海景域集团的战略合作与优势互补,对大云镇旅游资源进行全面的梳理整合,从田园、水乡、温泉、花海、巧克力、婚庆等旅游元素中具化云宝 IP 形象,并确立"大云把你宠上天"品牌口号,形成"中国甜蜜度假目的地"的总体框架。截至目前,已推出工业云宝、先锋云宝、警务云宝等20 多个 IP 云宝形象,镇域旅游规划和运营获得了 2018 亚洲旅游"红珊瑚"奖等荣誉。

第二,不断丰富旅游边界和价值,提升文旅 IP 知名度。大云镇通过延伸旅游内容、打造 IP 品牌、提升旅游价值等手段不断提升文旅内

涵和知名度。延伸旅游内容方面,推动音乐剧《云宝》在长三角地区多次上演,联合"凯叔讲故事"节目创新推出有声读物,上映播出动画片《甜蜜特攻队》,不断提升云宝IP的知名度。"不断打造提升IP品牌"方面,利用"二十四节气"非物质文化遗产创新推出云堡二十四节气体验馆,举办"萌王节"体育赛事,打造云宝IP主题旅游村等。"不断提高旅游综合价值"方面,不断传递正能量和价值观,关注儿童身心健康成长,如推出亲子文化旅游演艺,推动上线文旅音乐剧等。

(五)聚焦数字赋能,服务优先配套,精密智控享红利

第一,聚焦数字赋能,激发农文旅改革动力。从2018年开始,大云镇启动实施"智慧小镇"建设,成立大云镇综合指挥治理智慧中心,搭建"智慧旅游"服务平台,推动智慧交通、智慧旅游、智安小区、智慧食安等数字化社会治理,实现基础大数据库互联共享。"智慧旅游"服务平台可以实时全景展示各个景区的客流信息和实时视频监控信息,同时可以为游客提供景点导游、景点查询、语音介绍、商品展示等综合功能,为旅客提供全方位"随身导游"服务,为旅客全方位实时展示大云、共享大云。

第二,聚焦服务优先,全力跟进配套设施。大云镇在旅游度假区公共配套服务、路网配套功能、水系环境打造等整体基础设施建设上,首先满足游客服务功能,其次提升游客体验感和舒适度,提高旅游度假区整体层级。顺利完成旅游专线、北区停车场、缪王公路二期、云宝生活馆项目建设,有效提升产业平台综合承载能力,加快推进公共服务中心、停车场、殷家桥码头公园项目、迎宾大道二期道路、旅游专线、十里水乡游线等配套设施建设,增强区域承载力,提高旅游服务品质,不断提高游客对乡村旅游的获得感和体验度。

三、实践成效:农文旅融合实现产业兴旺、农民增收、共同富裕

(一)坚持绿色发展理念,农村文旅格局更加成熟

坚持"三生"融合理念,初步打造形成了缪家红色文旅、巧克力亲子、温泉休闲三大文化旅游组团,构建"一心、一路、一轴、五环"①格局,搭建形成大云镇文旅产业发展的快速路。围绕"亲子甜蜜"主题,不断提升"云宝""云上"两大品牌效应,推动儿童友好型城镇建设。2021年全镇服务业增加值年均增长 6.4%,集聚形成国家 4A 级旅游景区 3 个,3A 级景区村庄 2 个,相继成功创成省级风情小镇、4A 级景区镇、省级特色小镇。

(二)打造农村文旅地区特色,产业盈利更加稳定

产业链的完善使得巧克力小镇、云澜湾温泉度假区、碧云花园、十里水乡等众多旅游景点获得了更多游客青睐,能把游客真正引过来、留下来、乐起来,形成可持续发展的盈利模式。大云旅游度假区借势长三角生态休闲旅游度假区建设及国家旅游度假区创建,年游客接待量已突破 300 万人次。歌斐颂巧克力小镇是全省工业旅游和乡村旅游示范基地,与中国儿童中心合作共建儿童友好华东示范基地;亲子游新兴打卡点云堡二十四节气馆,自 6 月开馆以来已收获较高市场认可度。近三年,全镇实现旅游产值 5.67 亿元;2021 上半年,全镇累计接待游客 110 多万人次,实现旅游综合收入 1.1 亿多元。

(三)初步形成共富路径,农民收获更加丰盈

农文旅融合促进了乡村人居环境和生活条件的改善,群众收入水平大幅提高,村均经常性收入达 350 万元。通过发展旅游业等吸纳本

---

① "一心、一路、一轴、五环"格局:一个度假区集散中心,一条通景公路,一条贯穿核心区的中轴线的立体慢行通道,以及围绕核心区的车道、水道、花道、绿道、轨道"五道环通"。

地农民就业约 614 人，人均月收入 4500 元，提高了"薪金"。2021 年大云全镇农民人均可支配收入超 5 万元，高出全县平均值万元左右，连续 6 年增幅超过 8％，城乡收入比缩至 1.48：1。

四、经验启示：创新共享、特色集成的文旅共富路径

（一）走多元统一路径，以蓝图构绘为共富做准备

践行共享理念，走多元统一路线，促进全域规划整合提升。推动乡镇高质量发展需要整合各类规划、各类要素资源形成发展的合力。大云镇整合统一《乡村振兴战略规划（2018—2022 年）》《旅游发展规划》《美丽乡村规划》《土地利用规划》等规划，编制长三角生态休闲旅游度假区城市设计和大云绿色生态一体化概念性规划，综合统筹各村各街道发展情况、村庄分布、文化资源、历史文化传承、旅游资源等各类实际，确保"镇村一套图、整体一盘棋"，形成村镇发展和谐共融、互补均衡态势。

（二）走要素集成路径，以美丽乡村建设为共富强保障

集聚要素资源，强化要素集成利用，需要不断盘活存量闲置资产，提升资产利用效率。近年来，大云镇推动实施全域土地整治提升行动，推进土地大规模流转，促进农房集聚，为发展农文旅实现共同富裕盘活相关要素资源。大力实施土地集中整治利用，实施农田集中统一流转，提升推动农房集聚，不断提高农村土地利用效率。截至目前，全镇已累计完成全域农田流转 11547 亩，流转率 96.2％。

（三）走筑基富村路径，以高质量发展为共富稳支撑

农村文旅融合发展需要农村集体经济作为支撑。近年来，大云镇不断发展壮大农村集体经济，实施三轮强村富村计划，以改革为动力，持续扩大农村集体经济发展规模，不断提高发展质量。实施抱团发展策略，大力发展现代化农业，提高农业社会化服务水平，推动农村跨区

跨界发展,大力发展农村电子商务,不断提高农村集体经济发展质量。与此同时,创新实践"物业型、园区型、资源型"等新型集约发展模式,推动农村集体经济可持续、高质量发展。

（四）走专业特色路径,从特色农文旅 IP 为共富建布局

进入新时代,经济社会的发展就是为了满足人民对美好生活的需求。因此,在走农文旅融合实现共同富裕的路径上,从起步就要找好产业发展的特色,把握地区产业发展的内涵和亮点,在对文旅发展规划之初就要因地制宜、找准特色,利用特色和区位优势来不断提升文化旅游的吸引力和知名度,不断延伸文旅发展的内涵,提升游客体验感和获得感。大云镇基于自身区位优势、特色产业,坚持小而优、特色化的发展模式,从田园、水乡、温泉、花海、巧克力、婚庆等旅游元素中具化云宝 IP 形象,并确立"大云把你宠上天"品牌口号和"中国甜蜜度假目的地"总体定位,以打造中国甜蜜度假目的地,打造田园成为浙北、上海旅游发展中的强 IP。

（五）走共享共富路径,从运营推动为共富定基调

共享的前提是可持续发展,可持续发展的前提是机制保障。可持续发展需要有完善的机制来提供支撑,需要调动发展的各方力量,不断推动高质量发展,始终坚持发展靠群众、发展为群众,让群众共享发展的成果,推动实现共同富裕。实现共同富裕需要村级经济发展,村级经济发展是提升农民收入、实现共同富裕的关键。大云镇在推动文旅融合发展实现共同富裕过程中,充分调动群众参与度和积极性,让群众在参与发展的过程中共享发展的果实,享受共同富裕的红利。通过土地流转和享受文旅带来的旅游收益,大云镇农民可支配收入平均达到 5 万元,高出全县平均值万元左右,连续 6 年增幅超过 8%,城乡收入比缩小至 1.48：1。

五、发展建议：顶层优化、数字赋能，打造农文旅共富品牌

（一）加强顶层设计，完善文旅发展布局

一是持续推进农文旅产业发展。持续整合推进碧云花海十里水乡、歌斐颂巧克力、云澜湾温泉三大4A级景区品质提档升级。探索推进有机生态农场聚落、上下村有机生活度假谷等一批前沿项目，打造居民乡村网红旅游景点，提升景区特色。二是优化服务配套提质。持续优化全镇交通路网结构，提升交通承载力，建设启用十里水乡游客服务中心、殷家桥码头等配套服务设施。打造甜蜜花海风景线、十里水乡水线，持续优化公共自行车布点、公交停靠站点，丰富甜蜜系列驿站。三是深化品牌内涵提升。进一步提升云宝IP品牌影响力，规范云宝本土化授权，与知名IP联名开发文创产品，推动儿童友好城镇创建。联手具备强大运营能力和丰富资源的合作方，整体化、系统化串联各大景区、景区村庄、特色自然村落，形成客源共享、优势互补联动大格局，全面提升国旅创建竞争力。

（二）突出重点区域，全面推进乡村振兴

一是提质增效现代农业。进一步优化农业功能布局，发挥农业集群效益，创新打造集种植、培育、研发、销售于一体的数字化农业小微创业创新园。推进农业深度转型，依托传统优势产业，全面推进农旅深度融合，积极发展一批生态高效农业、数字农业、科技农业和全链农业，做美农村底色，做强农业产业，做大农旅文章。二是全力建设未来乡村样板。聚焦十大场景①，探索共富路径，紧扣农民收入、经济活力、乡风文明、人居品质、数智运用五大关键，以缪家村为试点，构建未来乡村组团式、片区化联合发展体系。打好基础设施提升、公共服务提

---

① 十大场景：邻里场景、教育场景、健康场景、创业场景、建筑场景、交通场景、低碳场景、服务场景、治理场景、党建场景。

质两大"组合拳",持续优化提升水系、路网,加快乡村数字化公共服务平台、邻里中心公共服务平台、新时代乡风文明综合体共建共享。推动村级发展人本化、生态化、数字化,打造形成集治理、服务、生活为一体的未来乡村"甜蜜"品牌。

(三)强化数字赋能,全力助推共同富裕

近年来,随着数字农业对生产经营效率的大幅提升,农业基地数字化建设开始加速发展,智慧农业、数字车间、智慧工厂等新业态不断涌现,如云养猪、数字生产基地等涌入农业农村,赋能乡村经济发展。要大力加快大云镇数字化建设,借助数字化推动全域数字化改革,在"最多跑一次""浙里办"等政府数字化转型基础上,搭建各景区、街道各单位、村社基层管理机构、村社居民之间的信息沟通渠道,实现数字旅游、社区服务、农村经济等民生服务实时实地交互,努力推动数字化,以数字化赋能共同富裕示范区建设。

主要参考文献

[1] 刘婷,梁千雨."乡村振兴＋文旅融合"协同发展模式研究[J].南方农机,2022,53(1):69-74.

[2] 张成玉.文旅融合视角下粤北山区乡村振兴发展模式分析[J].当代旅游,2022,20(1):37-43.

[3] 余欢,郝桢.文旅融合视域下乡村旅游创新发展研究[J].旅游纵览,2022(1):99-101.

[4] 嘉善县大云镇党委理论学习中心组.大云镇以乡村振兴引领城乡融合发展的实践与研究[N].嘉兴日报,2021-12-31(007).

[5] 白兴星.基于文旅融合视角创新乡村振兴发展模式[J].农村经济与科技,2021,32(24):187-189.

[6] 何家浩,唐勇.奋力打造共同富裕示范村——缪家村乡村振兴的经验和启示[J].浙江经济,2021(12):60-61.

[7] 章奕玲,邓芬.文旅融合背景下金华特色小镇建设助推乡村振兴发展研究[J].现代营销(学苑版),2021(12):49-51.

[8] 查茂和.乡村振兴战略下文旅融合发展的路径探索——以安徽省太湖县为例[J].山西农经,2021(22):26-27+30.

[9] 李佐军.文旅农康融合发展是实现共同富裕的创新路径[J].农村工作通讯,2021(21):29.

[10] 走好文旅融合路 念好乡村致富经——新昌县镜岭镇共同富裕实践[J].政策瞭望,2021(10):46-48.

[11] 刘武.从美丽乡村到富美乡村蝶变的思考——以浙江省嘉善县为例[J].江南论坛,2020(8):25-27.

[12] 张渊学.浅析"生态旅游+"乡镇高质量发展的大云模式[N].嘉兴日报,2019-11-03(003).

作者单位:嘉兴职业技术学院

第四单元

惠民生促共富，锚定共富目标

秀洲区庄安村:促进 50 后、60 后中老年农民就地转产创业增收的庄安模式

刘 敏 刘 强

摘要:50后、60后农民的转产、创业和增收是共富乡村建设的短板。庄安村一批原生猪养殖户不断探索总结,闯出了一条以适度规模葡萄种植为特色的二次创业道路,形成了中老年农民就地转产创业增收的庄安模式。该模式通过党员干部带头试验示范指导,科学经营提高种植管理水平,取得了良好的效益,解决了50后、60后农民群体就业难增收难的问题。至2021年底,该村葡萄种植户295户,中老年农户占63%,户均种植面积10.17亩,亩均净效益超3万元,全村农业产值超亿元,人均可支配收入达6万元以上。庄安村也从一个人均收入一般般的远郊村,蝶变跃升为一个普遍增收实现共同富裕的先行村,为全省全国共富乡村建设和全面推进乡村产业振兴探索出了宝贵的经验。针对产业发展中面临的产业链不完善、组织化程度不高、发展方式单一等问题,需要进一步加强联合与合作,丰富产业发展业态,打造特色鲜明的地理标志,借助"互联网+"的历史机遇,不断提高产品的附加价值。

关键词:中老年农民;就地转产创业增收;共同富裕

一、研究背景:中老年农民是共同富裕道路上的关键群体

中共十九届五中全会通过的《"十四五"规划和 2035 年远景规划》

指出,到 2035 年全体人民共同富裕要取得更为明显的实质性进展。党中央、国务院发布文件,率先在浙江开展共同富裕示范建设探索,破解新时代我国社会经济发展不平衡不充分的矛盾。共同富裕也是学者探讨的一大热点。学者普遍认为,共同富裕是社会主义的本质要求,实现共同富裕的关键在于缩小收入差距,提高中等收入群体收入水平。共同富裕的实现路径是多元的,如檀学文从相对贫困治理角度,提出了常态化的扶贫思路,通过优化扶贫格局实现制度化法制化的贫困治理从而实现共同富裕;吕德文和雒珊则从农村产业振兴等角度提出了实现共同富裕的路径。

　　农村是共同富裕建设的薄弱环节,20 世纪 80 年代以来,我国农村受经济发展和人口迁移的双重影响,农村人口自然增长率不断下降,优质劳动力不断流失,农村人口老龄化现象严重。劳动力的缺乏与老化成为制约农民收入增长、阻碍共同富裕目标实现的重要障碍。为此,解决农村中老年群体收入增长问题已然成为当前我国推进共同富裕的重要内容,也是实现共同富裕的重点与难点。50 后、60 后农民是农村劳动力的重要构成部分,但因就业能力不强、创业思想欠缺,特别是随着农村产业结构调整,成为共富乡村建设的短板,农民就地转产创业作为农民就业与增收的难点,也是政策实践层面和学术研究层面探讨的焦点问题。王店镇庄安村作为一个典型远郊村落,自"生猪退养"后,一批 50 后、60 后原养殖户和其他农户通过探索特色葡萄种植,实现了就地转产创业,探索出了"中老年农民就地转产创业增收的庄安模式",为浙江省共富乡村建设提供了宝贵经验。为此,本篇将以庄安村为例,采用单案例探索性研究方法,深入剖析庄安模式的主要做法、成效,总结庄安模式成功的经验与启示,为高质量建设共富乡村提供对策建议。

二、主要做法：坚持党建引领下的因地制宜经营管理

（一）充分发挥村集体和党员干部的组织带动作用

"要想跑得快，全靠车头带。"面临养蚕效益逐年低下、生猪全面退养、转型升级困难等困境，庄安村"两委"积极组织群众召开村民会议，认真讨论分析、反复学习比较，总结自身资源优势。最后，广大干部群众达成了共识，与其等着寻就业，不如就地跟着搞创业，转产种葡萄，也能促增收。党员干部首先带了头，群众分批跟上来，你种我种大家种，慢慢掀起创业致富的高潮。通过几年努力，庄安村的"老大难群体"终于闯出了一条转产创业增收的新路子。

为更好地推广葡萄种植，庄安村积极实施"领雁培养"计划，鼓励村干部和党员带头致富、带领致富，总结推广可看可学可复制的经验，强化低收入农户指导帮扶，促进全面小康路上"一个都不少"。庄安村的老村主任杜家豪、老党员陈连宝，作为资深葡萄专家，从 2006 年开始将种植葡萄的经验心得毫无保留地传授给每位种植户。此外，村"两委"干部带头转型、带头学习，坚持适度规模、坚持精细管理。同时，村"两委"牵头组建 100 余人的技术队伍，疏花疏果时薪 30 元左右，既解决了经营主体缺少专业劳动力之困，又帮助剩余劳动力实现了"家门口挣钱"。

（二）充分挖掘村域资源优势做大做强葡萄特色产业

面对 50 后、60 后农民群体转产创业过程中碰到的年龄偏大、技能偏少、合适岗位少、工资偏低的普遍性难题，庄安村"两委"深入研究，分析总结了本村发展葡萄产业的四大优势：一是地处杭嘉湖平原，土壤肥沃，水源充沛，气候舒适，加之土地资源和劳动力资源相对充足，村里户均承包 6 亩多田地，且村民十分勤劳；二是临近嘉兴水果市场，在葡萄批发、包装、加工、运输和配送中有很大的市场优势，交通便利，物流设施相对完善，便于集散；三是已有小部分农户已通过种植葡萄

实现了增收致富，具备一定种植经验，可供其余农户借鉴；四是进入壁垒不高，前期投入成本亩均约 1 万元，且葡萄种植产出收益较快，销售途径较多。

经过慎重思考和深入调研，在村"两委"的带领下，庄安村决定充分利用当地得天独厚的区位优势，因地制宜发展特色葡萄种植产业，在土地、技术、资金等要素配置上优先向本村未就业或就业质量低的 50 后、60 后农民倾斜，让包括中老年在内的所有劳动者都有活干、有钱赚，有效建立起小农户与现代农业的衔接机制，推进农民再创业增收。

（三）充分彰显家庭经营基础性地位开展适度规模经营

家庭经营是农业经营的基础。庄安村提倡以家庭为单位，强调精细化田间管理，倡导种植葡萄的规模适度，形成了农户就地转产创业就业的"葡萄种植新模式"。自 2001 年开始，庄安村先后三次进行土地整理，从承包户手中流转出 1000 多亩土地，鼓励每户种 10 亩左右，保证劳动力基本充足和精细管理。同时，以市场为导向进行科学栽培，种植前根据优选品种，种植中推广避雨、促早、节水、防鸟等栽培技术，促进农户节肥、节药、节水，突出品质品相，实现"少生优生"。

同时，为了带动更多农户增收致富，庄安村大力培育以家庭农场为主的新型经营主体和服务主体，充分发挥农业企业和合作社带动作用，引导建立"农业企业＋合作社＋家庭农场＋基地＋农户"的产供销模式，让小农户参与大市场。经过多种经营模式和葡萄品种的尝试，最终形成了"以 50 后、60 后劳动力为主体，以家庭为单位，适度规模经营，管理精细化，普遍高收益"的葡萄种植产业。

（四）充分利用合作社的纽带作用提高农民组织化水平

为了探索抱团发展解决一家一户办不好的冷库储存、品牌销售等问题，不断提高葡萄生产的组织化程度，2020 年在村"两委"的引导下成立了庄安葡萄专业合作社，登记入社成员 34 名，辐射 110 个家庭农场及全村的其他种植户，更好地发挥了抱团合力。

专业合作社提高了农民组织化水平，提升了风险抵御能力，降低了农民生产经营成本。通过合作社，庄安村的葡萄种植户可以联合起来批量采购农用生产资料；可以联合引进先进技术，降低提高技术水平的成本；通过抱团交易，降低交易成本，有效地提升其议价能力和市场参与度；通过合作销售，便于打造"庄安葡萄"这一品牌，提升整体竞争力，获得较高收益水平。

接下来，庄安村还将新建一个葡萄综合服务中心，通过葡萄综合服务中心的建设，拉长葡萄上市时间，提高产品的竞争力，形成产、供、销一条龙运作模式，为当地农民致富创造良好的平台，从而发挥出村集体经济对周边葡萄种植户的带动作用，使葡萄产业经济效益进一步提高。

（五）充分强化科技支撑保障葡萄品质提高市场竞争力

为进一步提高庄安葡萄的品质，提升庄安葡萄的市场竞争力，庄安村充分强化科技支撑，不仅积极探索葡萄种植技术与研发，加强农业平台建设，而且高度重视教学培训与人才培养。为更好实现主攻葡萄产业高质量发展目标，庄安村多次把专家请进来授课指导，组织群众走出去学习取经，确保全村的农户在技术、品质方面一直走在前列，实现葡萄产业提质增效。该村每年组织举办葡萄种植技术培训班 5 期左右，聘请专家实行"土洋"结合。通过边看边学、边种边悟、互看互学，种植户的学习氛围不断浓厚，种植技术不断提升。近几年，庄安村着眼葡萄种植的绿色栽培技术，将庄安葡萄打造出绿色产品，并将"庄安葡萄"这一品牌加强整合，有力地利用区域品牌效应去开拓市场，提升庄安葡萄的市场溢价和市场竞争力。为更好地为葡萄种植户提供技术指导和服务支持，在村"两委"的带领下，庄安村组建了修花修果技术服务队，为葡萄种植提供技术保障。通过积极推广葡萄种植经验，加强相关技术培训，实现管理精细、技术到位，产品品质达到嘉兴市领先。

三、实践成效：发展葡萄种植实现就地转产创业增收共富

在村"两委"的带领下，庄安村葡萄种植取得良好收益，中老年农民就地转产创业增收成效显著（见表1）。

表1　典型农户抽样调查结果

农户	家庭总收入（万元）	葡萄收入占比（%）	劳动力人数（人）	劳动力平均年龄（岁）	50后、60后劳动力占比（%）	葡萄面积（亩）	葡萄产值（万元）	葡萄单产（万元/亩）
A	36.14	20.76	4	52.75	50.00	2.80	7.50	2.68
B	628.62	98.15	2	53.33	50.00	40.00	617.00	15.43
C	45.04	133.22	2	57.50	100.00	15.00	60.00	4.00
D	25.17	81.45	2	66.00	100.00	1.50	20.50	13.67
E	69.10	94.07	2	46.50	50.00	15.00	65.00	4.33
F	106.29	98.79	4	49.25	50.00	30.00	105.00	3.50
G	60.07	83.23	3	47.33	66.67	16.00	50.00	3.13
平均	138.63	87.10	2.71	53.24	66.67	17.19	132.14	6.68

注：数据来源于庄安村典型农户抽样调查，时间截止点为2021年12月31日。

（一）提供了更多就业岗位，解决了中老年农民就业难题

庄安村葡萄种植产业的发展，充分吸纳劳动力资源，为当地50后、60后农户提供了一条就地转移就业的路径。在葡萄种植产业的辐射带动下，葡萄运输、销售等产业兴起，进一步带动当地运输、物流和服务等基础设施完善，带动相关企业兴起与成长，提供更多就业岗位，如果园修剪工等职业，有效地解决了中老年农民就业难题。在295户葡萄种植农户中，有187户50后、60后农户实现了就地转产创业，走出了一条"农民就地转产创业增收的庄安模式"。

（二）提高了农民收入水平，解决了中老年农民共富难题

通过转型葡萄种植，庄安人收入水平明显提高。大部分农户自己可以种植葡萄获取丰厚的经营收入。部分农户可以将土地转租，获得土地租金收入。一部分技术水平较高的人群，可以通过打零工获得修枝修花修果务工收入。庄安葡萄产业的发展，拓宽了农户的收入渠道，提高了农户收益水平，有效地解决了当地 50 后、60 后这一群体的就业问题，而且充分利用其劳动力资源，促进当地经济和产业的发展，有效地解决了中老年农民共富问题。目前，全村约 295 户葡萄种植户，亩均净收益 3.8 万元，实现人均增收 2 万元以上，人均可支配收入超 6 万元，户均收入 15 万元以上。

（三）形成了特色主导产业，解决了区域产业振兴难题

庄安葡萄产业的发展，让我们看到"小葡萄"也能成为"大产业"。经过几年的探索和发展，庄安村的葡萄种植已经成为带动周边农户增收致富的主要产业，有力带动起当地经济的发展，有效地解决了区域产业振兴难题。目前，全村 295 户农户共种植葡萄面积 3015 亩，总产值超 1 亿元，带动全区葡萄种植面积 17000 余亩，同步带动了冷藏保鲜、物流等产业发展。

（四）探索出了一条中老年农民二次创业新路径

庄安村葡萄产业的发展，探索出一条 50 后、60 后农民就地转产创业的新路径，形成独具特色的"庄安模式"。通过发展葡萄产业，带动当地中老年农民就业创业，促进当地基础设施建设和完善，促进当地产业集群发展，提供更多就业岗位和经济机会，进而带动青年大学生回乡创业，形成经济发展和人才吸引的良性循环。2021 年庄安村级集体经济总收入 208.5 万元，经营性收入 62.1 万元。先后获浙江省兴林富民示范村、嘉兴市文明村、五星级基层党组织等多项省、市级荣誉称号。

（五）探索出了一套农业高质量发展的新机制

庄安村在葡萄种植过程中探索出绿色种植加工模式，集科技创新、资源节约与绿色生产于一体，有效地提升了葡萄品质与效益，为绿色安全生产提供了典型的"庄安范例"，有效践行绿色生产理念，能有效缓解资源紧张问题，值得向各地推广。此外，庄安村积极探索电商、直播助农，充分利用新媒体手段开展农产品宣传和营销，利于新农人的培养与建设，既能够提升农产品销量，又能加强当地知名度的宣传，利于打造农旅结合的新模式，形成农业高质量高发展的新机制。

四、经验启示：党员干部在农民就业共富路上发挥重要作用

总结庄安模式成功的经验，从推动共富乡村建设角度可以得到以下几点启示。

（一）以居民消费结构变化推动产业转型升级

庄安村从养蚕养猪到种葡萄，是在充分考虑了市场需求变化之后做出的改变。因此，推动村镇产业转型升级，一定要着眼市场需求的变化，以居民消费结构的变化为突破口。随着居民收入水平的提高，消费升级、个性化、定制化消费倾向愈加明显，这给各地村集体经济和集体产业提供了机会。一方面，传统企业可以考虑转型升级，以市场需求为导向，调整产品架构，引入新技术，采用新方法，实现原有产品的创新与迭代。另一方面，着眼于日益增长的居民消费需求，探索居民消费升级面临的痛点与难点，小步迭代，细微创新，为蔬菜、花卉、水果、牛奶等产业谋求新出路。

（二）以党员干部带动促进中老年农民二次创业

产业转型升级要充分考虑到中老年农民的特点。就目前来看，中老年农民二次创业普遍面临素质不足、技术不足、信息不足、信心不足

等难题，需要村干部积极发挥带头带动作用，予以充分的指导和引导，打消中老年农民创业的忧虑。开局起步让农户动起来、跟上来、富起来，首先还得靠典型引领，做出可看可学可复制的样子，特别是要看村干部怎么样带头致富、带领致富。村看村、户看户，群众看干部。庄安村"两委"在推进农民创业转业的过程中，选准方向主攻葡萄产业发展提升，在协调土地流转、提升路渠配套、组织技术培训、组建葡萄专业合作社、促进适度规模经营等方面做了大量工作。

党员干部带头在促进中老年农民二次创业中发挥了不可或缺的作用。只要党员干部心中有民，脚踏实地，奋发有为，带着群众一起想法子，不等不靠，主动出击，多数群众还是能寻到合适的创业就业之路的，即使"老大难"的群体的也能实现一定质量的创业就业梦，甚至实现收入逆袭。因此，党员干部要发挥领头羊的作用，带头探索，带头尝试，坚持以人为本，富民导向，深入挖掘农业领域创业就业增收潜力，突出抓好现阶段数量尚多、转移就业又较难的相对低收入群体的增收帮扶工作，统筹优化生产力再布局、推进产业基础再造和产业链提升。

（三）以就地转产创业解决中老年农民增收难题

随着城市化进程不断推进，农村年轻劳动力大量转移，现在农村劳动力年龄普遍偏大，庄安村引导 50 后、60 后农民转产增收的经验具有一定普适性，可以指导各村根据农业产业契合度进行推广。就地转产创业的一个突出问题是要找好合适的方向和路子，路子找对了事半功倍。庄安村立足当地土地、气候、劳动力资源和市场资源等禀赋优势，选中了葡萄种植这一发展路径，最终解决了中老年农民增收难题，实现了 50 后、60 后农民的转产升级创业增收，走出一条独具特色的庄安葡萄共富之路。因此，各地应当坚持实事求是，因地制宜，立足本地资源禀赋，如劳动者能力素质、土地、技术、资金等和产业优势，扬长避短，因势利导，分类指导，宜工则工，宜商则商，宜农则农，努力找准有利于群众充分就业、普遍创业的发展方向。

（四）以生产技术服务扫清中老年农民创业障碍

资金匮乏、技术不足、信息不足、缺乏信心、销售困难等问题是制约中老年农民创业的主要障碍。为此，需要在中老年创业者的资金、技术、信息以及销售渠道等方面提供指导和帮扶，帮助农民摆脱困境，以生产技术服务扫清中老年农民创业障碍。在促进农村经济转型的过程中，需要做细工作，实事求是分析每家的优势和困难，鼓励支持一批有条件的群众先行跟上来，大胆试一试，确保尝试一批，成功一批，开始时小步走、稳步走，一步一步激发大家的信心和决心。可以组织成立专门的生产技术服务部门，聘请专业人员进行培训和指引，为中老年农民提供农副产品种植养殖技术、电商技术及劳动技术等方面的培训。另外，村集体牵头组建专业合作社等组织，为社员提供资金支持，解决小农融资难题，帮助小农跨越基础资料投资门槛。通过合作社整体面向市场，提升产品议价能力，利于打造区域品牌，扩大产品销售渠道和市场影响力。

（五）以主导产业延伸产业链条发挥规模经济效应

庄安村从一个第二、三产业欠发达，人均收入一般的远郊村蝶变跃升为一个普遍增收共同富裕的先行村，关键在于找对了转型发展的路子，确立了以发展葡萄种植和葡萄精加工为重点的发展方向。因此，各地在探索过程中，要认真分析当地的资源禀赋优势，确定主导产业，延伸产业链，提高附加值，带动形成一定规模的产业园区，打造出区域品牌，进而充分发挥规模经济效应，进一步带动当地就业和基础设施的完善，提升人才吸引力和融资能力，提高当地居民收入水平，形成良性循环，让"小葡萄"成为"大产业"。

五、发展建议：多措并举促进特色农业产业再跃升

庄安村通过由养猪养蚕到葡萄种植的探索，终于找到适合自己的发展路子，顺利实现产业转型，促进中老年农民收入增长。然而，深入

调研发现，庄安村中老年农民群体的转产创业，仍面临着诸如产业链不完善等问题与挑战，需要针对这些难点和痛点问题，进一步优化扶持政策。

（一）加强基础设施建设，构建完善的产业链条

针对庄安村目前葡萄种植发展现状，需要加强物流、冷链、电商等基础设施建设，形成葡萄种植、加工、包装、运输、销售全链路产业带，延伸产业链，提高经济效益。同时，要加大葡萄种植技术推广力度，引进更先进的系统化、标准化管理模式。针对部分果园品种老化、结构单一、区域特色品种较少等问题，要有序调优品种结构，以市场需求为导向，不断引进优质特色品种。

（二）发挥合作社的纽带作用，提高农民组织化水平

庄安葡萄种植要坚持适度规模的家庭经营为基础，同时提高组织化程度。虽然很多种植户注册了家庭农场，也成立了专业合作社，但仍相对松散，效率不高。接下来，庄安村将依托专业合作社，围绕种植户集中突出需求，提供产前、产中、产后全程服务。通过开展标准化技术培训，引导成员按标准化生产，为成员提供生产资料的统一供应服务，打造葡萄商标，提供品牌、包装、销售等方面的统一服务，吸纳更多种植户加入合作社，尽可能发挥规模效应与集聚效应。

（三）丰富产业发展业态，实现农旅融合发展

庄安葡萄销售对嘉兴水果批发市场依赖性强，部分种植户长期由销售商直接上门收购，营销方式单一。整村对葡萄种植依赖程度很高，一旦葡萄市场价格波动加大，农户容易利益受损。庄安村可以充分利用当地资源优势，发展农旅结合产业格局，积极开发以鲜果采摘、农家体验、烧烤露营为内涵的多样式休闲旅游、亲子游等项目，打造农旅一体化精品葡萄产业带。

（四）加大品牌建设力度，提高产品附加值

庄安葡萄应注重品牌建设，打造具有庄安特色的葡萄品牌，鼓励合作社牵头参加展销会等形式的宣传推介活动,针对"阳光玫瑰"等耐储存品种产品,积极探索电商营销网络营销新模式。建议以合作社为主体,加强与大型超市、五星果品等水果连锁店以及嘉兴邮政集团农产品销售平台开展订单式销售。建议镇政府及上级政府有关部门举办葡萄擂台赛等活动,提高庄安葡萄的知名度及产业价值。

(五)加大科技应用力度,提升经济效益

葡萄产业的发展离不开品种与技术的更新发展。通过加大科技投入,选育产量更高、品质更好、适应性更强的新品种,优化葡萄品种结构,开展绿色葡萄生产体系,建立特色优质葡萄生产基地。邀请更多专家和科技人员为农户开展技术培训、技术咨询、典型示范,引导农户学习葡萄育种栽培新技术。同时加强与科研院校的合作,引入秸秆粉碎还田机械,进一步提高废物利用率。此外,要加强葡萄运输保鲜技术研发,保障葡萄品质,提升市场竞争力,提升经济效益。

主要参考文献

[1] 蔡昉.共同富裕三途[J].中国经济评论,2021(9):14-16.

[2] 郭远智,周扬,韩越.中国农村人口老龄化的时空演化及乡村振兴对策[J].地理研究,2019,38(3):667-683.

[3] 李小云,苑军军,于乐荣.论2020后农村减贫战略与政策:从"扶贫"向"防贫"的转变[J].农业经济问题,2020(2):15-22.

[4] 刘培林,钱滔,黄先海等.共同富裕的内涵,实现路径与测度方法[J].管理世界,2021(8):117-129.

[5] 刘长明,周明珠.共同富裕思想探源[J].当代经济研究,2020(5):37-47.

[6] 吕德文,雒珊.促进农民农村共同富裕的政策体系及其实现路径[J].中州学刊,2022,44(1):83-91.

［7］檀学文.走向共同富裕的解决相对贫困思路研究［J］.中国农村经济,2020(6):21-36.

［8］吴忠民.论"共同富裕社会"的主要依据及内涵［J］.马克思主义研究,2021(6):83-92.

［9］顾诚洁.浙江省王店镇葡萄产业发展现状及对策——以庄安葡萄为例［J］.《世界热带农业信息》,2021(10):61-62.

作者单位:刘敏,秀洲区社科联、秀洲区农村合作经济指导服务中心;刘强,浙江农林大学经济管理学院;浙江省乡村振兴研究院

桐乡市新联村：
镇村要素联动 助推共同富裕

李 萍

摘要：浙江省着力推进共同富裕示范区建设的举措，是党中央把促进全体人民共同富裕这一奋斗目标摆在更加重要位置而作出的一项重大决策。充分体现了进入社会主义新时代后，党中央对解决我国新的社会主要矛盾中发展不平衡不充分问题的坚定决心。这为浙江高质量发展提供了强大动力，为全体人民共富事业的发展提供了根本遵循。作为解决发展不平衡、促进共同富裕的重要一环，研究促进浙江地区农村集体经济发展、增加农民收入、提高村民生活幸福指数、缩小城乡之间的差距，并总结相关经验，具有很强的借鉴和推广意义。本篇选取了嘉兴市桐乡濮院镇新联村作为研究对象，从其新社区基础设施建设、土地流转、项目建设、推动就业、壮大集体经济、培育特色毛衫产业等多个维度，来探索符合农村实际情况、适合农村发展的共同富裕模式。新联村通过城乡一体新社区建设，优化宅基地配置，节余土地争取上级项目补助资金，用于改善村民居住条件、村庄基础设施建设和购买物业，获得持续性租金收益。通过土地流转，发展适度规模化农业；通过抱团发展，实现固定收益。在人口聚集后，通过发展地方特色产业，实现聚集的劳动力在家门口就业。在村集体经济做大做强的同时做好收益惠民，让全体村民享受经济发展成果。形成了以镇带村，镇村融合，产业兴旺，生态宜居，乡风文明，联动发展的良好格局。

关键词：镇村要素联动；农民增收；共同富裕

一、研究背景:镇村要素联动是助推共同富裕的重要途径

2021 年 6 月《中共中央国务院关于支持浙江高质量发展建设共同富裕示范区的意见》和 7 月《浙江高质量发展建设共同富裕示范区实施方案(2021—2025 年)》均指出,到 2025 年,浙江省实现持续缩小城乡区域发展差距、实现城乡一体化发展,率先探索以农村土地问题为关键的乡村集成改革,探索能够高效实现农民权益价值的机制,建立健全关系到广大农民收入水平的利益联结机制。鼓励广大的农村集体经济团体发动其所属成员通过自营、出租、入股、合作等方式,利用好农村闲置宅基地、农房和土地,调动一切可利用资源发展乡村致富产业。在稳步实现全体人民共同富裕的第一个阶段,发展新型农村集体经济,是形势所趋,是群众所望,具有重大意义。

从中央到省里,各级文件精神和具体实施方案,都明确了共同富裕的重要方面之一,就是要将城乡发展之间的差距缩小,促进城乡发展的一体化,其中,办成办好新型农村集体经济,培育农村本地特色产业,盘活农村资产、推动土地流转,推动农民创业就业,提高农民整体收入等,都是推动全体人民走向共同富裕的有效方法、重要途径。

本文选取的研究对象桐乡濮院镇新联村正是抓住了时代发展机遇,以新农村建设城乡一体新社区为载体,推动土地流转,实现新村聚集,从而集中劳动力对接镇上的毛衫加工产业,抱团发展,组建施工队,承接镇上的施工项目,和周边村庄联合组建公司,建造厂房出租,进而发展地方特色产业,实现农村居民就近就业,增加村民收入。在大力发展经济的同时,注重文化建设,构建文明乡风。

可以说,新联村抓住了新的政策机遇和产业机会,并在具体实施过程中寻找优势和突破点,大力发展优势产业,探索出了一条推进村民共同富裕的可行之路。

二、主要做法："三个阶段、四大举措"推进村民共同富裕

新联村十几年来的发展变化是新联村"两委"采取了多项强村富民的举措，探索了多条发展路子的结果。

新联村"两委"以敏锐的机遇意识把握住政策机遇，根据每个阶段本村的情况，找出了适合本村发展的路径。为了拓宽村集体经济增收渠道，提高村级集体经济的实力，新联村坚持走多元发展路子，发展主要经历了以下三个阶段（如图1所示）。

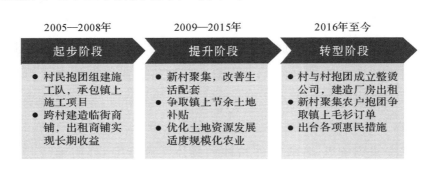

图1　濮院镇新联村"两委"带领村民实现共同富裕的三个阶段

2005—2008年为起步阶段，村集体经济收入从90万元增长到180万元，实现了首次翻番。这一阶段的增长点来源于组建本村村民的施工队和跨村建造临街商铺带来的盈利。

2009—2015年为提升阶段，村级集体经济收入从180万增长到800万元，实现了从量变到质变。这一阶段的契机是新村聚集，争取到节余土地的补助资金。

2016年至今为转型阶段，更加注重质量和效益。这一阶段的增长点是抱团项目。包括占股51%的新越毛衫整烫有限公司和占股12.25%的桐乡市濮运建设开发有限公司，实现了村级集体经济收入达到千万以上的目标。

三个阶段的主要实践路径，可以归纳为"新联2345模式"："2"即

两大土地空间拓展举措，抓住新社区建设契机，充分挖掘土地资源潜力；"3"即三种抱团合作模式，包括村民之间抱团组建具有竞争力的施工团队、新社区村民抱团争取毛衫加工订单、村与村之间抱团组建公司，推动特色产业发展；"4"即四种增收渠道，新联村"两委"通过多元化发展，多渠道增收模式不断壮大村集体经济；"5"即五大惠民政策，做到集体经济收入利民惠民，形成乡村共同富裕的新闭环。

（一）两大土地空间拓展，发挥镇村联动效应

一是新村聚集，合理配置宅基地。2009年，桐乡市启动"两新"工程建设，在每个乡镇确定一个试点村。新联村以敏锐的机遇意识把握住政策机遇，主动接下了试点工程。克服了小区建设初期的征地拆迁、规划布局、房屋设计等重重困难，2010年，世纪新联一期工程如期竣工并交付村民使用，共有121户村民搬进了新居。目前已建造了四期工程，实现了85%以上村民入住。新小区排屋别墅错落有致，道路蜿蜒整洁，四周沿河有漫步道、亲水平台，7米宽的柏油路，超过20%的绿化率，引入物业公司规范管理，新村聚集既提高了村民的生活环境，又合理配置了宅基地，优化了土地资源。

二是耕地流转，发展规模化经营。通过统一户型、统一建设、统一管理，新联村集聚土地流转1200亩，发展适度规模化农业，全村新增30亩以上规模养殖户11户，500亩以上粮食大户4户。将乡村中可利用的土地集中起来经营，充分解放了乡村生产力，提升了土地的整体利用效益，增加了农民的收益。

（二）三种抱团合作方式：整合优势资源，形成镇村利益联动

一是村民抱团组建施工队。新联村有一批曾经在工地上打过工的村民，村干部也干过建筑行业，于是新联村借助濮院镇大建设大发展的契机组建了本村村民的施工队，积极承接周边的施工业务，争取濮院镇区的一些技术要求不高、工程量小的施工项目，为村集体赚钱。先后承包了社会停车场、凯旋路人行道、政府停车场、香海寺前人行道

等工程,一年的收入在 100 万左右,帮助村民在家门口就业增收,该方法在各种壮大村集体经济的方式中是鲜有的。

二是新村抱团争取毛衫加工订单。通过新村聚集,85％以上的村民集中在世纪新联和新联景苑小区,共集聚农户 534 户,实现了村里劳动力的聚集,又通过发展地方特色羊毛衫产业,实现聚集的劳动力在家门口就业。新联村多家农户购买了电脑横机,抱团接单加工羊毛衫,提高了可加工毛衫订单的数量。镇上毛衫企业愿意到新村设点,每天送来毛衫大货,分发给各户村民,村民可以在家从事羊毛衫的钉扣、套口、修剪、拆纱、质检等工序,实现村民在家增收。

三是村与村抱团组建公司。2016 年,新联村根据地方特色产业羊毛衫市场发展需求,主动对接濮院镇的市场与产业,与永越、永联、油车桥、红旗漾和新港村抱团投资组建了濮院新越毛衫整烫有限公司,建造厂房用于羊毛衫加工、包装车间招租,整合濮院毛衫整烫市场,推动毛衫行业安全、有序、高效运行。总投资 2.8 亿元,其中新联村占股 51％,年总租金收入约 2000 万元,其中新联村租金收入达到 1000 多万元。

(三)四种增收渠道:借助镇上政策,不断壮大集体经济

一是争取上级土地补贴。新联村通过新村聚集共节余 150 亩土地,共争取上级项目补助资金 6000 多万元。一部分补助资金用于基础设施建设,新联村投入资金约 30 万元完成了河道整治护岸工程,并种植大量绿化,投入 3 万多元种植水生植物,结合新农村建设,沿着北妙智港造就了新联村农村小区的美丽景色。居民生活环境的美化改善有利于提高村民的生活幸福指数,也有助于吸引和留住新联村发展急需的人才,为助推新联村发展注入新鲜血液。

二是购买商铺,实现租金长期收益。新村聚集后,濮院政府允许村集体在镇上购买商铺,新联村"两委"利用节余土地补贴 6000 万元这笔资金在镇上购买商铺出租,实现每年 300 万—400 万元收益。

三是联合建造厂房出租。新联村在有了一定的经济基础后,和周边村庄联合组建公司,建造厂房出租,借助濮院政府毛衫企业资源,实现固定收益。

四是聚焦镇上特色,集中发展优势产业。新村聚集实现了劳动力的聚集,村民聚焦镇上特色毛衫产业,集中发展毛衫加工产业,通过镇上毛衫企业订单流入,增加村民人均可支配收入。

（四）五大惠民政策:集体收益投资和惠民两手抓,不断深化镇村融合效益

一是住院费用二次医疗报销。新联村每年在村民各项补助中投入大概在 300 万元以上。农村医疗保险补贴投入为 80 万每年。对参加农村合作医疗的村民,除了合作医疗报销 40%,自付部分 5000 元以内报销 30%,5000—10000 元报销 40%,10000 元以上报销 50%,生病住院报销后的自付部分给予二次报销,最高报销额度可达 2 万元,极大地缓解了村民看病贵的问题。从 2015—2018 年三年间,该村已为 400 多名村民二次报销医疗费用多达 150 万元,其中涉及老人医疗费用约 50 万元。

二是医保补贴。新联村每人每年享有 640 元的农村合作医疗,给予补助 400 元/人。大病无忧保险补贴投入为 17 万元,2020 年开始对没有医保的村民补贴 100 元/人。

三是满龄养老特殊补贴。2015 年起,新联村制定了满龄养老特殊补贴新政策,每年在满龄养老补贴上的投入为 60 万。60—69 周岁老人每年可领取 500 元补助、70 周岁以上老人发放 1000 元的慰问金,实现家家受益。

四是完善生活配套。新联村村民宜居安乐、文明和谐,这得益于近年来新联村加大农村公共文化基础设施建设。2013 年新联村投入 500 多万元建成嘉兴首个功能齐全的文化礼堂,还修建了老年活动中心、文化长廊和文化公园等设施,开展春节送福、端午裹粽、重阳敬老

等活动。组建了 8 支文艺队伍,丰富村民业余生活,营造良好的文化氛围,充分发挥了文化传承凝聚人心的作用。

新联村依托家宴中心,倡导移风易俗,实施"建议菜单",设置"节俭承诺墙",张贴发放"节俭倡议书",呼吁村民纠正浪费粮食的不良风气,培育倡导文明乡风文化。

2018 年开始,新联村每年给 60 周岁以上的村民提供面值 12 元一张的免费理发券 10 张,理发店为本村村民所开,在惠民的同时也提高了本村村民的收益。

五是增加本村就业岗位。村里的保洁员、绿林养护人员等岗位均雇用本村村民,就近为村民提供多样就业渠道,提高低收入村民的可支配收入。

三、实践成效:镇村联动实现产业兴旺、农民增收

纵观发展历程,新联村以共同富裕为目标,提升乡村经济收入,促进致富增收,引领乡风文明。

10 多年来,新联村村级集体经济总收入从 2008 年的 145 万元增长到 2020 年的 2000 万元(如图 2 所示),走出了一条有新联特色的村级集体经济发展壮大的路子。

(一)抓住镇上政策,合理配置土地,明显改善村民的居住环境

新联村响应政府号召,敢于尝试,大胆实践,2009 年,新联村利用新农村建设节余土地指标约 150 亩,以每亩 43 万元的补助标准,共争取上级项目补助资金 6000 多万元。新联村将这笔资金一部分用于改善村庄基础设施建设,于 2009 年建造了第一期新农村小区世纪新联,这个小区都是全框架式联排别墅,顺应了村民改善居住条件的需求。2011 年陆续建造了世纪新联二期、世纪新联三期和四期新联景苑,布局科学、环境优美、配套完善,村民满意度较高,目前已顺利聚集 85% 以上的农户,2022 年随着第五期的推进,达到村民 100% 聚集的目标。

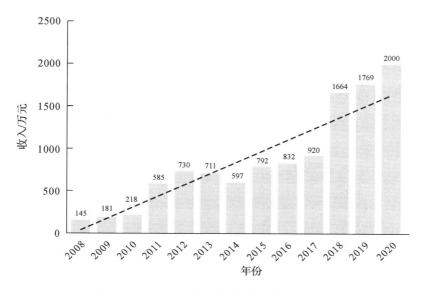

图2　2008—2021年新联村集体经济收入情况

（二）统筹镇上资源，以镇带村，融合发展壮大村集体经济

2000年，由联丰村、新生村合并而成的新联村还是一个以农业为主的大村。2005年，新联村的村级集体经济收入不到100万元，之后，新联村"两委"带领本村村民采取了一系列增收措施，通过组建村施工队、跨村建造临街商铺出租、新村聚集、建造厂房出租、出租土地等措施，给村民带来明显经济增收。

其中，通过土地流转，每年村民通过出租闲置农耕地的收入在每亩1000元左右，出租果园和蔬菜园土地的收入在每亩900—1500元左右。通过适度规模化农业生产，全村年农业收入达360万余元。

十几年来新联村人均收入逐年增加，村民收入水平稳步增长，实现了村民富裕。近几年新联村集体收入增收显著，新联村村级集体经济增长已连续四年保持在6%以上，持续推进新联村村民共同富裕。农民人均纯收入从2008年的11730元增长到2019年的40067元，如图3所示。

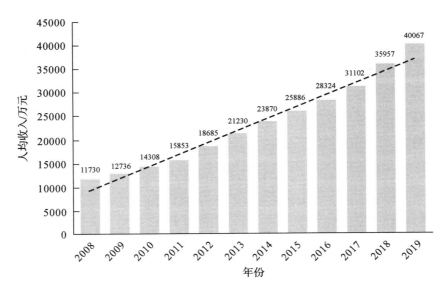

图 3　2008—2019 年新联村村民年人均收入情况

（三）响应镇上号召，多措并举，给新联村村民带来持续收益

新联村积极响应镇上各种政策号召，新村聚集，利于网格化管理。劳动力聚集，村民对接镇上特色羊毛衫产业，形成竞争优势。

新联村将新农村建设节余土地指标补助的另一部分资金在镇上购买了商铺用于出租，商铺每年的租金稳定收益在 300 万元左右，给新联村带来持续收益。有了持续收益，新联村做好土地增值收益分配工作，制定了住院费用二次报销和满龄养老特殊补贴两项惠民政策，实现家家受益。

四、经验启示：镇村要素联动是高质量发展建设共同富裕的关键

新联村抓住了推进农业农村现代化和高质量发展建设共同富裕的关键点，走出了一条镇村联动、要素流动，助推村民实现共同富裕的可行之路，在"共建共富"的路径探索上具有一定的借鉴意义。

（一）大胆实践，创新发展

新联村"两委"在贯彻落实党中央下发的相关方针政策、决策部署上行动坚决、落实到位，在带动村民共同富裕的道路上，新联村始终坚持中国共产党的领导，紧跟国家政策方针方向。

濮院镇新农村建设初期正当其他村还在犹豫不决、裹足不前时，新联村"两委"坚定地认为新村集聚利国利民，必须把握历史机遇，抓住了"统筹城乡发展""新农村建设""'两新'工程"等政策机遇，持续推进城乡一体化农村新社区建设，改善了村民的生活环境，提升了农村生活宜居性，实现了村民生活水平的全面升级。

因此，新联村抓住了城乡一体化农村新社区建设的各项优惠政策机遇，成为全省新农村建设的标杆。

（二）镇村联动，融合发展

初始阶段，新联村根据本村村民情况组建了施工队，争取到镇上的一些施工项目，赚取了新联村发展的第一桶金。

2009 年新联村抓住濮院镇"两新"工程的契机，成为濮院镇第一个新农村试点村，通过城乡一体新社区建设，新联村以节余宅基地争取到上级大额补助，村"两委"用该笔资金在镇上购买商铺出租实现每年的固定收益。

新村聚集后，新联村积极对接镇上特色毛衫生产企业，统筹政府资源和凝聚各方力量，形成企业到村设点加工模式。2016 年和邻村共建企业融合发展，助力村民在家就业增收致富。

新联村抓住镇上政策机遇，通过镇村联动，以镇带村，镇村融合，联动发展。

（三）分工协作，抱团发展

在发展壮大村集体经济的路上，抱团发展无疑是一条切实有效的方法。新联村积极探索村集体经济发展模式，统筹政府资源，凝聚各方力量，通过村民抱团、新社区抱团、村与村抱团的方式承接项目、发展地方优势产业和出租厂房,实现了村集体的明显增收,村民的快速致富。

(四)立足特色,优势发展

地方特色产业发展潜力巨大。2021年4月27日,习近平总书记在广西考察时指出:"发展特色产业是地方做实做强做优实体经济的一大实招,要结合自身条件和优势,推动高质量发展。"

新联村"两委"准确把握本地优势,善于利用地方特色产业资源,推动农村可利用的土地集中流转,高效利用。因地制宜发展当地特色优势产业,积极对接镇上毛衫企业到村设点,促进特色产业稳步发展和村民持续增收,找到了一条符合实际的发展之路。

(五)现代农业,规模发展

推进农业现代化改革,在传统农业形式转型升级的过程中,规模农业是必经之路。在规模化农业过程中,新联村整合流转土地,发展粮食、果园和蔬菜园的一定规模化种植,提高了生产力也拓宽了村民的增收渠道。

积极发展多种形式农业,指导农民们进行适度规模经营。完善对农户开办的家庭农场、当地专业生产大户等现代化经营主体的政策扶持。鼓励农户依照法律,在自愿的基础上对土地进行有偿的流转承包,开展土地股份合作、联合或土地托管等一系列有利于农民增收的政策。

五、发展建议:深化推进农村高质量发展促进共同富裕

在调研中我们也发现,部分基层党员干部对国家政策的解读不够深入,对政策形势的把握不够准确,在新村建设推进过程中存在一定阻力。

比如新村建设后,相当部分的农民不用继续耕种土地,而是转移到城市就业或自行创业,造成人才的流失。发展当地特色产业主要以

小规模、家庭式生产为主，各村之间，未完全整合优势资源，形成更强的特色经济优势。

针对这些问题，需要从切实发挥基层党组织"领头雁"作用、充分挖掘土地资源潜力、抱团协作发展、发展优势产业和收益分配惠民等方面助推镇中村实现经济高质量发展，从而实现村民共同富裕现实目标。

（一）切实发挥基层党组织的引领带动作用

治国理政重在基础，管党治党重在基层。要实现村民共同富裕，关键在基层党组织。在带动村民共同富裕的道路上，要始终坚持中国共产党的领导，切实发挥基层党组织"领头雁"作用，要有计划、有针对性地对基层党组织进行市场经济知识、致富实用技术进行培训，提高基层党组织的组织力和致富本领。特别是位于乡村的基层党组织，更要成为党的利民主张和方针的主要宣传者、党的惠民决定和决策的坚定贯彻者、基层群众自主治理的领导者、团结群众进行共同富裕建设的动员者、进行改革发展行动的重要推动者，紧跟国家政策方针方向，抓住政策机遇，持续推进新农村建设，实现村民生活水平和生活品质的全面升级和提高。

（二）挖掘土地资源潜力，做好土地空间拓展

想要促进集体增收空间的大幅拓展，需要充分挖掘农村现有土地的潜力，例如：加强对农村集体闲散农业用地、"四荒"地以及闲置、废弃建设用地的规范管理，推动农村中的可利用土地以资源发包、集体出租或股份合作等形式进行充分的潜力价值开发。具体实施过程中，要鼓励村集体中的成员遵循自愿、有偿的原则，依法对农户手中的土地经营权进行流转，集中开展可利用土地的平整再利用工作。支持村集体对公共空间进行环境等方面的治理，推进闲置农村宅基地的整治和统一规划，结合农房改善和新村聚集后的结余土地指标。用地模式从"增量发展"向"存量挖潜"转变，通过对闲置低效土地的再利用和盘

活，积极做好土地空间拓展。

（三）做好分工协作，抱团发展，共创富裕

在政府的扶持、政策的支持下，推动村与村牵手联动，共谋发展。鼓励临近村庄相互帮扶发展，通过组建村级特色产业联合体壮大集体经济。同时，更要重视城中村、城郊村等小村子的改造和发展，将拆迁补偿款转变为村民集体物业租赁资产，形成城中村的"楼宇经济"，使村民共享物业租赁资产收益，在城镇发展中享受其带来的增收。

（四）充分依托优势资源、做大做强优势产业

形成地方产业特色小镇是经济高质量、高速且稳定发展的重要途径，聚焦地方特色、有比较优势的产业，发展具有品牌增收效应的地方特色产业，形成代表性强的"一村一品"项目，形成产业竞争优势，对接特色优势产业，有效整合优势资源，促进充分就业。此外，政策上要支持村集体经济组织发挥"领头羊"作用，带领村民组建基础设施等方面的服务实体，组建村级施工队，承包附近的施工项目、组建村民环卫队，进行路面和河道的环卫清洁保洁工作、乡村公路绿化的养（管）护以及物业管理等，还要设立社区服务、家政服务等业务项目专管队，为农村老人在家养老、本村残疾人照看护理等提供专项的家政、看护服务，形成村民利益联动，留住村集体经济发展人才。

（五）健全分配机制，做好收益惠民

处理好长远利益和眼前利益的关系，既做到量力而行又尽力而为。在做大做强集体经济的同时，拓宽村民增收渠道，加大人力资本的投入，加强对困难群体的关心和帮扶，使惠民政策能够覆盖到所有村民，增强基层群众的集体意识、提高群众参与集体事业的热情。在村里发展养老服务和卫生健康服务，降低医疗、养老成本，让全体居民享受经济发展成果，有效激发村民发展集体经济的内生动力。

结　语

　　实现全体人民共同富裕是一个艰巨而长期的过程,我国地区之间发展不平衡,各地区之间资源、条件等不尽相同,难以在短时间内全面铺开共同富裕的建设,因此急需选取一些条件相对完备的省份或地区进行共同富裕道路探索的试点,以作出示范。在浙江省,先行先试打造共同富裕示范区显得尤为必要,通过对浙江省内在推动共同富裕方面有显著成效、典型经验的市县、村镇展开研究,特别是对一些优秀发展案例进行剖析,以期为其他地方进一步探索共同富裕的路径积累经验,为后期全面推进共同富裕提供示范,这也是本篇研究的意义所在。

主要参考文献

[1] 顾云岭.谱写共同富裕新篇章[J].唯实,2022(01):21-23.

[2] 唐任伍,孟娜,叶天希.共同富裕思想演进、现实价值与实现路径[J].改革,2022(01):16-27.

[3] 陆倩倩,戴向芸."全面实施乡村振兴战略"的三重逻辑[J].辽宁农业职业技术学院学报,2022,24(01):8-11.

[4] 赵定东,王洲.新型城镇化进程中城乡一体新社区建设的新单位化现象——基于浙江省嘉兴市的实践分析[J].华中农业大学学报:社会科学版,2013(6):8.

[5] 徐桂英.城乡一体新社区管理与服务体制的理论与实践探讨——以嘉兴市为例[J].嘉兴大学学报,2013,25(2):6.

[6] 倪琦根,戚春芳.江南水乡城乡一体新社区规划初探[J].城乡建设.2010(2):2.

[7] 严培,余童芯.孙正.群众致富"领头雁"[J].中国民兵,2016(2):1.

[8] 王晓蔚.城乡一体新社区建设的研究[D].上海交通大学,2014.

［9］陈炳荣.桐乡市推进"两新"工程建设的实践与探索［J］.新农村，
　　　2012(8):13-14.

［10］八桂春意浓　山水自难忘［N］.新华每日电讯,2021-04-29(001).

［11］浙江高质量发展建设共同富裕示范区实施方案［N］.浙江日报，
　　　2021-07-20(001).

作者单位:嘉兴南湖学院

平湖市大齐塘村：以"众筹项目"发展新型集体经济　不断铸牢共同富裕基石

杨金平

摘要： 共同富裕的重难点在农村，村一级实现强村富民事关共同富裕的全局。近年基层农村利用集体经济推动农村致富农民增收的实践不断涌现，其中村集体项目向村民"众筹"进行股份分红的做法实效显著，浙江省嘉兴平湖市大齐塘村建材堆场码头"众筹"项目就是最新实践成果。大齐塘村以村集体优质资产村民"众筹"共享发展红利为原点，凝聚红色力量齐心干事创业彰显实干担当、盘活存量资产壮大集体经济推动农民增收双赢、聚焦美丽经济协同推进经济效益和生态效益、保障困难帮扶促进分配公平正义，彰显了共同富裕的系统思维、底线思维和法治思维，谋划出了共同富裕环节中农民增收致富的创新路径，形成了以集体经济为桥梁沟通连接小农户与现代农村发展，以激活农民主体要素实现村庄共建共享共致富，以管控集体经济经营风险推动共富稳步实现的新发展经验。针对集体经济众筹模式发展强村富民，存在村级土地要素缺乏、盘活出让政策不明、农民带动程度待提高等问题，需要从增强村党组织实干力，牢固树立为农意识、加大政策调控支持等方面改进。

关键词： "众筹项目"；新型集体经济；农民增收致富；共同富裕

一、研究背景：发展村级集体经济与促进共同富裕的理论和实践背景

(一)发展壮大村级集体经济开辟了农村共富新局面

促进共同富裕，最艰难最繁重的任务仍然在农村。《浙江高质量发展建设共同富裕示范区实施方案(2021—2025年)》，鼓励农村集体经济组织及其成员通过自营、出租、入股、合作等方式，盘活农村闲置宅基地和闲置农房，发展乡村产业，提升村集体经济在农村共同富裕中的角色地位。目前公共财政农村覆盖率不高，尚不能满足农村经济社会发展的投入需求，而发展农村集体经济，能够激活村级集体经济组织造血功能，更好推动实现共同富裕。同时，着眼持续发展壮大村级集体经济，建立基于村集体资产所有权的农户分配机制，不仅能够实现集体经济有收益，而且农民也能有所分配，同步提升。

(二)以村级集体经济撬动农村共富成为关注新热点

农村政策研究与制定过程中农村集体经济组织问题并未得到应有的重视，新时代背景下农村集体经济组织在实现共同富裕方面应发挥更重要作用。近些年，浙江省坚持项目为王，推进特色生态农业、乡村旅游等各类项目，扎实推动了村集体经济的发展。尽管基层实践非常丰富，但各村先天地理条件、人文条件、经济发展水平不同，使得好项目好做法推广复制效果有所欠缺。由此提炼集体经济发展、集体项目共富的运作机制、核心要义、关键环节，对于村级单元推动共同富裕具有参考价值和意义。

(三)村集体项目"股份众筹"探索农村共富新路径

按照农业农村部的统计，农村集体经济组织自产权制度改革以来，分红金额累计已达到4085亿元。浙江省村集体经济推进工作目标，"力争到2025年全省分红村比例从10%提高到20%，年度分红从

2020年的80亿元提高到150亿元。"可见，村集体经济壮大并分配农民收益做法越发支撑乡村振兴发展。那么"股份众筹"的实践则为村集体经济分红提供更多路径选择。近年来，基层农村集体经济发展中创新"股份众筹"模式推动强村富民，涌现了诸多成效显著的基层实践。本文选取本土案例嘉兴平湖市新埭镇大齐塘村建材堆场公用码头众筹项目，则是集体经济股份众筹的最新、最高效、最普惠的实践之一，对推进强村富民，发展美丽经济，提升乡村治理，推动共同富裕具有重要意义。

二、主要做法：以村级集体经济为抓手促进共同富裕

（一）聚焦红色力量凝聚，深化村级集体经济党建引领

为实现富民强村、共同富裕目标，需要村党委班子忠实担责、大胆实践、强力推进。大齐塘村诸仙汇建材堆场码头属于村集体资产，地理位置优越，对从事建材堆场业务十分有利、市场前景大，投资发展潜力巨大。大齐塘村党委拿出诸仙汇建材堆场码头作为集体共富项目，根据《浙江省农村集体资产管理条例》，创新了"众筹＋"模式，针对属村集体资产的建材堆场码头，面向全体村民"众筹"入股，筹措资金用于标准化规范化改造提升建材堆场码头，最终实现全体村民入股分红。

码头堆场项目融资阶段，村党委结合多次股东（村民）代表大会征求意见的结果和征询上级部门的意见建议，确定了村民众筹的方式，通过了《关于大齐塘村建材堆场码头由全村村民入股的决议》。精心制定众筹项目方案，尊重村民意愿，入股自愿、退股自由，作出建设期收益不低于5％、经营运行后收益不低于10％、本金满5年退回等承诺。项目宣传中，分片包干逐户上门宣传，确认宣传到人到户，最终认筹比例从预期的三分之一达到了近总投资的一半，解决了村集体再次筹资和向银行贷款的问题。此外，设置股东代表五人以上组成专门的

资金管理小组,实现村民代表全程参与项目推进,确保专款专用和资金管理,极大地调动了农户的积极性。

村党委还重视增强村集体的统筹能力,在引入市场机制时厘清关系和边界。村集体项目建设中村党委总体上以"统"字为核心,避免大包大揽,坚持村集体经济的主导性基础上,引入市场机制进行调解,明晰产权关系,入股农户拥有本金和本金为基础的经营性收益分配权,分配机制与市场规则接轨,享有项目民主监督权,不参与投资项目经营管理权,入股户不享有决策权,不得抵押、担保、转让,不享有资产保值增值所有权,决策权始终归村集体所有。

(二)聚焦存量资产盘活,增强村级集体经济"造血"功能

农村集体存量资产利用率低,盘活存量资产非常必要。村集体资产总量庞大,仅就平湖市全市 8 个镇街道、72 个行政村、104 个村经济合作社就拥有 43.2 亿元总资产,如此类资产都能因地制宜,得到高质量运行,能够盘活增效,那么农村集体经济必然跃升。大齐塘村率先洞察到盘活集体资产对推动强村富民、共同富裕的重要价值,采取了集体经济项目村民众筹方式。村民众筹方式一方面避免优质资源掌握在少数群体手中,发挥集体资产的最大效果,降低了入股资本的门槛,让更多农户能够有机会参与其中,共享发展红利;另一方面在村集体带领下能够将广大农民组成一个经营和利益共同体,实现互助合作共享,是新型合作经济发展的新创举。

码头项目总投资 1365 万元,其中 722.2 万元由村经济合作社出资,其余 642.8 万元由本村 575 户众筹所得。众筹标准以户为股东,以基本股每股 2000 元,每个股东户可入 1 到 5 股的标准,面向全村农户开放认筹。众筹对象为全体村民,其中对全村 58 户低收入家庭(低保户和低保边缘户)实行垫资机制,确定每户 5 股,凡自愿垫付低收入家庭入股资金的股东户给予增加相应入股配额,每个垫付股东户最多垫付不超过两户,垫付股金归垫付股东户,收益权归低收入家庭,低收

入家庭与垫付股东户不建立结对关系。众筹收益分配方面，项目经营模式为拍租招租，以年度为时间段进行拍租，租金即为收益，以年度计分红。村股份经济合作社提取总收益的20%作为集体资源占用费和管理费；剩余80%按投资占股比例分配。码头公开招租前，年收益金按照5%的标准分配；码头公开招租后，每年年收益率保底10%，收益率大于10%时进行二次分红。总体上实现了壮大集体经济和拓宽农民增收渠道的一举两得。

（三）聚焦美丽经济提升，补齐内河码头绿色发展短板

随着共同富裕示范建设的不断推进，生态环境要求不断提高，内河码头绿色发展的需求日益增强，而大齐塘村诸仙汇码头就是其中之一。

近年，因环保设施"低小散"等问题，平湖市12家内河过渡码头没能取得环保准入手续，且5年过渡期一到，嘉兴市交通港航管理部门将不再审批延续。为此，2020年平湖市开展内河码头集中整治分类处置工作，深入调查，组织专家对腹地经济、交通发展及吞吐量进行预测，启动内河公用码头规划编制工作，制定了全市内河公用码头总体布点方案，规划布点的13个码头，从2021年开始将有计划陆续开工建设，共腾出土地588.66亩（详见表2）。大齐塘村抢抓机遇、顺势而为，开始建材堆场整治提升工作。原先大齐塘村建筑堆场环境问题严重，常年粗放式经营，码头基础设施陈旧破败，消防、安全等都存在隐患，而且污水排放问题严重，2018年10月因环保不达标码头被下达整改要求，并在2019年停运。为彻底改变码头环境、盘活码头资产，大齐塘村加大投入，按照码头规范化建设标准对码头进行改造提升，配备了消防设施、自动感应防尘喷淋、环保监测仪器、自动感应洗车槽、生活污水及船舶污水全部纳管收集并进行年度计量，并在码头融入了文化元素，在码头内部进行了绿化种植，成为平湖市内河公用码头布点专项规划（2020—2035年）13个布点码头（见表2）中首个启动的码

头项目。规划码头规模为 8 个 300 吨级泊位,泊位性质主要为散货泊位、件杂货泊位,岸线长度 567 米,占地 55 亩,年通过能力 520 万吨,首期工程占地 9.32 亩,建设 300 吨级泊位 2 个,年通过能力 60 万吨。2021 年 11 月,码头正式竣工验收,2022 年 1 月 20 日,众筹码头正式通航。

表 2　平湖市内河公用码头布点专项规划(2020—2035 年)统计

序号	公用码头名称	建设规模	设计年通过能力(万吨)	实施时间
1	市级(广陈)大型公用码头	13 个 1000 吨级泊位	1430	2021 年一期建设,2025 年实施二期
2	当湖街道公用码头	2 个 1000 吨级泊位	220	2021 年完成前期建设准备
3	曹桥街道公用码头	3 个 1000 吨级泊位	330	2021 年一期开工,2025 年二期
4	钟埭街道公用码头	2 个 500 吨级泊位	180	2021 年开工
5	林埭镇公用码头	4 个 1000 吨级泊位	440	2021 年启动
6	独山港镇 1♯公用码头	2 个 500 吨级泊位	180	2021 年前期
7	独山港镇 2♯公用码头	2 个 300 吨级泊位	130	待定
8	独山港镇 3♯公用码头	5 个 1000 吨级泊位	550	2021 年启动
9	新仓镇公用码头	2 个 300 吨级泊位	130	2021 年启动
10	新埭镇公用码头	8 个 300 吨级泊位	520	2021 年一期完成,二期启动
11	广陈镇公用码头	2 个 300 吨级泊位	130	2021 年启动建设
12	乍浦镇 1♯码头	5 个 1000 吨级泊位	550	远期
13	乍浦镇 2♯码头	8 个 1000 吨级泊位	880	中期

(四)聚焦困难群众帮扶,促进家庭收入持续稳定增长

在实现集体经济壮大基础上,重视"提低"问题,通过分配实现农

村低收入群体增收能力的明显提升。大齐塘码头众筹项目就是按照经济发展成果更多让全体村民共享要求，项目收益分配除了村集体收取总收益 20％作为集体资源费和管理费外，其余将全部归入股村民，并将红利杠杆向低收入家庭倾斜。具体采取垫付本金、利益分享办法，垫资人可同比例增加入股配额，最多垫付不超过两户，本金归垫付户，分红归低收入户。垫付户与低收入户不存在"一对一"或"一对二"等结对关系。28 户垫付户中有党员、有企业主、有新乡贤、有普通村民，最终帮扶认购了 36 万元股金，这部分股金产生的分红由村里 58 户低保户共同享有，若按 10％的保底收益，58 户低收入家庭平均每户每年可分得约 620 元，二次分配则可实现收益超 1000 元。大齐塘村码头正在筹备二期建设，届时将惠及全镇所有的低保户、低保边缘户和一些因病致贫、因病返贫的农户，从而更好地实现全镇农户的共同富裕。

大齐塘村码头堆场在运行中确保公平性原则，将农户间的差异最大化缩小，就要重点关注低收入群体的困难帮扶，实现红利共享；而风险较大的项目则可采取自愿的原则。最终是要实现农民参与从"少数"到"多数"，发展成果分享从"部分享"到"人人享"。

三、实践成效："众筹项目"实现强村富民、稳步发展

（一）坚持系统思维，强村富民与生态优化实现了"双提升"

共同富裕是动态发展的整体系统。大齐塘村充分研判项目建设中的对立统一关系。在经济与生态关系上，坚持美丽经济的发展路径，把发展和治理同步推进，一体看待，实现"一子落而满盘活"。对建材码头进行规范化建设和运营后，码头的生态环境得到改善，污水排放和扬尘问题等得到解决，码头自身也实现了保值增值，由过去年租金 50 多万元实现了翻几番，达到每年 370 万元。在强村和富民关系上，码头经济效益提升，大齐塘村 2022 年的村集体经营性收入预期达

到了 929 万元。与此同时,为入股村民带来的是实在收益。2022 年 1 月 20 日已进行项目分红,按最高比例测算,如五股分红预计 1000 元,二次分红还将有 10％左右收益等,增值远超银行存款利息,风险远低于投资理财。

(二)坚持底线思维,共建共享共富实现了高水平发展

在社会分配制度中坚持底线思维,对于推动共同富裕、实现社会更加公平正义具有重要现实意义。大齐塘村村集体充分考虑市场化条件下集体项目众筹的风险防控问题,根据对全市码头的布点规划,大齐塘村码头是新埭镇唯一符合规划建设的码头,地理位置优越,加上周边规范化码头建设都还没有启动,目前建材的需求量比较大,标准码头属于稀缺资源,由此大齐塘村决定对该码头项目实施村民众筹;众筹方案制定时,明确入股农户的保底分红,风险由村集体承担和兜底,考虑到五年内周遭码头建设的市场情况众筹期限设置为五年,充分保障村民利益;此外还考虑低收入群体的帮扶增收问题,发挥"双带"作用,党员带动群众,先富带动后富。

(三)坚持法治思维,村级众筹项目实现了稳定高效营运

借助法治的力量能够确保稳步迈向共同富裕。大齐塘村法治思维推动共同富裕的实践集中体现在资金管理使用上,尤其重视完善项目监督机制。开展与农户登记项目认购意向单工作,凭意向单交款入股,平湖公证处现场作公证。成立由镇农经、财政、村社监会等共同组成众筹资金管理监督小组。资金筹措后,村集体自有资金与村民众筹资金并行管理,入股资金在规定时间内统一在村指定账号入账,以付款凭证在村股份经济合作社进行确认登记,使资金的使用情况做到公开透明。为提高项目运营的专业化、精准化程度,村班子决定将项目后期运营交由第三方管理服务,最大限度释放项目效益。

四、经验启示:发展村级集体经济是一条实现村民共建共享共富的可行之路

（一）发挥集体经济桥梁作用,实现小农户与现代农村发展有机衔接,是促进农村共富的重要保障

第三次农业普查显示,我国现有农户 2.07 亿,规模经营仅 398 万户,农村地区小农户多散落且收入有限,如何帮助此类群体增收致富,是共同富裕的关键一环。众筹项目则是集体经济发挥桥梁纽带作用的一种重要手段,是一种新型合作经济方式,是在集体带动下共同富裕的具体实践路径,它联系小农户和市场两端,推动小农户与现代农村发展相结合,为农民致富提供新选择。平湖市除了大齐塘村众筹项目之外,还建有徐家埭村俞家浜"八大碗"农文旅村庄经营项目,在实践中同样给村民带去实惠和红利。所以发挥好集体经济的作用,因地制宜选择项目开展方式,能够助力共同富裕的实现。

发挥村集体经济桥梁纽带作用,关键在于重点理清村党委、村委会、村集体经济组织等多方面的关系,明确市场的主体性地位和政府的主导性地位。在社会主义市场经济条件下,要管好用好集体资产,必须建立符合市场经济要求的集体经济运行机制,充分激发农村生产要素活力。同时,充分发挥党员干部的模范带头作用,村党组织要牢牢把握发展壮大集体经济这一目标,将它作为衡量村党组织书记绩效的标准之一,发挥"领头雁"作用。探索推进农村基层党组织领导核心地位,进一步增强了农村基层党组织的辐射带动作用,吸纳更多优秀人才参与集体经济经营管理。

（二）激活农民主体核心要素,画好共建共享共富"同心圆",是促进农村共富的重要动力

集体项目众筹是激发农民主体意识的路径,其主要目的就是把本村的农民群众带动起来,参与村经济社会各项事业建设,彰显"我的村

庄我来建"的农民主体意识。当前我国农村常住人口 5.77 亿,农村户籍人口 8 亿,农民是农村造血能力的关键因素,是乡村振兴的内因所在。但是研究显示,当前农民在乡村发展中主体性缺失,对乡村不热爱,发展不积极。农村集体经济组织发展中也一定程度存在削弱农民主体地位的现象。

所以在推动农村共同富裕过程中,集体经济的发展和集体项目的筹划,要向农民利益倾斜,尽量让农户获得更多收益。抱团式发展容易出现农户被边缘化的问题,项目式清算简单明了,更容易激发农民参与的主体能动性。所以只要有利于集体资产保值增值、有利于产业发展、更有利于农民受益的,不拘泥于项目大小,农户多少,大胆尝试,拿出优质资源和市场看好的项目,吸引农民参与。小项目上可以采取待一段帮一段,做得好集体就退出。此外,开展招商引资,要拓宽视野,积极吸收农民参与开发建设,结合乡村产业,结合本地资源禀赋。项目经营要吸收股东参与监督管理,建议成立股东代表 5 户以上的民主监管小组,经常公布通报资金使用情况,提升农民参与度。

(三)管控集体项目经营风险,确保众筹模式经营长期稳定,是促进农村共富的重要途径

村集体项目按照市场规则,开展项目经营,要积极探索多元化参与模式,降低经营风险。突出集体主导性。集体和国有平台要运用在资金、人才、技术等支撑力强的优势,应取得项目开发建设控股地位。以平湖市内河公有码头建设为例,吸收市交投集团参与,强化主导作用。在推广初期,村民以"小股、短期"为宜,采取先引导入股,帮一段、带一段,后退回,时间宜短,3—5 年为好。农民每户拥有股额差别要小。项目申报、规划设计、立项、招投标,预决算实行规范化管理。交通运输、农业农村等部门加强行业监督管理,确保在许可范围内经营,防止超范围经营,实行合法经营。

村集体应因地制宜,研究制定并落实好章程、扶持政策和保障措

施。规范"三资"管理，完善监督管理机制，加大财务监管力度，进一步完善审计和绩效评价机制，推动村级集体经济组织健康有序发展。集体经济要体现民主管理的集体决策，畅通成员行使知情权、参与权、表决权、监督权等民主权利的路径，保障项目稳定开展。只有这样，才能推动集体项目强村富民的可持续性和长效性。

五、发展建议：发展好村级集体经济对共同富裕的助推作用

（一）强化党组织核心力量，推进村集体经济组织领导

乡村振兴关键在人才，村级党组织是基层农村发展的核心力量。切实提升村级党组织对村域经济发展的领导力和指引力，做实乡村振兴各项政策的贯彻落地工作。发挥党的政治优势和组织优势，组织党员带头，引导群众参与，采取党员带群众、先富帮后富，党员干部用多一点辛苦换来群众多一点幸福。村干部要及时沟通上下两端，及时深入了解农民需求和期盼，搜集民意民情，同时做好与上级部门的沟通协调，把基层情况和工作困难点及时反馈，积极对上联系为农民争取更多利益。发挥好村集体经济对农民致富的带动作用。

（二）强化为农服务意识，锚定干事创业根本目标

上级层面统筹建设用地是基层发展的需要，有利于整体规划发展，高效集成土地资源要素，将要素配置到先进生产力的领域。目前，基层农村供地，多让步于招商引资、数字经济、智能化设备等低产高效的项目，但是此类项目往往占据村土地指标，但在带动村民致富方面，作用不显。工业发展固然重要，但是干事创业的核心仍然在人，对农村来说，关键就是农民。因此，要加强政治思想观念的学习，各级领导干部要强化为民意识，把壮大村集体经济作为干部任职考核的重要指标，把带动农民发展致富作为评判好干部的重要指标。

(三)强化政策支持力度,筑牢强村富民制度基石

政策要加大对农村土地要素方面的支持和倾斜,有条件情况下给予农村更多土地要素,赋予村集体更多自主权发展壮大集体经济,比如大齐塘村码头用地建设标准化厂房对外出租,让农民的腰包切切实实鼓起来。现有政策如村土地盘活后能够对外出让等,从理论层面能够促进强村富民,但是在基层实践中缺乏引导和配套政策支持,所以应增加鼓励政策,激励村集体创新强村富民的路径和实践,大胆尝试、建立容错机制,使基层农村更易出改革、基层农民更易提收入。此外,村集体土地资源要素有限,在收归上级统一规划中,上级好项目降低准入门槛,让更多村民或村集体能够参与其中,或者拓宽农民、农村集体经济的参与途径。

主要参考文献

[1] 徐刚,周嵘.高质量提升发展农村集体经济　大力推动共同富裕示范区建设——专访浙江省农业农村厅党组书记、厅长王通林[J].农村工作通讯,2021(19):22-24.

[2] 陈锡文.发挥农村集体经济组织在共同富裕中的作用[J].乡村振兴,2022(2):46-48.

[3] 徐鲲,王英,唐雲.个体参与视角下的旅游众筹扶贫模式建构[J].生态经济,2020,36(8):114-119.

[4] 施玲央."笕川花海"背后的村集体经济华丽转身[J].农村经营管理,2017(2):40.

[5] 林学富,张聆听.为何是"49%与51%"?[N].台州日报,2021-04-28(001).

[6] 盘活存量资产是促进经济增长新引擎[N].人民日报,2005-12-23(009).

［7］推进共同富裕需坚持系统性思维［EB/OL］.(2021-10-15)［2023-10-18］. https://share. gmw. cn/theory/2021-10/15/content_352 35252. htm.

［8］以底线思维推进社会分配公平公正［EB/OL］.（2021-11-08）［2023-10-18］. https://china. zjol. com. cn/pinglun/202111/t2021 1108_23328535. shtml.

［9］秉持六种思维护航共同富裕［EB/OL］.（2021-12-16）［2023-10-18］. http://www. legaldaily. com. cn/commentary/content/2021-12/16/content_8640910. htm.

［10］创新农村集体经济组织运行机制　进一步明确市场主体地位［EB/OL］.（2017-12-21）［2023-10-18］. http://rmfp. people. com. cn/n1/2017/1221/c406725-29720284. html.

［11］毛安然.赋权与认同:乡村振兴背景下乡村价值激活农民主体性的路径［J］.华东理工大学学报（社会科学版）,2019,34（2）:60-69.

［12］贾广东,何安华,李竣.防范化解农村集体经济风险的思考［J］.乡村振兴,2021(11):34-37.

作者单位:平湖市新埭镇人民政府

海宁市先锋社区:打造"居家+村社+机构"的村级银发事业样板

薛　燕

摘要:马桥街道先锋社区在探索养老服务方面先行示范,打造了"居家+村社+机构"村级银发事业样板,推出了一套"幸福养老"的健康服务体系。在经营模式上采取第三方托管,建立嘉兴市首个公建民营的村级养老院。先锋社区党委以百姓需求为中心,党建引领"幸福养老"事业注入了一汪亲民的"亲水";加强体制创新,发挥市场优势,为"幸福养老"事业打造了一座可持续发展的"蓄水池";以"医养结合"为根基,统筹兼顾居家养老、村社养老和机构养老,满足老年群体多元化的养老需求,为"幸福养老"事业引入了一股健康的"活水"。这样的村级养老院既解决了农村养老问题,实现了养老公共服务普惠,又壮大了村级集体经济,增强了村级财政保障和改善民生力度,让共同富裕在老年人群体中看得见、摸得着、体会得到。

关键词:"幸福养老";养老公共服务;共同富裕

一、研究背景:"幸福养老"的产生与实践

人口老龄化是我国当前面临的重大社会问题。2022年1月17日,国家统计局发布了2021年中国经济数据。从年龄构成看,60岁及以上人口26736万人,占全国人口的18.9%,其中65岁及以上人口20056万人,占全国人口的14.2%。预计"十四五"时期我国将

进入中度老龄化社会,60 周岁及以上老年人口将超过 3 亿,占总人口比例将超过 20％。实现全体人民共同富裕,解决好养老问题是题中应有之义。因此,加快建设老年友好型社会,真正实现老有所养、老有所医、老有所为、老有所学、老有所乐,这是人民群众的共同期盼,也是养老公共服务普惠的奋斗目标。

（一）"幸福养老"的理念萌生

马桥街道先锋社区在乡村振兴稳步推进和村级集体发展多元化的进程中,也面临着人口老龄化的困境。社区现有 60 周岁以上人口 1422 人,占总人数的 27％,而且这些老年人中不乏失能、失智,甚至卧床不起;有将近 35％的老年人日常生活和医疗服务得不到满足。先锋社区党委重视养老问题,在经济上,逐年增加老年人补贴,2021 年社区给予 60 周岁以上的老年人发放的补贴已达到 60 多万元;在养老服务方面,以提高老年人生活质量为目标,社区的居家养老服务照料中心已达到 5A 级标准。但是,面对日益庞大的老年人口基数和日益严峻的老年群体健康状况,健康养老服务的困境凸显而出,这已成为先锋社区有效提升养老公共服务质量的"堵点"与"痛点"。

先锋社区党委秉持"共同富裕路上一个都不能少"的理念,积极解决人口老龄化带来的诸多问题。通过摸排整理情况,社区党委决定以居家为基础、村社为依托、机构为补充,打造一套"幸福养老"的健康服务体系,既可以满足老年人全方位照料的身体需求,又满足在家门口颐养天年的情感需求。

（二）"幸福养老"的实践创新

建设一家村级养老院的想法产生之后,先锋社区党委积极与上级民政部门对接,并赴平湖、上海、安徽等地参观养老院。在经营模式上,经过多方面考虑,最终采取了由第三方托管的方式,即委托有资质的医疗机构进行服务和管理,规范养老服务标准,提供全方位的优质服务。先锋社区与安徽省养老行业标杆企业——合肥九久夕阳红新海护理院有限公司合作成立海宁九久夕阳红康养中心,成为嘉兴市首个公建民营的村级养老院。目前已有 21 名老年人入住。

海宁九久夕阳红康养中心总投资 3500 万元,总建筑面积达 10000 多平方米,共设有 100 多套医养标准房间和 250 个护理型养老床位。为更好实现居家养老、村社养老和机构养老的三合一功能,康养中心一楼建立居家养老服务中心,为先锋社区的老人提供就餐服务和休闲娱乐项目,实现村社养老的主要功能。二楼到四楼为"医养结合"中心,是机构养老区,能为失能、半失能以及寄养老人提供住宿、医养服务,实现医疗资源和养老资源同步覆盖。此外,康养中心还为居家养老提供"移动病床",开展上门服务、定期巡诊,并组织专业护理技能培训,便于社区居民照顾家中老人,提供家庭支持服务。

二、主要做法:"幸福养老"先行示范,探索"123"养老服务体系

积极应对人口老龄化,加快建设养老服务体系这是破解共同富裕背景下养老难题的有效路径,真正实现"浙里长寿"。浙江省卫生健康委员会等 12 部门发布的《关于深入推进医养结合发展的若干意见》(浙卫发〔2021〕34 号)文件明确鼓励各类主体在社区设立集医疗护理、生活照护等服务于一体的嵌入式医养结合机构,为失能、失智等老年人提供专业的健康养老服务。

马桥街道先锋社区成立海宁九久夕阳红康养中心,方便老年人在家门口享受优质、专业、定制化的养老服务,是村级银发事业的先行示范。在这里,老人们可以享受到"养、医、护、敬、爱"全方位服务,满足多层次生活需求和精神慰藉。先锋社区秉承"幸福养老"理念,探索"123"养老服务体系。"1"即一条主线:"以人为本",提升老年群体的幸福指数;"2"即两大引擎:党建引领+体制创新,为养老服务不断增加动力;"3"即兼顾三种养老方式:打造"居家+村社+机构"三位一体

的养老服务体系。

（一）一条"以人为本"的主线:提升老年群体的幸福指数

解决民生问题要以人为本。先锋社区党委忧人民之所忧,解人民之所难,正如该社区党委书记张志飞在谈到民生工程时指出:先锋社区一直秉承着"敢于争先,勇于争锋"的先锋精神干事创业,在社区村级集体经济突破千万元后,开始酝酿做一件为民造福的大事,即建立一所村级养老院,想让村里占四分之一的老年人老有所养、老有所依。

对于社区老年人而言,既想得到全方位的专业照料,又想在自己熟悉的地方安享晚年。先锋社区党委充分尊重老年人的真实意愿,经全体党员商讨、民情调查、外出考察后,决定在家门口建立一所"医养结合"的养老院,既可以解决老年人选择居家养老或村社养老时医疗资源匮乏的问题,又可以满足老年人在机构养老时享受专业的医护照料,让家人安心、放心。此外,先锋社区党委为缓解老年人的经济压力,只要是先锋社区股份经济合作社成员入住养老院的,每人每年补贴 8000 元,大大减轻了家庭经济负担。

（二）两大"幸福养老"的引擎:党建引领＋体制创新

建立一套完整的农村养老服务体系,不仅是破解农村养老困局的突破口,更是构建中国特色养老服务体系的落脚点。先锋社区党委通过党建引领农村养老事业的发展,实践养老机构的体制创新,引入有资质的医疗机构运行村级养老院,有效推进农村健康养老产业发展,让"幸福养老"事业真正落到实处。

1. 推行"党建＋幸福养老"工程

先锋社区党委以加强基层党建为出发点,推行"党建＋幸福养老"工程。坚持基层党组织统筹农村集体经济资源,以党建引领养老服务事业,提升民生服务保障工程。先锋社区党委相信,只要服务好农村老年人,发展好农村养老事业,就可以获得老百姓对中国共产党的信任和支持,有助于巩固基层党组织在农村的执政基础。

为有效实现"党建引领＋幸福养老"工程，海宁九久夕阳红康养中心还单独设立了党支部，由原先锋社区党委书记许文华担任书记。许书记是土生土长的先锋人，始终致力于带领老百姓共同致富，他认为这所养老院的建成，不仅是先锋社区承担社会责任的一种体现，也是在通往共同富裕道路中，先锋社区党员干部对保障人民群众幸福养老的一种承诺。该党支部围绕"老有所安、老有所福"的奋斗目标，积极开展各项暖心、阳光的支部活动，助推公建民营的"幸福养老"事业又快又好地健康发展。

此外，为了统筹城乡养老资源发展，2022年初先锋社区党委与海宁市老干部活动中心银立方党支部签订结对共建协议书，共谋共富，并形成"1＋8＋X"的长效共建机制，借助老干部们积累的丰富经验，推动先锋社区"幸福养老"事业再发展。2022年的元宵节，海宁市老干部活动中心银立方党支部、马桥街道先锋社区党委、社区幸福养老院党支部三方齐聚社区幸福养老院，联合开展主题党日活动。由海宁市活动中心老干部向社区幸福养老院的老人送上温暖，让老人们时刻感受党的关怀与温暖。

2. 实行公建民营的管理体制创新

中国民政事业的"十三五"规划提出，将在全国范围内建立"公建民营"的管理办法，鼓励政府投资新建、改建、购置的养老服务设施等进行社会化运作。先锋社区党委在国家政策的指引下，筑巢引凤，投资建设养老院，采用第三方托管的形式运行，委托有资质的医疗机构进行养老服务和管理，实现公建民营的管理体制创新。

先锋社区党委认为公建民营养老机构在市场化运作中既可以具备非营利性、关注弱势老年群体，同时又可以接受民政部门的监督与管理。先锋社区党委结合实际情况和居民健康养老的需求，抓住公建民营养老机构的优势，坚持以政府为主导、以市场化运作为手段，深化养老领域的管理体制创新，激发养老机构的运行活力，维持村级银发事业的可持续发展。

(三)兼顾三种养老方式：打造"居家＋村社＋机构"三位一体的养老服务模式

为满足社区老人多元化的健康养老需求,先锋社区决定统筹兼顾居家养老、村社养老和机构养老,依托海宁九久夕阳红康养中心,打造"居家＋村社＋机构"三位一体的养老服务模式。

一是居家养老中的"移动病床"。针对居家养老,先锋社区为卧病在床的居家老人购买了床位险,此外,康养中心在行动不便的高龄、失能老人及慢性病老年患者家里设置"移动病床",开展上门服务和定期巡诊。为了弥补居家养老中护理人员的非专业性,康养中心还针对社区居民开展专业护理技能培训,指导他们专业地照顾家中老人,提供家庭支持服务。

二是村社养老中的"健康档案"。为了弥补村社养老中护理人员的短缺与健康管理的非专业性,康养中心一楼设立社区居家养老服务中心,为先锋社区的老人提供就餐服务和休闲娱乐项目。此外,康养中心还为社区老人们建立健康档案,详细记录老人的基本信息、身体情况、生活习性、病历医嘱等并进行分类,为不同身体健康状况的老人提供定制化服务。

三是机构养老中的"医养结合"。针对机构养老,康养中心除了具备传统养老院的寄宿管理外,还拥有老年全科医生、健康护理营养师、康复理疗师等专业医护人士,解决老人的健康饮食、医疗就诊、康复理疗和生活照料问题,真正实现"医养结合"的养老服务。在与公办医院医疗资源对接、开通医保后,入住这里的老人们足不出户就能看医生,在经济上享受医疗保障。同时康养中心的医疗资源向社区其他老人开放门诊,解决老人们治疗不及时、隐患未发现、看病难、看病贵等问题。

三、实践成效:"幸福养老"实至名归,助推村级银发事业健康发展

正如海宁市民政局负责人所言:"比起建立区域性大养老院,社区一级设立医养结合养老场所更接地气,因为这样不仅尊重了各地各村的差异化养老需要,而且能最大限度地方便有着故土情结的老人在家附近养老。"先锋社区幸福养老院作为嘉兴市首家公建民营的村级养老院,让"幸福养老"实至名归,助推银发事业健康发展。

(一)有效解决农村养老问题,实现了"居家+村社+机构"三位一体的养老服务体系

当老人们还在考虑到底是居家养老好,还是村社养老好,或者是机构养老好时,先锋社区党委已经先行实践,依托村级养老院——海宁九久夕阳红康养中心补足居家养老、村社养老和机构养老的短板,实现了"居家+村社+机构"三位一体的养老服务体系,满足老人们多元化的养老需求,让老人们的晚年生活有保障。在这里,老年人生活有人照料,健康饮食有了保障;精神文化生活丰富,可以和同社区的老年朋友们一起娱乐,安享晚年;康养中心的健康档案与跟踪随访制度不断完善,老年人健康生活有了保障。传统观念中的养儿防老早已过时,先锋社区的老年人在幸福养老院既减轻了子女的养老负担,又让自己的老年生活得到保障,是情暖桑榆的最好表现。同时,康养中心的"医养结合"资源也可以辐射整个马桥街道,让其他村社共享养老健康资源,让更多的老年人享受到老有所养、老有所医、老有所为、老有所学、老有所乐的生活品质,扩大公共服务优质资源的覆盖面。

(二)开拓养老服务业护理员的就业问题

养老行业是一个有温度的行业,需要很多的养老护理人员去帮扶和关爱老年人,尤其是失能、失智老年群体。随着老年人口的增加,所需护理的人力资源也越来越多。目前,我国有超 4000 万失能半失能

老年人,按照护理员与老人 1∶3 的养护比例推算,需要养老护理人员上千万。可是,目前护理服务从业人员不仅数量不足,还存在着缺乏规范培训等问题。

马桥街道先锋社区依托海宁九久夕阳红康养中心,开拓养老服务业护理员的就业途径,定期开展"新型农民实用技术培训",开展养老护理培训班,对准备从事养老护理的人员和志愿者进行培训。先锋社区的失土农民拿到技能等级证书,就有机会到海宁九久夕阳红康养服务中心工作,主要上门对居家失能人员提供护理服务,对入驻机构的老人提供专业的养老护理服务。

（三）推动银发事业,增加村集体经济收入

老龄化社会的加速到来,已催生了数万亿规模的养老市场。中国的养老行业还未真正面向资本市场,养老服务产品供给与需求之间存在巨大的差距,银发产业已成为朝阳产业,且潜力无限。很多老年人存在一定的消费困境,即有钱无处可花、消费欲望低、使用消费产品较少。先锋社区的村级养老院既可以缓解村社养老压力,又可以拉动银发经济。

第一,康养中心依托先锋社区维持正常运营。先锋社区已经全面实现了老年人享受养老金待遇,平均每人每月 1000 多元。康养中心目前的价格为 2580 元/月,前 50 名入住的老年人优惠 500 元/月,先锋社区股份经济合作社还补贴社员每人 8000 元/年,这样算来,只需支付每月约 1413 元。先锋社区的老年人完全可以依靠自己的养老金入住康养中心,享受优质的幸福老年生活。康养中心在先锋社区的政策环境下可以维持正常运营,为社区老年人提供更好的"医养结合"养老服务。

第二,先锋社区依托康养中心壮大集体经济。海宁九久夕阳红康养中心作为公建民营单位,需要每年向先锋社区上交 200 万—250 万元的租金。康养中心正常运营后,大大增加了先锋社区的集体经济收入，增强了村级财政保障和改善民生力度，夯实了社区实现共同富裕的物质基础。先锋社区依托康养中心在经济和公共服务方面更好地反哺社区村民，让大家既鼓起了钱包，又享受了优质养老服务。

四、经验启示：先锋社区改革创新，共谋"幸福养老"事业的"亲水""蓄水"和"活水"

先锋社区党委以百姓需求为中心，党建引领"幸福养老"事业注入一汪亲民的"亲水"；加强体制创新，发挥市场优势，为"幸福养老"事业打造一座可持续发展的"蓄水池"；以"医养结合"为根基，统筹兼顾居家养老、村社养老和机构养老，满足老年群体个性化健康养老需求，为"幸福养老"事业引入一股健康的"活水"。

（一）以百姓需求为中心，党建引领"幸福养老"事业迎"亲水"

先锋社区党委建设村级养老院以百姓需求为中心，充分尊重民意，遵循"幸福养老"理念去建设一座真正造福于人民、可提供健康保障的村级养老院，为先锋社区"幸福养老"事业注入一汪亲民的"亲水"。

为了让社区老年人可以享受规范化、高质量、全方位的服务，先锋社区党委选择公建民营的第三方托管运行模式，委托有资质的医疗机构进行服务和管理，既为居民们提供了优质的养老服务，又壮大了村级集体经济，推动了"幸福养老"事业的可持续发展。为缓解老年人的经济压力，先锋社区为入驻康养中心的先锋社区股份经济合作社成员提供补助。在经费保障下，老年人完全可以依靠自身的养老金享受专业的养老服务，在减轻家庭经济负担的同时拥有养老方式的选择权。

（二）以公建民营为形式，体制创新"幸福养老"事业造"蓄水"

先锋社区党委在调研公办养老院的基础上，分析利弊，高瞻远瞩地看到将来公办养老院改革的落脚点在于体制上的创新。因此，建立一所公建民营的村级养老院，主动进行体制改革创新，为先锋社区"幸福养老"事业打造一座可持续发展的"蓄水池"。

公办养老院强调福利性，这不可避免地会增加国家的财政负担，而公建民营在市场化运作中不仅可以自负盈亏，每年还必须向国家或集体单位上交租金等费用，壮大了村社集体经济收入。在市场化运营环境下，公建民营的养老院需要紧跟老年群体的时代变化需求，积极主动服务好老年群体，将最优质的养老服务体现出来，赢得更好、更持久的市场效益。

（三）以"医养结合"为根基，统筹兼顾"幸福养老"事业引"活水"

先锋社区党委深知养老事业的共同需求在于健康养老，因此，建立一所以"医养结合"为根基，统筹兼顾居家养老、村社养老和机构养老的村级养老院，为"幸福养老"事业引入一股健康的"活水"。

海宁九久夕阳红康养中心可以为老年人提供专业的医疗康复保健和生活照护服务，兼具心理健康服务和文化活动服务等功能，是一家集养老养生、康复治疗、生活娱乐于一体的综合性"医养结合"机构。康养中心除了对入住老人提供生活照料及护理服务外，还可以上门为居家老人提供服务，可以为社区老人方便就餐和休闲娱乐，兼顾了居家养老、村社养老、机构养老的健康养老服务需求，在做好"保基本、兜底线"的基础上，大力推动了先锋社区及周边养老服务的有效供给。

五、发展建议："幸福养老"任重道远，多方合力助推养老事业可持续发展

最美桑榆景，人间重晚晴。在调研过程中，我们发现先锋社区虽然提前开启了"幸福养老"的新征程，但村级养老事业仍任重道远。比如，如何保障公建民营养老机构更好地发展；如何提供满足养老市场需求的专业护理人员；如何在养老领域，先富带动后富，建立养老帮扶

体系;如何建立长期照护服务体系等等。由此可见,构建完善的养老服务体系还需要多方共建共享,离不开政府、社区、家庭、保险行业等主体的共同推进。目前,针对先锋社区村级养老院面临的发展困境,整理出以下几点发展建议。

(一)继续深化养老机构改革,给予公建民营机构相应的补贴

养老服务行业具有一定的福利性,但是养老产品作为商品投入市场后又呈现出资本特性。按照目前的市场运行来看,投资养老服务行业凸显出时间周期长、微盈利等弊端,造成很多民间资本不愿意跟进和投入。先锋社区的公建民营养老院——海宁九久夕阳红康养中心虽然可以在收费略高于公办的基础上维持正常运营,但是其为养老事业投入的资金远远大于收入,包括环境、设备等硬件设施和服务、护理等软件方面。随着"医养结合"信息化建设的需要,康养中心将进一步推进老年健康和"医养结合"信息系统建设,这需要大量的资金投入。

因此,为支持公建民营的养老机构可持续、稳定地发展,紧跟时代需求提供优质养老服务和产品,当地政府要给予民营机构足够的优惠政策,在养老机构建设补贴、护理床位补贴和运营补贴方面给予支持。公建民营的养老机构也将通过精细化管理来降成本,探讨适合中国养老发展的有效模式,使各方的投入发挥更大的效益,满足老年人的真正需求,走专业化的服务,长远地发展下去。

(二)建立完善的养老护理员教育培训制度,重视养老护理人才的培养

目前,海宁九久夕阳红康养中心承担了大量养老护理培训工作,为准备从事养老护理的人员和志愿者进行培训,拓宽了养老服务行业的就业渠道,但是面对巨大的护理员数量缺口,这些培训远远不够。

当地政府以培训费补贴、职业技能鉴定补贴等形式鼓励社会人士从事养老服务行业;鼓励当地卫生学校面向社会人群提供养老服务等

技能培训或开设健康服务与管理、中医养生学、中医康复学等公开讲座;鼓励应用型高校与当地养老机构共同创建养老护理人才培养方案,建立养老服务实训基地。

（三）统筹规划医养结合养老机构的区域建设,建立养老帮扶体系

建造一所村级养老院的成本投入较大,目前不可能村村普及推广。应鼓励先富带动后富,集体经济资金充足的村社试行建立村级养老院,与其他村社结对帮扶,共享优质养老公共服务资源,鼓励养老机构跨村社进行健康养老服务,辐射到区域范围内的老年群体,加快建设区域性老年友好型社会。此外,政府应统筹考虑养老机构的区域合理分布,让住在各个区域的老年群体都可以就近享受养老公共服务。

（四）建立健全长期照护服务体系

鼓励政府和养老机构研究长期照护服务项目、标准、质量评价等行业规范,根据"居家＋村社＋机构"健康养老体系构建一套适用于不同群体、专业化的长期照护服务体系。除政府提供政策支持外,鼓励商业性长期护理保险产品进入养老市场,尤其为卧床的老年人提供个性化长期照护服务。对于经济困难的高龄、失能老年人,政府、单位或社区按比例为其提供护理补贴。

主要参考文献

[1] 郑吉友.乡村振兴战略下农村医养结合型养老服务体系研究[J]. 广西社会科学,2021(11):17-26.

[2] 李萌,杨婷婷,董四平.我国医养结合服务典型实践模式、困境与对策[J].华西医学,2021,36(12):1641-1648.

[3] 凌文涛,左亚群.实地探访!嘉兴首个!就在海宁这个社区[N]. 海宁日报,2021-08-18.

作者单位:浙大城市学院

第五单元

优生态促共富,擦亮共富底色

南湖区竹林村:从"华东养猪第一村"到"全国文明村"的共富之路

程秋萍

摘要:竹林村曾以养猪闻名全国,被称为"华东养猪第一村"。竹林村养猪产业非常发达,是当地农民家庭经营收入的重要来源。但养猪量长久超过环境的承载能力,这种低质量的民富带来的是环境质量大幅下降,最终倒逼村庄转型发展,寻求生态友好型发展模式。2013年以来,竹林村通过"三改一拆""五水共治"等改善了村庄基础环境,通过多种方式带领村民转产转业,重新走上致富路;通过建设美丽乡村点,进行环境升级;在充分挖掘清廉文化、红色文化、奋斗文化等,进一步打造文明典范村的同时,还能借助多元文明载体等带来经济价值。在多方合力、多举并行之下,竹林村的转变展现了一条以文明建设实现高质量共富的共富路。

关键词:生态友好型;美丽乡村;文明建设;共同富裕

一、研究背景:生态治理、文明建设与促进共同富裕的耦合性

(一)竹林村简况

竹林村位于浙江省嘉兴市南湖区新丰镇西南首,1999年由原高家埭村、原竹林村、原赵家埭村三村合并而成,加盐公路、07省道新线、余云公路、新竹路穿境而过,交通十分便捷,区域优势明显。区域

面积 8.72 平方公里,其中耕地 7387 亩,有农户 1357 户,人口4767 人,其中党员 157 人。

(二)竹林村发展历程

1. 以破坏生态为代价的物质富裕阶段

首先,竹林村养猪产业发展得较早。2013 年之前的竹林村以"臭"扬名,曾是远近闻名的"华东第一养猪村"。竹林村有 30 多年的养猪史,早在 20 世纪 80 年代就建立起了饲养供港猪的生猪产业。主打产品"竹林三元猪"于 1998 年获浙江省优质农产品称号,2001 年荣膺浙江国际农博会金奖。其次,竹林村养猪量大。在高峰期,生猪存栏量超 15 万头,拥有 40 多万平方米的猪舍和 10 多万头生猪存栏量,人均养猪超 30 头,耕地亩均养猪超 20 头,远远超过了环境承载力。最后,竹林村农户养猪比例大。村里几乎每家每户房前屋后都建造了猪棚,地不够用了,就去农田里搭建猪棚。在养猪高峰期,农田里都是成片的简易猪棚。过度粗放的发展模式给环境带来很大压力,亩均 20 头以上的状况,使得土地难以消解养猪带来的压力,竹林村也成为众所周知的"脏乱差"村。这种生态不友好的富民产业注定要转型,即使经济代价巨大。2013 年黄浦江死猪事件爆发后,竹林村承受了很大的舆论压力,也给了村党委抓住机遇倒逼村庄改变发展模式的契机。

2. 文明建设的高质量转型

2013 年,是竹林村的转型之年。在这一年,领导班子带领全村开始"运动式"拆猪棚,退出昔日主导产业。在环境和低质量的富裕面前,只能选择环境,时任村党委书记陈云华从自己做起,带领党员率先拆掉了自家的猪棚,为全村人做了示范。依靠"五水共治""三改一拆"行动,竹林村在环境治理的路子上完成了华丽转型。恰逢其时美丽乡村建设,竹林村投入 800 万元建设了赵家兜、徐祥浜、沈家浜、竹林集镇等四个美丽乡村示范点;2016 年,竹林集镇再次启动改造提升计划,先后投入近 3000 万元,拆除违建 2 万余平方米,并启动 11 个环境综合整治项目。第三,积极寻找壮大村集体经济的路子。村基层组织积极参加飞地抱团项目,盘活村集体资产,主动寻求新的发展方向。第四,转型成功后的收获。转型之后,荣誉也接踵而至,竹林村村集体先后获得嘉兴市绿化示范村、浙江省绿化示范村、市级文明村、省级文明村、全国文明村、浙江省科普示范村、浙江省妇联基层组织建设示范村等集体荣誉。竹林村的转型展现了一条从仅仅是村民收入上的富裕,到经济、政治、生态、社会、文明等全方位富裕的转型路径,是一条以文明村建设为契机的高质量共同富裕之路。

二、发展现状:竹林村多元路径实现共富图景

(一)便利的设施与服务

第一,现代化的基础设施。现在的竹林村青砖路古朴优雅,柏油路面宽阔平坦,沿街店面古色古香,木质长廊荡气回肠,路两旁建筑外立面统一设计,所有空调外机、店招都有风格一致的"外包装"。130 个沿街停车位上整齐地停放着各种小汽车。免费 Wi-Fi 覆盖整个竹林,公共自行车、绿道一应俱全。

第二,优美的公共生活空间。在竹林村的东面,竹林村设置了 4 公里长绿道,十多个不同品种的竹子茂密挺拔,给炎热的夏日带来了一丝凉意,一旁原生态的乡村景致恬静别致。沿着绿道,将穿越农庄、竹林、田野、木廊,既能让人发现集镇市井民风,也能感受乡间花香竹韵。绿道安排了两个休息驿站,里面有热水供应,有椅子、盥洗室等服务设施。

第三,民之所向的公共服务。在生态致富的同时,竹林村也积极投入基本公共服务项目。为了解决好本地幼儿就学问题,村党委四处奔走,在原竹林小学内修建新竹林幼儿园,总投资 240 余万元,已投入使用 3 年多,极大地方便了村民,也实现了闲置校园校舍的合理利用。

(二)深厚的多元化文化

竹林人善于挖掘深厚宝贵的文化元素,形成多元的竹林文化。第一,探求新知的创新型文化建设。竹林村文化底蕴深厚、历史人文荟萃,清官硕儒辈出。清代嘉兴府唯一的农业公社——学稼公社都开设在竹林。第二,弘扬革命精神的红色文化。竹林村中建设了党建馆,并将其定位为"红色教育基地",集中展现乡村党建工作亮点,体现党建在基层散发的活力及在乡村振兴中发挥的巨大作用。第三,清正廉明的廉洁文化。高义永史料陈列馆建设以廉政为主题,成为南湖区廉政文化教育基地。第四,彰显奋斗的竹林文化。村史馆建设以奋斗为主题,集竹林发展史、人文历史、物件展览、红色旅游于一体,通过各种形式的展现,回顾竹林悠久的历史底蕴和深厚的人文情怀,让广大群众认识、了解竹林的灿烂文化。

(三)新时代的乡村治理

第一,淳朴乡风与新时代"三治融合"。竹林村历来民风淳朴,坚持深化"三治融合",坚持以自治"激发活力",以法治"加强防范"、以德治"春风化雨",紧扣"网格连心、组团服务",将全村划分为7个网格,实现专职网格员服务管理全覆盖、全天候、零距离。第二,新平台的利用与激励。充分利用"微嘉园"平台,以村民为终端节点收集事件,进行线下处理,实现线上和线下相融合,促进村民参与社会治理。第三,弘扬清廉文化。村便民服务中心的长廊、电子屏从展示"清廉用权"着手,体现了村党委在提升服务质量、规范办事程序、强化干部作风效能等方面,营造干部清正、政府清廉、政治清明的工作环境;清廉广场是村民日常活动的公共空间,广场上展示了形式多样的清廉人物以及具有当地特色的清廉景观线和当代乡贤,突出乡风文明,清正廉洁的氛围营造。

(四)高质量的产业发展

第一,夯实生态农业发展基础。竹林村引导农户发展高效生态农业,推广"万元千斤"种植模式,因地制宜运用配套栽培技术,作物轮作,实现"万元千斤"的土地产出效益。开发套种、混种、共养等新型生产模式,实现了粮食和生姜、地蒲、甜瓜等经济作物的套种,以"三棚四膜"生姜套种为例,每亩净收入可达到 3 万元。近年来,培育出圣大、森荣等 13 家家庭农场,使得村庄的基础性产业得到了转型升级,夯实了村庄的发展基础。

第二,大力推动农文旅项目发展。结合竹林景区建设,竹林村积极支持村民开办民宿、农家乐等旅游产业,同时,也抓住机会承办起全国航空模型、车辆模型公开赛,让乡村旅游成为农民口袋的新增长点。

美好环境并不简单等于美好生活,村民怎样才能再富起来是摆在村党委面前的一道难题,不少村民对拆除猪舍心有不甘,对美丽乡村建设不理解,纷纷质疑村党委开展的各项工作。为此,在竹林村党委领导下,全村上下践行"绿水青山就是金山银山"的发展路子,创造性地开启了新的发展模式。

三、主要做法:突出"文明建设",探索文明共富之路

竹林村的共富路,是一条文明典范建设之路。文明共富路,从人的角度讲要以基层为先,开创文明风;要全民参与,营造正气村风;要深挖竹林优秀文化。从物的角度讲,要以村庄基础设施打造各种文明载体,以产业发展促进农民增收打造文明的物质基础。

(一)狠抓基础建设

第一,拆违治水双管齐下。新丰镇竹林村在拆除违章猪舍、"五水共治"、美丽乡村建设的具体工作中,极大地改善和提升了村庄的生态环境。从 2013 年到 2016 年,仅竹林村就完成了生猪存栏量从 10 万头到清零的巨大转变。到 2016 年底,包括竹林村在内的整个新丰镇累计拆除违章猪舍 216.35 万平方米,河道出境断面水质监测已由劣 V 类变为 IV 类,一些主要河道更是保持在 III 类水平。

第二,建设美丽乡村点。生猪退养后竹林村经济发展需要新的动力引擎,党委班子又敏锐抓住了 2015 年南湖区开始建设美丽乡村示范点的契机,竹林村拿到赵家兜等 4 个美丽乡村示范点,村集体也积极申请各类项目,建设省级 3A 级景区村庄,为改善村庄面貌铺好底色。投资 800 多万元,打造赵家兜等 4 个美丽乡村示范点;投资 2400 余万元,推进竹林集镇改造提升工程;投资 2000 余万元,建设省级 3A 级景区村庄。通过一系列的村庄改造和环境提升项目,推动昔日华东养猪第一村实现了向今天 3A 级景区村庄的完美蝶变。

(二)深挖竹林文化

村党委集思广益充分发掘竹林历史上人文荟萃、乡贤辈出的优势,传承好家风好家训,传习新时代文明,以此提升竹林村的底蕴内涵。

第一,打造党建陈列馆,塑造红色精品。在村中建设了竹林党建馆,并将其定位为"红色教育基地",集中展现乡村党建工作亮点,体现党建在基层散发的活力及在乡村振兴中发挥的巨大作用。

第二,突出廉政风和奋斗风。人物高义永史料陈列馆建设以廉政为主题,共分为 3 个展览厅,旨在向世人昭示高义永"忠孝世泽、清白共守"的为官操守及高氏家族的优良家风。村史馆建设以奋斗为主题,集竹林发展史、人文历史、物件展览、红色旅游于一体,通过各种形式的展现,回顾竹林悠久的历史底蕴和深厚的人文情怀,让广大群众认识、了解竹林的灿烂文化。

第三,建设高级别文化礼堂。将原竹林乡小学教学楼按照五星级文化礼堂标准建设,占地面积 360 平方米,建筑面积达 1400 平方米,总投资 160 余万元。以"红船精神"为引领,将礼堂书屋、文化讲堂、室外文化广场、居家养老中心、新时代文明实践基地、廉政走廊等功能纳入礼堂建设,实现了文化礼堂的内部融合,打造了以文化礼堂为中心的活动圈。为纪念竹林学稼公社和竹林启蒙书塾的创办人唐纪勋、祝廷锡两位先贤，设立先贤纪念展厅。

四第一，重建学稼公社。以竹林人唐纪勋创办的"学稼公社"为基础样本。提出以勤劳换取衣食的温饱，改变那种"农不知学，积疲成困"的现象。其所倡导的"新型农业经营"之方法，至今仍未过时。位于竹林景区的学稼公社重新建设，被打造成一个农事体验、聆听竹林故事、感受竹林风韵的研学基地。

（三）推助村民转产

物质富裕仍然是人类文明发展的基石。从养猪大村彻底转型，几乎全部的村民都经历着转型之困。在各级组织的领导带领下，村民成功转产转业。首先，镇农业服务中心专家提供免费课程，大力开展生猪退养后的新产业技能培训，引导养殖户转为种植户，帮助村民转产转业。其次，积极探索"党支部＋合作社＋党员"模式，成立家庭农场联盟，助推乡村农业转型升级。结合新时代农业发展理念，大力推行生态农庄的发展模式，发展绿色产业，带动农文旅创齐头并进。开发采摘、野炊、农事体验等业态。同时发展互联网＋农业，生姜、檇李、葡萄、水蜜桃、甜瓜、水产、苗木等特色农产品远销上海、北京、广州等地。再次，为村里60岁以上的生猪退养户，每人每月安排100元生活补助，鼓励他们到村里合作社的菜地打工，成为农业工人。最后，村民也主动按照自身基础和技能寻找适合自己的未来产业。多方努力下，辖区内下岗失业人员实现了高质量充分就业，辖区内有劳动能力和就业愿望的下岗失业人员就业率达到98％以上，长期失业现象基本消除，零就业家庭全部消灭。

（四）促进产业融合

第一，注重绿色产业融合发展。在产业致富上，只要与村绿色发展相契合、与村实际产业效能相匹配的产业，都有机会纳入到村庄的产业规划中来。以生态农业和生态旅游业为支点，是符合其村庄发展实际的最佳选择。生态产业不仅确保了竹林村前期环保工作的持续效益,还在产业发展中进一步提升了环保工作的实效。此外,在生态产业的大框架下,竹林村合理纳入匹配村庄经济属性的苗木种植、旅游会展等各种具体项目,产业发展不拘一格、灵活适应性强。

第二,发展新业态融合。通过与嘉兴新竹景区管理有限公司合作,打造竹林村的民宿、农家乐产业势头正旺,红色精品线、亲子游玩线、研学游线等旅游线路也颇受游客欢迎。重点建设围绕"猪、竹、姜",修建游客服务中心,打造田园农事体验区、高台观景区、特色民宿区、花卉区、田园广场,建设小猪快跑、亲子水塘、竹隐游船、烧烤等旅游项目。从游客体验角度出发,在核心区块,设计适合游客游览的人流动线,并设置观赏、休憩、游玩等多个区域,充分满足游客的各类旅游需求,提升游客的旅游满意度。

第三,美丽经济成功造血。环保致富提升了全村收入。结合转型发展的绿色产业和旅游业,竹林村农民人均纯收入由 2014 年的 23965 元提升至 2021 年的 39704 元,交出了一份"绿水青山就是金山银山"的完美答卷。通过充分挖掘自然、文化、产业等方面的个性,竹林村实现了从"美丽乡村"向"美丽经济"的升级蜕变。截至 2021 年底,竹林景区共计接待游客 55.2 万人次,接待各类党政考察团 480 余个,现综合旅游收入超 200 万元,带动竹林村直接就业 70 人,间接就业 238 人。竹林景区已成为邻县邻市的人们美丽乡村游的一个好去处。

(五)深化全民治理

第一,通过网格、微网格建设,促进村庄有序发展。竹林村根据村聚落形态建设 7 个网格,7 个村班子成员分别任网格长,设 1 名网格小队长、7 名专职网格员,网格小队长承担着上传下达的职责。通过网格建设,及时了解村民村情,收集关于环境卫生、村干部作风效能建设、财务报销规范性、"三务公开"及时性等方面的问题,有效将各类问题解决在萌芽状态。

第二,注重先贤文化和家风家训的挖掘传承。经过整理,将十位古代乡贤的事迹制作成书签，总结提炼乡贤丰富的人生阅历、高尚的道德操守。

第三，依托嘉兴市"微嘉园"平台，提高办事效率，同时利用积分兑换等活动提高村民参与治理的积极性和主动性。第四，树立典型发挥示范作用。通过推荐、评选，每年开展最美家庭、优秀党员、优秀志愿者、绿色家庭等评选、表彰活动。通过表彰先进典型，引导全村群众重视家庭角色塑造，增强责任意识。

（六）强化政治清廉

第一，厘清"小微权力"清单。认真梳理出包括"三资"管理、工程建设、物资采购、资源发包、社会救助等方面的村级权责，明确基层权力事项、责任主体和运行流程，同时通过会议、广播、村务公开栏、电子显示屏等途径，广泛向群众进行宣传，做到让群众知晓，强化群众监督。

第二，完善村监会监督清单。进一步健全完善村监会规范化建设，竹林村从监督内容、程序、制度入手，梳理监督内容，制定监督流程，探索出月度工作例会、季度学习培训等监督工作制度，进一步规范了监督行为，提升了监督实效。

第三，规范"三务"公开清单。进一步明确细化村级"三务"公开的具体内容和事项，实现"三务"公开全覆盖。利用"传统化＋信息化"两种方式确保公开的及时性和有效性。

四、经验启示：生态经济文明建设助力共同富裕

（一）强化组织，引高质发展

第一，坚持"党领导一切"根本原则，坚持以党建引领全村各项工作，将涉及村庄发展的重要工作、重大项目、重大事项等，都放在党组织的集中指导下进行。村党委的领导确保了竹林村发展转型和实施乡村振兴战略的各项工作不偏向、各项资源有保证、各项任务有成效，

为推进竹林村发展提供了坚强的政治保障。

第二，基层党建不仅在政治站位上提供了保障，也深知村集体发展的痛点和转型方向。从竹林村养猪业向生态产业发展的转型过程看，党组织在村集体经济发展中发挥了有效的领导力。村党委善于抓住"生态经济"这一产业兴旺的"关键方向"，善于探索运用新的思维和工作方法，将践行"两山理论"和村庄实际资源禀赋结合起来，盘活了村庄经济，进一步发挥了基层党组织和党员在乡村振兴中的"领头羊"作用。

第三，乡村长远发展培育稳定祥和的社会秩序，夯实村庄发展的社会基础。社会治理的核心围绕着打造"红色文化精品"展开，以"红色教育基地"统筹全村的历史文化底蕴和发展奋斗历史，为乡村振兴营造良好社会环境。

（二）抓住机遇，促转型成功

竹林村的实践经验首先表现为善于抓住机遇，促成主导产业不断转型升级，主要体现在以下几个方面。

第一，以重点事件和环境整治为契机，转变村庄发展方向。2013年黄浦江死猪事件爆发后，竹林村承受了舆论压力，也给了村党委抓住机遇倒逼村庄发展模式的契机。

第二，行动果断，为转型奠定基础。村党委班子将上级部署要求与竹林实际相结合，全村累计拆除违章猪舍近40万平方米，村庄面貌焕然一新，为打开新一轮发展空间奠定了基础。

第三，善于结合本地资源寻找发展点。在产业选择中根据村庄历史问题、现实需求和未来方向的实际，最终才能因地制宜打造出乡村振兴的"竹林经验"。

（三）文化赋能，坚文明基石

挖掘、培育和弘扬村庄文化是竹林村当下工作的重中之重，文化培育不仅丰富了共同富裕的文化内涵，也使得乡村发展有了共享的观念基础和基本的价值遵循。生态致富丰富了竹林村的物质基础,村党委集思广益充分发掘竹林历史上人文荟萃、乡贤辈出的优势,传承好家风好家训,传习新时代文明,以此提升竹林村的底蕴内涵。竹林村通过打造党建陈列馆、村史馆、高义永史料陈列馆、学稼公社等文化载体,传承与发展不同主题的竹林文化,打造共富的文明基础。

（四）党员示范,促村民参与

以党员带头工作,提高村民参与度。竹林村的党员在不同时期均展示了积极带头的示范作用。第一,养猪业艰难退出时,竹林村党员身先士卒,先从自己的猪棚拆起,带头转产转业。这为普通村民提供了转型样本,提高了转产转业的积极性和主动性。第二,美丽乡村建设时期,党员带头致美。开展"党员带头致美、带领群众致美"活动,形成党建带动美丽乡村建设工作新面貌。有着38年党龄的老党员李仁根家庭,一家人每天都会将庭院内外清理得干干净净,各类物品整理得井井有条,在他的带动下,周边农户也纷纷仿效。全体党员、网格员、村民代表等作出表率,得到了农户的大力响应,纷纷动手整理房前屋后的环境卫生。第三,在现代乡村治理体系中承担重要作用。竹林村乡村治理中,党员充分发挥了先锋示范作用。在有不确定的任务时,党员总是冲在第一线。

五、发展建议:突破发展困境,实现再次发展

共同富裕是社会主义的本质要求,是党一直追求的更高目标和理想。竹林村的转型实践是乡村发展战略由资源损耗型发展向环境友好型发展转型的成功故事,是由经济富裕转向全方位、高质量共同富裕的成功故事。竹林村的转型实践表明必须有强有力的基层党组织引领,善于抓住村庄发展机遇、善于挖掘村庄文化,善于以党员带头示范。

虽然竹林村的转型为乡村如何高质量地发展提供了有益思路,但

在自身发展中也遇到一些困境。"两非"土地整治办法使一些重要项目暂停。竹林村耕地 7000 余亩，基本属于农保田。根据"两非"土地整治的政策，竹林文旅项目的实施受到了较大的局限。农业发展又受限于经营主体素质和市场因素影响。另一方面，竹林村地处平原，缺乏自然旅游资源，也缺乏古建筑古村落等历史旅游资源，导致乡村旅游的持续性堪忧。再者，竹林目前已有的建设基础，仅仅局限于四个村民小组，并非遍及整个竹林村，外来投入的指向性必然会导致村民之间、村民与村委之间的矛盾。如何实现现有基础上的再次发展，如何突破困境找到新的发展方向是当务之急要考虑和解决的首要问题。

竹林村的实践突出了基层党组织在发展转型、产业选择和村庄建设等各个环节的领导作用，以政治引领力、经济领导力和社会治理力组织和保障群众实施乡村振兴战略，共同寻找致富产业，发展支柱性产业，盘活村内优势资源，增加村集体收入，建设美好乡村生活。在引导竹林村未来发展之路时，必须继续夯实领导基础，以村基层组织在村民中的信任基础，继续乘风破浪，引领竹林村在新阶段的发展。

在面临新的境况时，仍要抓住倒逼转型的机遇。"两非"土地整治背景下，还地于农，还地于粮，既是承担粮食安全、农产品安全重要使命所在，也是竹林又一次转型的机遇。第一，必须抓住农业生产的生命线，在现有特色产业基础上，拉长产业链，将更多的价值增值收益留在乡村。第二，继续推动产业融合发展。以竹林景区和沃之龙生态农庄为龙头，大力培育家庭农场，发展绿色产业，带动农文旅创齐头并进。开发采摘、野炊、农事体验等业态。第三，发展互联网＋农业，在保住现有市场同时，开拓新的市场空间。

共同富裕不仅是物质经济的富裕，也是乡村精神文化的富裕。文化促进发展，促进村庄乡风文明，提高乡村治理效率和效果。竹林村已成为红色教育和村庄建设的示范单位，高以永史料陈列馆已纳入全市廉政教育地图。"不忘初心、牢记使命"主题教育期间，100 多批党员到竹林村参观学习，产生了良好的示范效应。应充分利用目前的文化载体,继续发挥弘扬和示范效应,打造高质量共富的文明示范样本。

在新的阶段,必将继续抓牢党员的示范作用。从党员做起,配合"两非"土地整治。需继续发挥党员在乡村治理中的先锋模范作用。密切党员与群众的联系,了解群众思想状况,帮助解决实际困难,加强对贫困人口、低保对象、留守儿童和妇女、老年人、残疾人、特困人员等人群的关爱服务。确保竹林村有坚实的组织基础。

主要参考文献

[1] 习近平,论坚持人与自然和谐共生[M].北京:中央文献出版社,2022.

[2] 张金强,新时代推进农村精神文明建设路径探究[J].农村经济与科技,2019(10):199-201.

[3] 褚晶君,农民"钱"景广阔奔共富[EB/OL].(2022-07-06)[2023-10-18].http://k.sina.com.cn/article_7517400647_1c0126e4705903pjbz.html.

作者单位:嘉兴大学

海盐县雪水港村：
践行"三个示范" 打造共富共美乡村

汪 菲

摘要：雪水港村位于海盐县通元镇，因村域周边山石资源丰富，改革开放初期大量采石场涌现，自然生态环境遭遇严重破坏，传统农耕文明下的牲畜散养、柴火土灶等生活方式也进一步恶化了村容村貌。加之教育、医疗等基础公共服务城乡不均等，大量青壮年劳动力外出就业定居，乡村人居环境持续恶化，乡村青壮年人口逐渐流失。

2003 年，浙江推动"千万工程"，雪水港村开始新农村建设探索。2006 年，习近平同志在雪水港村调研考察时明确提出了海盐县要当好"三个示范"的要求，即"在提高县域经济实力上当好示范、在建设社会主义新农村上当好示范、在党的先进性建设上当好示范"。[①] 16 年以来，秉承"三个示范"指引，雪水港村全体党员干部群众团结一心，致力打造"四个共同体"，即坚持以党建引领优势打造乡村治理共同体，以产业创新升级打造乡村共富共同体，以乡风文明建设打造乡村文明共同体，以零碳村落建设打造乡村生态共同体，倾心描绘了一幅物质富裕、精神富足、生态富民的"雪水春早"美丽乡村画卷。

在具体的乡村建设实践中，雪水港村也面临建设模式同质化、人口结构老龄化和要素资源分散化的"三化"挑战，迫切需要建立"市—镇—村"三级协调机制推动乡村抱团发展，加速城乡深度融合，统一布

---

① 习近平：《干在实处走在前列——推进浙江新发展的思考与实践》，中共中央党校出版社2006 年版，第 499 - 500 页。

局城乡就业和养老服务,壮大集体经济以盘活乡村闲置宅基地和空置房屋等要素资源,促进共富共美乡村的可持续发展。

关键词:雪水港;"三个示范";党建引领;共同富裕;美丽乡村

一、研究背景:遵循"三个示范"指示打造共富共美乡村图景

"生长烟波不解愁,管山桥外泊清舟。一声短笛眠初起,落编梅花曲早偷。"一首清道光年间的《雪水港渔笛》,娓娓道出了雪水港村的前世今生。雪水港村,位于浙江省海盐县通元镇东端,面积 4.34 平方公里,因境内主要河流"雪水港"而得名。该村有山有水有故事,雪水港为其母亲河,东连秦溪,西接咸塘河,如一条玉带穿村而过。村南有马鞍山,北有葛山,东接银山再连丰山。早年间村民多以种粮、养蚕、养猪为生,村办小规模采石厂、窑厂经营为辅。

21 世纪初,同大多数农村一样,因散养牲畜和传统室外堆放垃圾习惯,雪水港村环境脏、乱、差问题也比较突出。2003 年 6 月,浙江全省实施"千村示范、万村整治"工程。2005 年 10 月,中共十六届五中全会提出建设社会主义新农村。2006 年 1 月 4 日,时任浙江省委书记习近平来到雪水港村调研考察,就"建设社会主义新农村"提出了"三个示范"的指示要求,即在提高县域经济实力上当好示范,在建设社会主义新农村上当好示范,在党的先进性建设上当好示范。

"三个示范"指示及时统一了干部和群众的认识。16 年来,雪水港村全村党员群众始终牢记争当"三个示范"的指示和嘱托,以党建引领美丽乡村精品建设,推动产业集聚和产业融合夯实物质富裕基础,通过公共服务共建共享打造美好家园,通过综合治理全面提升人居环境,通过特色文化传承发扬助力精神富足,通过生态节能项目改造助力生态富民,成功打造了一幅"雪水春早·幸福港湾"的共富共美乡村图景。

二、主要做法：以"三生融合"为导向，积极打造共富共美乡村样本

"雪水春早·幸福港湾"的乡村共富共美样本是雪水港村落实"三个示范"，以生产、生活和生态三生融合为导向，积极打造四个乡村共同体的长效机制探索。

（一）以党建引领优势打造乡村治理共同体，建设美好家园

积极发挥党员模范先锋带头作用，雪水港村创新构建了"村党总支—网格支部—微网格—党群中心户—群众"五级联动工作机制，深化城乡融合，吸引多方主体参与，打造了一支以党员为骨干力量的乡村治理共同体。

第一，以"微嘉园"为载体推进数字治理。作为"微嘉园"试点村，雪水港村将"微嘉园"打造为政策宣传、要事告知、报事议事、积分兑换等综合治理平台，"微嘉园"已实现入村入户全覆盖。同时，借助"微网格"实现组织模式扁平化。通过党员带头试用，逐户推广使用的方式，突破了原来必须到村、到家商议事情的时空局限，实现了村级治理从层层传达交办到高效扁平化自治的转变。

第二，多元激励形式吸引居民主动参与。推出品类丰富的志愿活动，实现线上发布、线下活动、在线赋分，用言行兑换积分，用积分兑换服务等多元激励形式吸引居民参与村务。为充分调动老龄人口关注村情、参与村务，弥合数字鸿沟，雪水港村分类精准施策。对于有智能手机的老年人，由微网格长手把手教会使用"微嘉园"；没有智能手机的老人，参与活动或兑换服务的赋分可以选择亲情赋分，形成以家庭为单位的个性化分值；参与活动较多的老年人，还可以选择实体"嘉园卡"，一人一码全记录。

第三，城乡融合推动公共服务共建共享。结合自身人口规模和实际条件，与周边城镇及地区实现统筹布局配套交通、教育、医疗卫生设

施。2006年12月,村至海盐县城首批公交车开通,2008年9月起,雪水港幼儿园、学校相继并入通元镇。2008年10月,城乡居民养老保险工作全面展开,村每年引导、发动两癌筛查参与检查的人数达到应检人数的80%,在周边镇、村中比率位于前列。2018年村消防队组建,并配备了小型的消防器材、车辆。改革公共文体服务供给模式,建立文体设施就近提供与文体服务有效覆盖机制,实现10分钟文体设施圈全覆盖。

第四,慈善互助推动幸福家园建设。充分发挥慈善组织和各级社会救助基金作用,创新左邻右舍互帮互助模式,打造共建共享的幸福家园。除县级、镇级教育基金、关爱基金、暖巢救助金等各式救助形式外,雪水港村还特别设置村级关爱基金,如村级癌症特别关爱基金、临时救助基金、节日救助金等。

(二)以产业转型升级打造乡村共富共同体,助力物质富裕

改革开放以来,村集体秉承开拓创新精神,持续探索产业发展创新机制,积极发展现代都市农业,推动中小微企业集聚,既促进产业转型升级提高了亩均效益,也很好解决了部分村民就近就业问题。具体实践中,摸索了"富民四招",助力物质富裕,为共同富裕内涵发展夯实物质基础。

第一,引进优良品种致富。1998年5月,雪水港村投入115万元,开发荒山,创建了100亩"雷竹笋"基地;1999年4月,创办湖羊基地全县示范点。两个基地建设带动了当地湖羊养殖业和雷竹笋种植业的发展。此外,在发展都市型农业中,坚持以市场为导向,积极发展茶叶生产,全力创建通元特早熟茶叶基地品牌以提高农产品附加值。2005年春,村里投资60多万元对废弃石矿进行复绿开发,引进乌牛早、龙井43等优质品种,引导农户发展茶叶种植增收。

第二,规模化农业经营致富。2011年,推行村集体资产股份分割改革工作,成立通元镇雪水港村股份经济合作社。同年开展首批土地

流转,种粮大户承包面积约 50 亩,农户既享有租金收益,也可以打工实现薪金收益。因首批土地流转示范效应好,村民流转意愿高,主动委托村里开展第二批流转。截至目前,村土地流转率 98%,建有家庭农场 5 个,较好实现了农业规模化运营。

第三,发展现代农业致富。2019 年 2 月,雪水港村抓住海盐县农业经济开发区成立契机、乘势而上,全力推进现代农业发展。先后引进北山北农场、融禾现代农业科技园等现代化农业项目,方便村民家门口就业。如融禾农业采用"全电大棚",每个大棚均连接物联网系统,安装有智能水肥一体机、智能温控设备等系列电气化设备。全电气化的农业生产方式既省时省力,又提高了农产品品质。

第四,盘活要素多方转型致富。自 2019 年农开区挂牌以来,雪水港村共搬迁农户 55 户,复耕土地面积约 103 亩,盘活建设用地指标 68 亩。将原老旧学校校舍改建为"雪水客厅",吸引游客。废弃矿坑泥土回填,增加村级集体收入 320 万元。开展建设用地复垦,增加村集体经济 200 余万元。通过"四无企业"整治等,把村里的绣花、毛纺、服装等小微企业搬迁集聚,建设 80 亩工业园区,入驻 7 家规模企业,年产值达 3 个亿,吸引约 90 名村民就近就业。

(三)以乡风文明建设打造乡村文明共同体,助力精神富足

培育文明乡风,是乡村振兴的重要内容,也是使老百姓的"口袋"和"脑袋"同时富起来的一项重要抓手。以乡风文明建设助推美丽乡村升级,打造乡村文明共同体,助力精神富足,为共同富裕内涵注入文化自信,雪水港村主要做了如下工作:

第一,发挥党建引领作用。利用党群服务中心、文化礼堂和数字学院等多种渠道,深入宣传教育群众,致力培养"四有"新型农民。加强和改进农村思想政治工作,借助美丽党员评优、五星创 A 等活动,宣传党组织和党员先进事迹,宣传好人好事,发挥农村优秀老党员、老干部在乡风文明建设中的道德模范作用。同时依托微网格、党员议事会

等方式,及时了解民情民意,协调解决实际困难。定时定期定点开展基层党员、基层支部理论学习和主题文化教育,通过微网格、党员中心户、党员联系户等形式,示范引领村民参与乡村乡风文明建设,展现新时代新风貌。

第二,加强文化场馆建设。加强普惠文化基础设施建设,提升农村公共文化服务水平和品质,是培育文明乡风的关键性路径。经多次改建完善,雪水港村现有文化场所有数字乡村学院、幸福家园和雪水客厅:幸福家园采用"四合庭院"建筑风格,包含文化礼堂、礼堂书屋、米酒记忆馆与幸福广场;雪水客厅含田园清风廉政文化馆、雪水贤影乡贤馆、手工实践大课堂以及同心家园综合活动室。室外文体活动场所有足迹广场、文化长廊、运动球场和慢行绿道。

第三,"百汇雪水"传承乡村文化。深入挖掘本土原乡民俗文化、节庆文化等优秀乡村文化资源,组建传习志愿服务队,广泛开展"百汇雪水"活动,如民俗汇、志愿汇、阅读汇、宣讲汇、文明汇、同心汇等,开展理论宣讲进农家、社会主义核心价值观普及、优秀传统文化滋养、移风易俗、邻里守望帮扶等活动,活化乡村文明。2019年7月,雪水港村新建150平方米的米酒记忆馆,该馆被列为海盐县第六批非物质文化遗产代表性项目名录《米酒酿制技艺》展示基地。同时,村集体还引进专业师资,引导和培训村民把米酒、青团、香囊制作等民俗体验融入乡村文旅业。

(四)以零碳村落建设打造乡村生态共同体,助力生态富民

坚持贯彻生态文明战略,与国网海盐县供电公司合作,合力打造"零碳村落",积极探索建设光伏休闲栈道、光伏连廊、太阳能路灯,推动"田间作业电气化、农户家庭电气化、农副加工全电化、乡村景区全电化",实现农村生活"用上电"转向乡村全面振兴"用好能",助力生态富民,为共同富裕内涵注入生态福利。特色建设项目有:

第一,柴改电项目。为妥善解决村庄房前屋后、田间地头的柴垛

乱堆乱放、土灶废气排放问题，实现既可以达到村庄清洁、环境美化的效果，又尊重民俗保留传统土灶风貌，雪水港村与供电所合作推广"柴改电"，即在不改变原来土灶的风貌和外部结构的基础上，加一个"电灶"，形成"政府—村委会—生物质厂家—供电部门—老百姓"多方受益的闭环模式。该项举措也受到了广大村民的好评，现在雪水港村家家户户都用上了"电灶"，实现了"全电村""不停电村"，同时"柴改电"案例也成功入选2019年全国乡村振兴优秀案例，"农家土灶改电"在全国得以推广。

第二，环保节能路灯项目。亮化工程设计前，村委会干部实地察看和体验了周边几个村的路灯（看、摸、晃、量），赴路灯生产厂家多次对接，最后制定了一套低成本安装、低成本运行、低成本维护设计方案，包括上下杆径、杆高、材料厚度、撑臂长度、功率、分时段不同功率照明、线规等详细信息。经评估，该套设计方案能节约40％的电费，使往常因运行支出高不敢使用的电力路灯普遍推广，亮化工程顺利实施，环保路灯方案也得到县、镇肯定和推广。

第三，电力驿站项目。国网海盐县供电公司在雪水港村启用全县首个电力驿站，为村民提供办电、报修、咨询等电力服务外，还同时推出饮水、充电、阅读、药箱等生活便民服务。为了构建农业、企业和居民用户用能评估体系，基于"碳画像三色图"，驿站设置了以"碳值"和"绿值"为核心的"以电赋农——碳画像全景大厅"板块，直观动态显示用户个性化用电情况，以差异化能效服务精准挖掘"降碳"潜在客户，更好助力零碳村落建设。

三、实践成效：乡村建设实现共富共美

（一）基层治理机制完善，多元共治格局初步形成

以党建引领优势赋能基层治理，精细管理网格，持续提升社会治理现代化能力。2021年，海盐县通元镇雪水港村党总支获评"浙江省

先进基层党组织"。与周边城镇及地区实现基本公共服务统筹布局。2008年9月起,雪水港幼儿园、学校相继并入通元镇,同时建立了城乡医疗卫生一体化管理机制。截至2021年,村通组道路硬化里程为12.5公里,村级主干道亮化率100%。目前,村域每日有3条公交线路运行,村内停靠站3个。人居环境持续提升,村容村貌明显改观,60岁以上老人医保全覆盖。近年来,雪水港村先后被评为"浙江省卫生村""浙江省民主法治村""浙江省绿化示范村",较好呈现了生活和美、近悦远来的幸福图景,彰显共同富裕服务共惠之美。

(二)集体经济日益壮大,产业规模收益显著增加

以现代农业和文旅融合创富为抓手,鼓励土地适时适度流转,发展壮大集体经济,稳步夯实了共同富裕的物质基础。村每年吸引约30万游客,旅游收入达到1500万元。2021年,雪水港村集体经济收入由2006年的66万元提升到245.69万元,农民人均收入由2006年的8520元提升到41000余元,百户家庭汽车保有量由2006年的20辆提升到212辆。较好呈现了蝶变跃升、均衡富庶的共同富裕图景,彰显了共同富裕产业兴旺之美。

(三)公共文体设施齐全,群众文体生活丰富

以文化共建、村民精神与物质共富为抓手,优化升级文化礼堂、乡村记忆馆等文体基础设施,扩建农村书屋,传承发展民俗文化,不断丰富群众文化生活。2019年7月,改造后的农家书屋与海盐县国家一级图书馆张元济图书馆并网。2021年,建成村百人文化场馆(面积198平方米)、百人体育场地(面积62平方米),公共图书流通量4000余册。村里还组建了传习志愿服务队,广泛开展"百汇雪水"活动,较好呈现了红船领航、自信自强的文明图景,彰显了共同富裕文化繁荣之美。

(四)持续推动乡村能源消费革命,零碳理念深入人心

以生态文明为导向,以"电力升级"工作为抓手,坚持节能优先,全

面提高能源利用效率,实施柴改电、分布式光伏及电力驿站项目,有序推进了终端能源的电气化和低碳化。据测算,雪水港村全村使用电灶后,一年可减少柴火消耗约 8.6 吨,减排硫氧化物 0.36 吨。全村所有住房都安装了低能耗灯具等节能设备,村内道路旁安装了节能路灯和智慧路灯,目前,雪水港村的光伏装机容量已突破 16 兆瓦,年发电量达 1728 万千瓦时,年碳减排 1.66 万吨。较好地呈现了韵味江南、优美古村的美好图景,彰显了共同富裕生态文明之美。

四、经验启示:以党建为引领,突出"生态美",推动"共同富"

(一)坚持党建引领,把党的领导优势转化为基层治理效能

习近平总书记指出:"要强化制度执行力,加强制度执行的监督,切实把我国制度优势转化为治理效能。"基层是社会治理创新最活跃的地带,雪水港村在乡村治理中,充分发挥了党建引领优势,基于全村90 多名党员,采用党员联系户和微网格建设,配齐配强基层党组织班子,健全了党组织领导的"四治融合"的基层治理体系。通过引导全体党员争做"美丽党员"活动,通过村民榜样的示范、乡规民约的约束、文明礼仪的教育,引导村民群众明是非、辨善恶、守诚信、知荣辱,为推进社会治理现代化凝聚起强大的精神力量。

(二)坚持系统思维,把三生融合范式转化为乡村振兴动能

党中央多次提出"绿水青山就是金山银山"、人与自然是生命共同体的理念,倡导发展与生态并重。习近平总书记也多次强调要坚持问题导向,要把专项治理和系统治理、综合治理、依法治理、源头治理结合起来。在全面推进乡村振兴,奔向共同富裕的过程中,生态文明建设是重中之重。乡村是最接近自然生态的地方,也是生态环境破坏现象最常见的地方。雪水港村在推进乡村社会经济发展的同时,坚持生产、生活和生态三生互融互促,及时关停并转高能耗高污染企业,引导

传统农业向现代智慧农业转型，从源头治理开始狠抓环境综合整治，引导村民低碳生活，严守了生态底线，保护了生态自然环境，绘制了美丽乡村画卷，促进了人与自然和谐共生。

（三）坚持乡土中国，把乡土风情元素转化为美丽乡村机能

乡土元素是反映乡村地域特征的符号与素材，是保持乡村乡土特色和传承历史文脉的重要载体，对乡土风貌的延续、地域文化的表达以及乡土情怀的回归具有重要作用。雪水港村在进行人居环境提升和基础设施建设中，充分挖掘本地乡土元素，最大限度保留了浙南民居特色。此外，雪水港村历来是米酒之乡，家家户户都会做米酒，"雪米酒酿制技艺"已是第六批海盐县级非遗项目。2019年后，雪水港村积极复活本村特有的米酒、青团、香囊等农特产品制作，唤醒乡土记忆，活化乡村生活空间，强化乡村意象，丰富了美丽乡村机能。

五、发展建议：进一步促进共富共美乡村的可持续发展

雪水港及周边诸村美丽乡村建设如火如荼，建设进程中也取得了显著成绩，表现在农民增收明显，村容村貌得到明显改善，乡村文旅初步兴起，也吸引了一批人返乡就近就业，均衡富庶、和谐之美、人文之美、生态之美等多幅图景日益凸显，物质富裕、精神富足和生态富民等多项举措也显著增强了村民的幸福感和归属感。但雪水港村发展到今天，也遇到了典型的"三化"现实性问题制约，即与周边诸村建设模式的同质化、村域人口结构老龄化以及要素资源分散化。为此，特提出如下对策建议：

（一）乡村抱团发展以应对建设模式同质化

近年来，随着近郊游、乡村游成为热点，越来越多的村庄试图发展旅游业，以此增加村民的收入，增强村庄的活力。如雪水港以及相邻的丰义村都明确了农旅结合的产业发展方向，也都明确了要完善旅游产业链，尽快完成农旅业相关服务配套设施建设。两个村庄虽然景区

打造略有差异,但自然生态景观相差无几。因此,正所谓鲜花盛开时栽花,建议建立"镇—村"二级协调联动机制,地理位置相邻且发展业态相同的行政村实施抱团发展,共享产业基础设施和基础服务配套,一是避免建设模式同质化引发的重复性建设,二是避免后期可能引发的市场无序竞争。目前,雪水港、丰山和丰义三个相邻村正计划合作开发三村环抱的丰山景区,可以此作为抱团发展旅游业的试点项目,同时明晰各村权责归属,为后期广泛开展抱团发展积累经验。

(二)城乡深度融合以应对人口结构老龄化

近年来,虽然雪水港村美丽乡村建设取得明显成效,节假日年轻人常回家看看的比例日渐增多,但是全村青壮年劳动力流失仍然较严重。同时,人口结构老龄化问题日益突出,目前全村 60 岁以上户籍老人占比接近 70%,乡村建设人力支持后劲明显不足。鉴于老龄化现象是当今社会城乡面临的共性问题,建议进一步深化城乡融合,依据"核心—外围"理论,整体布局应对劳动就业和社会养老问题,核心城市集聚要素吸纳就业,外围农村发展休闲产业和康养产业。

(三)壮大集体经济以应对要素资源分散化

改革开放 40 多年的实践证明,明确农户权益前提下发展壮大集体经济有助于农户增收,也有助于优化二次分配。目前,雪水港土地流转比例较高,但宅基地和农房等资源的闲置率也不低。因此,壮大集体经济,盘活利用乡村闲置宅基地和农房资源,有利于激活集聚农地要素推动产业转型升级,进一步助力生态宜居建设。例如,可以利用闲置宅基地和农房资源发展符合乡村特点的休闲农业、乡村旅游、特色餐饮、民俗文化、创意办公、电子商务等新产业新业态,也可以将分散的农户组织起来参与商品生产、市场交易,有效拓宽农民收入渠道,将农村宅基地改革红利惠及农民、富裕农民。

主要参考文献

[1] 习近平.干在实处　走在前列——推进浙江新发展的思考与实践 [M].北京:中共中央党校出版社,2006:499.

[2] 李静,张兴宇.以乡风文明建设助推乡村振兴[N].光明日报, 2021-04-20(011).

[3] 杨卫军,冯芊芊.乡村建设行动背景下乡村文化建设的困境与对 策[J].河南农业,2021(30):50-55.

[4] 中共中央印发《中国共产党农村基层组织工作条例》[N].人民日 报,2019-01-11(001).

[5] 宋丹,徐笛.国网海盐县供电公司:绿色赋能　助力雪水港村打造 "零碳村落"[N].浙江日报,2021-08-31(10).

[6] 宋丹,朱凯熙,叶加慧.海盐电力:入驻零碳村落　助力"美丽经 济"[N],浙江日报.2021-07-13(011).

作者单位:嘉兴大学

秀洲区油车港镇：
"三生融合"打造均衡富庶发展新典范

朱海萍　　姜智力

摘要：浙江省嘉兴市秀洲区油车港镇始终把人民宜居安居放在首要位置，开展国家城乡融合试点，提升城乡品质，奋力推动生产、生活、生态三者有机融合，形成"三生融合"新格局，产业上做到"特而强"，功能上做到"聚而合"，形态上做到"美而精"，机制上做到"新而活"，实现产城融合发展。油车港镇一手抓经济、一手抓生态，把"三生融合"理念贯穿在每一条道路、每一个项目、每一个村庄之中，优化调整空间格局，合理控制开发强度，根据不同主体功能区的自身功能进行合理定位，促进协调发展，形成产业进步和生态安全的双赢格局。紧紧围绕共同富裕这一主题，抓住长三角地区建设生态绿色一体化发展协调区示范区、国家城乡融合发展试验区先行区及秀水新区"三区"叠加的历史机遇，高质量推进"秀美新区、品质麟湖"建设，奋力打造均衡富庶发展、共同富裕典范标杆镇。

关键词："三生融合"；生态文明建设；高质量发展；共同富裕

一、研究背景：以"三生融合"理念打造均衡富庶发展新典范

"三生融合"是指将工业生产、居民生活、生态环境三者进行有机融合、共同发展，是当前规划学、经济学等多个学科共同研究的重点与

热点。建设新时代美丽城镇,是浙江省委、省政府推进"八八战略"再深化、改革开放的重大部署。嘉兴市秀洲区积极响应省政府号召,出台了《秀洲区建设国家城乡融合发展试验区实施方案(2020—2025年)》,以油车港镇为试点,全面系统地推动城乡融合发展体制机制改革发展,大力推进城乡"三生融合"项目建设。油车港镇地处嘉兴市区北部,位于上海100公里经济圈、杭州湾和环太湖的长三角经济圈中心腹地,全镇境域内下辖有行政村16个、社区4个,区域面积63.3平方公里,其中水域面积占27%,常住人口约9万人,是一座根植于生态湿地中的花园都市。以打造现代化EOD(生态导向的发展)新城为导向,全面推进秀水新城建设,以天鹅湖科学城等平台为核心,推进科创融合、城乡融合,激活嘉兴北部地区,打造浙江北部生态与休闲旅游集散中心。同时,深入推进国家城乡融合发展试验区先行区的样板模范打造,借助区位优势、生态优势和平台优势,以生态"绿芯"集聚创新资源,促进当地经济由"绿水青山"向"金山银山"转化,以生态文明建设为引领实现人与自然的和谐共处、共荣共生,实现了生态效益、经济效益、社会效益兼顾。

二、主要做法:营造"三生融合"的发展环境,助力共同富裕示范区建设

(一)生产"破立并举"推动动能转换,夯实共同富裕的产业基础

油车港镇坚持走以产促城、以城兴产道路,三次产业融合发展,工、农、科、旅齐头并进。

1.工业方面

第一,工业经济扩量提质。油车港镇经济行稳致远,五年来,完成工业投资15.08亿元,规上工业产值、增加值年均分别增长9.6%、9.8%,智能制造、高端健康食品两大主导产业集群规模分别达12亿

元、14亿元，引进明晖智能电气、中威航空等重点工业项目12个。全力打造数字经济新高地，新增数字经济项目101个，数字经济核心制造业增加值年均增长15.9％。项目落地步伐不断加快，亿元以上备案内资工业项目15个，内资新增工业用地备案投资额达15.21亿元。

第二，工业结构加速优化。依托科技企业孵化器，发挥本地经典食品产业创新融合形成的服务综合体带来的平台优势，打造以智能制造、高端食品等优势产业为主流的产业集群，推进规上企业股改，加快工业转型升级。五年来，新项目入库数20个，投资总额44亿元，亿元以上项目开工建设3个。凯佑辉智能制造、伊杉食品、优蕾食品等项目完成主体建设；元和食品、惠源户外、爱礼食品等项目完成综合验收，逐步形成了以数字产业、智能制造、高端食品为主导的"专精特新"产业集群。

2. 农业方面

第一，农业经济稳中求进。探索"村集体经济＋产业项目＋农创客（农业主体）"发展模式，创新建设农业经济开发区，截至2021年底，引进农业项目累计10个，其中合同金额超亿元项目累计7个，涉农总产值6.07亿元。麟湖双创中心项目牢抓数字化改革新机遇，开发数字"浙田码"，稳抓粮食安全与生猪稳产保供，实现粮食播种面积3.3万亩，完成生猪存栏15125头，获评嘉兴市级重点项目红旗奖。

第二，农业生产稳产增效。全面推进农业经济开发区建设，过去五年，成功引进青莲城市智慧牧场等重点项目7个，累计引进农业主体116家，涉农总产值18.08亿元。扎实做好粮食生产功能区保护，严守耕地红线，实现粮食播种面积17.27万亩，建成高标准农田1.9万亩，退"非"还粮7120亩，推广稻渔综合种养面积4075亩。完善农田水利基础设施，王油圩区完成建设，北部湖荡整治及河湖连通工程油车港片区项目基本完工。

3. 科技方面

第一，科创驱动支撑有力。油车港镇以生态裂变引领创新裂变，打造世界级"科创湖区"为建设目标,依托"一城一谷",全面推进天鹅湖未来科学城建设,持续优化提升麟湖智谷、"科创中国"创新基地等平台载体。围绕北京理工大学"两院一园十大研究中心"建设,全面构建高校共研平台,运用科技赋能将企业从初创、孵化、加速、入园等步骤形成完备的体系,带动经济高质增长。

第二,科技创新持发力。五年来,规上工业企业研发经费支出每年递增 30％以上,研发活动覆盖率、研发机构设置率分别达 95.6％、93.3％;最新获得国家高新技术企业认定 23 家,省科技型中小企业认定 61 家。省级企业研究院和市级科技企业孵化器均实现零的突破。

4. 旅游方面

第一,"旅游＋"提质增效凸显。突出一、二、三产联动,完善主导产业招商,加快推进旅游业的发展,通过不断提升产业层次,促进产城融合发展。新增银杏天鹅湖、菱珑湾等旅游项目,建成湿地水乡精品线,创建 2A 级及以上景区村庄 6 个,成功创建省级 3A 级景区镇,过去 5 年接待游客 250 万人次,旅游收入 0.43 亿元。第二,扩容提质服务业内涵。油车港镇结合独特的湿地资源和生态优势,打造麟湖画乡银杏小镇,菱珑湾以秀洲农民画为纽带,融入了糕糕板雕刻技艺、造船技艺等省、市级非物质文化遗产,打造菱珑湾景区村庄文化大 IP。积极引进创新建筑设计、真真老老电商、开元酒店等优质服务业企业,深挖油车港镇文旅资源,打造旅游金名片。

(二)生态"全域秀美"绘就美丽画卷,推进生态文明建设先行示范

油车港镇以打造"秀美新区、品质麟湖"为奋斗目标,加快推进城乡融合、全域美丽,倾力打造颜值与实力兼具、气质与内涵相衬的"都市节点型"美丽城镇。

1. 构建城乡融合发展"新生态"

扎实推进"三五共治""四位一体"长效保洁工作,通过对农村人居

环境进行全面整治,推进建设新时代美丽乡村,成功获评市级乡村振兴示范镇。着力提升城市生活品质,建成了麟栖公园,扮靓了东方路、奥星路等主干道路,引进了中粮、中交、卓越等优质地产项目,成功获评省级美丽城镇样板镇。坚持不懈抓新城建设,主动融入长三角一体化发展,统筹力量建设秀水新城,加快新型城镇化建设,努力形成"一心一带两轴六区多点"的规划格局,打造融接嘉兴市区、产城深度融合的现代化城镇。

2. 绘就生态环境优美"新图景"

油车港镇联手敏实集团打造天鹅湖未来科学城,打通从"绿水青山"的生态价值向"金山银山"的经济价值的转化道路。以自然湖荡生态景观为基底,培育千亿级总部型、科研型新平台,致力建立自然、科学、艺术全方位发展的嘉兴秀水新区未来新地标。全力开展生态环境"大整治、大曝光、大排查"行动,五年来,排查各类环境问题共4415个。打好碧水攻坚战,完成3721户散户、12176台喷水织机清零,建成麟湖等美丽河湖9个,"污水零直排区"创建通过省级验收,交接断面水质考核优秀,出境断面Ⅲ类水占比达100%。高标准落实落细碳达峰碳中和行动,提升绿色发展水平。

3. 厚植人才生态优势"新路径"

围绕"聚才、用才、惠才"的核心要素,充分利用天鹅湖创新人才生态圈、环秀湖人才生态示范带等湖区人才生态创建的策源优势,在体系上深度布局,实现"一区两城三谷多院"的创新,着力制定完善吸引人才、留住人才、服务人才的人才支撑体系。目前,已经引进了全国首个"科创中国"创新基地和北京理工大学"两院一园",十大创新研究中心完成筹建,成功获批省级博士后工作站。同时,建成麟湖智谷人才创新创业服务综合体、秀水院士之家、秀水新区人才之家等人才创新平台10余个。

（三）生活"幸福宜居"打造品质新区，改革促进公共服务优质共享

油车港镇把"宜居"作为城市建设主方向，将生态环境整治、空间视觉整治、市容市貌整治等列为城镇环境综合整治的重点，全力打城乡高度融合的现代化 EOD 新城。

1. 健全"助"民机制体系

持续推进"五大保险"征缴，做到应保尽保。贯彻落实困难群众、残疾人等帮扶政策，巩固脱贫攻坚成果。加大劳动监察力度，做好就业保障服务，有效提高就业率。截至 2021 年底，改造 37 户"三老"人员家庭住房和无障碍设施，完成 13 户危房解危。提高对困难群众、残疾人等弱势群体的帮扶力度，发放各类补助 323 万元。纵深推进"最多跑一次"，迭代升级政务服务未来大厅，全面推进政务服务数字化改革，推行"一窗通办""跨省通办"；持续拓展"互联网＋政务服务"，实现政务 2.0 事项 100％线上受理。

2. 完善"惠"民公共设施

坚持不懈抓民生事业，持续打响"学在油车港"教育品牌，加快推进均衡教育和合作办学，新建 2 所九年一贯制学校和 3 所学前教育点。推动义务教育优质均衡发展，打响"学在油车港"教育品牌。实施"千人千时文化培训工程"，提升群众素养。油车港镇提出以 1 家敬老院为中心，围绕建立 16 家在社区（村）中的居家养老中心，打造医养结合城乡融合的养老服务体系。此外，基于本地现有的及引进的人工智能等先进科学技术，油车港镇构建了线上的家庭医生团队——"麟湖家医"。

3. 夯实"安"民基层治理

完善公平可持续的社会保障，提供稳定充分就业。落实保障性租赁房政策，加大对困难群众、残疾人、退役军人等的帮扶力度。全面落

实"县乡一体、条抓块统",整体智治改革,聚焦"七张问题清单"整改,加快提升整体智治水平。积极探索自治有力、法治有序、德治有效、智治有为的基层社会治理模式,加快四个平台迭代升级试点镇建设,打造社会治理中心;建立健全矛盾纠纷多元调解机制,促进社会环境和谐安定;深化"红马甲"平安大巡防,持续推进"平安三率"、交通安全、电信反诈等专项行动,深化"平安油车港"建设。

三、实践成效:产业兴旺生态美丽生活小康

2021年,油车港地区生产总值从2017年的28亿元增至41.03亿元,完成固定资产投资25.07亿元,同比增长35.9%,增速在全区范围内位列第一;完成规上工业总产值39亿元,同比增长15%;农民人均纯收入从2017年的2.98万元增至4.82万元,年均增长6.2%。五年间,油车港镇先后被评为全国文明镇、国家级生态镇、国家级卫生镇、国家级园林城镇、省级美丽乡村示范乡镇、新时代美丽城镇建设省级样板等称号。

(一)一流产业:打造转型提速的创新发展引领之城

五年来,油车港镇经济行稳致远,共实现地区生产总值172.8亿元,年均增长7.2%;实现财政收入17亿元,年均增长15%;实现固定资产投资92.8亿元,年均增长7.6%。项目引育量质齐升,瞄准智能制造、高端健康食品等打造两大主导产业,完成工业投资15.7亿元;数字经济核心制造业增加值年均增长25.4%。深化"驻点+专业+市场"招商推进机制,坚持招商引资"一号工程",加快高端人才集聚;坚持创新驱动发展战略,依托"科创中国"创新基地,全力打造麟湖智谷创新服务综合体。油车港镇积极营造最优投资环境,聚焦企业需求,紧抓政府数字化转型契机,深入开展"三服务"2.0版。

(二)一流生态:打造幸福美好的城乡融合样板之城

油车港镇被列入长三角地区生态绿色一体化发展协调区示范区,

天鹅湖未来科学城项目引入智慧、安全、绿色的数字化概念，以近5000亩的自然湖荡生态景观为基底呼应，将"产业园""宜居社区""未来科技"三者相结合，建设新型生态未来城市社区，打造国际前沿科学研究引领地、两岸合作台湾科创示范地、长三角总部经济集聚地。勇担国家城乡融合发展试验区先行区责任，系统推进"1＋1＋4＋7"体制机制取得突破，总投资430多亿元的45个城乡融合项目有力推进，建成"美丽乡村"示范精品村4个、优美村庄6个。大力推进钱家桥等9个村全域土地综合整治项目，促进城乡统筹发展。

（三）一流生活：打造共同富裕的民生小康幸福之城

油车港镇打造更完善的社会保障体系，构筑全民免疫屏障；大力实施基本养老、医疗保险全民参保；加强低保低收入和残疾人两项补贴动态管理，建立空巢独居老人"一户一表"和"三色"动态预警管理机制，不断完善社会救助体系；持续开展"暖巢行动2.0版"，提升困难家庭优居环境。教育和养老服务完善，油车港镇加快推进均衡教育和合作办学，建设秀水新城实验学校、马库幼儿园等4所学校，不断擦亮"学在油车港"金名片。

四、经验启示：以"生产、生态、生活"三生融合促共富

坚持"生产、生态、生活"三生融合，油车港全镇一盘棋，通过对全局的系统谋划、各个方面的统筹布局，在以人为核心的理念统领下，打造现代化的基本单元，实现人民拥有幸福美好生活家园的愿望。在实际的过程中不断摸索实现共同富裕的有效途径，总结经验，提出更有效更高效的改革创新举措，奋力开启共同富裕新征程，值得进行总结推广。

（一）产业质效，夯实共富之基

1. 促转型、优结构，全力推动高质量发展

油车港镇结合现有产业分布和区域竞合关系，明确数字服务、"人

工智能＋"、"智慧＋应用"、数字赋能等重点领域,紧盯长三角、放眼全国开展产业与技术搜索,锁定关键产业环节和目标企业、机构,加快编制"招商地图",引进数字经济、人工智能、科技服务等新兴产业,逐步形成了以数字产业、智能制造、高端食品为主导的"专精特新"产业集群。深入践行长三角一体化发展首位战略,打造天鹅湖未来科学城,启用麟湖智谷人才创新创业服务综合体,"科创中国"创新基地顺利落户。

2. 谋项目、搭平台,全力推动高能级拓展

油车港镇始终坚持项目为王,不断完善项目建设保障机制,加快项目落地投产。在项目谋划上提质增量,加快招引华章企业总部、商会总部大厦等项目落地。在项目建设上提标增速,加快推进维亚生物医药项目建设,带动生物制药产业快速发展;加速推进台企创新中心项目建设,打造创新企业总部基地。抢抓长三角一体化发展历史机遇,坚持一把手抓招商,大力开展以商引商、产业链招商,深化"驻点＋专业＋市场"招商推进机制,紧盯数字经济、智能制造等重点领域。

(二)生态裂变,擦亮共富底色

1. 提标准、兼治理,全力厚植绿色优势

联动未来新社区建设以及城乡风貌整治提升工程,全力打造"整体大美、浙江气质"的富春山居图。坚持建设与管理同频共振,强力推进市容环境整治,提升城市精细化管理水平。碳排放碳达峰行动全面推进,单位地区生产总值能耗、碳排放大幅下降,绿色产业发展不断壮大,资源能源利用效率大幅提升。积极推动"五废共治",依托固废数字化平台,提升固废处置能力,织密固废监管网络,严打涉废环境违法行为。创新工业固废集中收集处置点运维模式,改造生活垃圾中转房,筑牢绿色屏障,擦亮生态底色。

2. 点带面、聚合力,全力推进乡村振兴

油车港镇全力打造融合共富新城乡,揭牌成立全国首个城乡融合发展研究院,实施嘉境一号最美公路、现代农业产业园等项目。打好乡村振兴"旅游牌",推动银杏天鹅湖、菱珑湾等景区串点成线,带动周边村庄连线成面,促进农文旅产业融合发展。以开展国家城乡融合试验区建设为契机,盘活全区内的土地资源要素,实施"飞地抱团"项目及低收入家庭帮扶增收计划,创新村庄经营增收模式,支持村成立经营公司,全力助推共同富裕示范区建设。

(三)生活增质,提升共富成色

1. 提标准、促融合,全力推动高水平建设

油车港紧扣交通先行关键,全面构建"四横五纵一外连"全域畅通的综合交通新格局。全面启动秀水新城建设,建成东方路、秀水大道等城镇道路6条,完成古池线、姜油线等农村公路建设102公里,城乡脉络更加舒展。麟栖公园投入使用,茶园路跨北郊河大桥开工建设,基础设施日益完善。全面推进对油车港镇内55个小城镇进行环境综合整治项目,建成马库港、竖头港等绿道8公里,完成环湖路、东方路等亮化3.5公里,获评省小城镇文明行动样板镇,显著提升城市功能品质属性。

2. 解民忧、增福祉,全力推动高品质生活

通过危房改造,改善困难户生活环境,对"老、残、病、灾"等原因导致的贫困户,建立救助制度,每年给予一定补助。增强贫困户持续增收能力,巩固脱贫攻坚成果,通过为低收入农户送"扶贫鸡"等方式,对存有劳动能力,但无致富门路或无致富资金的低收入农户,送技术、帮资金、促就业,增强低收入农户"造血"功能。强化稳就业举措,统筹推进高校毕业生、被征地农民等重点群体就业。

五、发展建议:多措并举强化"三生融合"理念与共同富裕的良性互动性

通过对油车港镇的调研以及对其现有产业结构及生态资源情况

的分析，我们认为油车港镇农旅融合之所以会出现"潮汐"现象，主要是因为目前油车港镇依旧是以观光游览项目为主，旅游产业整体链条布局短，为当地经济效益提升带来的价值有限。此外，部分景观设施不完善，本地特色农产品向旅游产品的转化力度不足，导致旅游项目对当地农业增收的带动能力有限。建议油车港镇结合"三生融合"理念，发展乡村旅游，带动农民从事文化旅游产业开发以增加收入，以农为本、旅游赋能，形成可持续的生态旅游消费体系，提振激发农村集体经济发展活力，不断提升农民幸福感、获得感，实现"强村""富民"同频共振，为实现均衡富庶发展、打造共同富裕模范提供坚强保障。

（一）存在的问题

第一，生态资源综合利用不充分。作为实现农旅融合的先决条件，对生态资源的利用开发程度与深度对能否实现农旅融合具有重大影响。目前问题主要体现在：现阶段当地的优质生态农产品以及各类餐饮娱乐服务的供给能力存在空缺，对产品的增值内容挖掘深度不够，产品价值难以变现。

第二，农村土地利用机制创新不足。作为实现农旅融合的核心要素，农村土地性质及利用建议的政策影响到农村各类土地的性质规划及利用效率。目前问题主要体现在：集体建设用地总量有限且供给不均衡，市内旅游项目的经营性建设用地缺乏合理的规划及相关政策指引，农村闲置宅基地、农民闲置住宅实现改造再利用过程中存在阻碍。

第三，集体经济市场化水平不高。农村集体经济组织是让农村资源和资产流动起来的重要主体，对实现农旅融合、共同富裕具有重大意义。当前陈家坝村和马厍村等因土地征迁等问题，集体经营收入相对较低，经济发展较弱。

（二）对策建议

第一，创建生态产品价值实现机制。通过针对生态农产品的生产周期、品种优势等特性，提供相匹配的政策与资金支持，在保证高质量生态环境的同时,也为农民带来经济效益。还应加强本地品牌建设,凸显出"三生融合"定位下,农村优质生态产品的提质培优、扩产增产,在保质的情况下增加供给。同时政府有关部门需要编制能够科学合理评估农产品价值的生态产品清单,推进生态农产品交易平台搭建以及相关机制体制的建设。

第二,落实农旅融合用地实现机制。依法促进集体经营性建设用地入市。坚持数量有序增加、质量稳步提升的基本观念,配套扩大农业基础设施的使用范围等与实际情况相贴切的措施。同时,保障农民合法宅基地用益物权,通过在政策上对乡村民宿发展的土地供给进行赋能,从而实现以出租、合作等形式将空置的农房资源进行流转使用,促进农村集体经济发展。

第三,创新集体经济发展激励机制。鼓励村激活闲置农房,发展乡村民宿、农家乐等休闲农业,对在精品示范村范围内,符合规划要求,收储并改建农房的,按村投资额给予一定比例的补助。在涉农财政转移支付和乡村旅游上加大资金投入,制定资金统筹使用政策,促进三产融合发展;建设全域旅游示范区。加强顶层设计,统一搭建农旅融合数字化平台,鼓励各区差异化发展。

主要参考文献

[1] 邓小辉,李雪芬."三生"融合式休闲农业旅游产业发展路径研究[J].农业经济,2018(8):25-26.

[2] 胡晓燕.生态环境保护促进共同富裕的理论阐释和实践路径[J].企业经济,2021,40(12):27-34.

[3] 胡承槐,陈思宇.关于共同富裕的若干重大理论和实践问题的思考[J].浙江学刊,2022(1):40-53.

[4] 赖德胜.在高质量发展中促进共同富裕[J].北京工商大学学报(社会科学版),2021,36(6):10-16.

[5] 李涛,刘家明,刘锐,等.基于"生产—生活—生态"适宜性的休闲农业旅游开发[J].经济地理,2016,36(12):169-176.

[6] 沈满洪.生态文明视角下的共同富裕观[J].治理研究,2021,37(5):5-13+2.

[7] 沈甜.融入新发展格局,油车港镇打造"秀美新区 品质麟湖"[N].嘉兴日报,2021-01-27(04).

[8] 张蔚文,卓何佳,麻玉琦.特色小镇融入城市群发展的路径探讨[J].浙江大学学报(人文社会科学版),2018,48(5):177-187.

作者单位:朱海萍,嘉兴大学;姜智力,秀洲区社科联

嘉善县姚庄镇：
答好示范区"联考卷"，走好共富圈"幸福路"

张　莉

摘要：姚庄，一个连接浙江省与上海市的小镇，也是全国统筹城乡发展明星镇、浙江省首批小城市培育试点镇、浙北工业强镇和长三角生态绿色一体化发展示范区中的先行启动区。近年来，姚庄镇全面把握长三角一体化新发展阶段，稳固富民强镇新基础，打造产业融合新高地，走出城乡统筹新路径，描绘人居环境新画卷，构建和谐幸福新家园，努力走好共建共享的共富路。"十三五"期间，全镇地区生产总值年均增速达 10％以上，一般公共预算收入实现翻番，综合实力不断增强。城乡统筹取得显著成效，累计引导 7000 余名农村居民"带地进城"。生态屏障不断筑牢，成功创建国家园林城镇和首批浙江省美丽乡村示范镇，通过全国文明镇、国家卫生镇复评。社会事业全面进步，连续十五年获得市级平安镇称号，被授予平安金鼎。从姚庄镇借势长三角一体化发展东风为共同富裕领跑可以得到相关启示：高质量发展是迈向共同富裕的前提和准备；统筹城乡是通往共同富裕的关键点；生态生产力为续航共同富裕提供动力；民生幸福工程是达成共同富裕的重要抓手。

关键词：美丽乡村；生态绿色发展；高质量发展；共同富裕

姚庄镇坐落于浙江省嘉善县东北部，东连上海市金山区、青浦区，西北临近江苏省吴江区，是浙江省与上海市的连接纽带，也是全国统筹城乡发展明星镇、浙江省小城市培育试点镇、浙北工业强镇和长三角生态绿色一体化发展示范区中的先行启动区。全域面积约 75 平方公里，下辖行政村 18 个、社区居委会 4 个，户籍人口 4 万余人，新居民约 4 万人。近年来，姚庄镇借势长江三角洲区域一体化发展国家战略东风，秉承共同发展、共同富裕的发展理念，奋力谱写领跑共同富裕的新篇章。

一、研究背景：抓住长江三角洲区域一体化发展国家战略机遇走好共富路

（一）国家战略有号召

党的十八大以来，以习近平同志为核心的党中央高度重视实现共同富裕，多次就推进共同富裕作出重要论述。支持"浙江高质量发展建设共同富裕示范区"，是"十四五"规划的重要内容，从国家战略层面正式赋予了浙江率先探索共同富裕之路的制度性重任。2019 年国务院印发的《长江三角洲区域一体化发展规划纲要》和国家发展和改革委员会发布的《长三角生态绿色一体化发展示范区总体方案》，把姚庄镇列为先行启动区，生态绿色是全域 75 平方公里的底色要求，更是姚庄发展改革的题中之义。

（二）统筹发展有基础

嘉兴在实现共同富裕上已有先行探索。2020 年，嘉兴地区生产总值为 5509 亿元，财政收入 1003 亿元，在全国地级市中名列第五；2021 年嘉兴市财政收入 1122.77 亿元，位列全国地级市第七。近年来，嘉善县农民人均可支配收入不断提高，在嘉兴市、浙江省乃至全国都遥遥领先，新的收入增长点主要集中在经营净收入、财产净收入、转移净收入上。2020 年，嘉善县城乡居民收入比为 1.60：1，农村居民人均可支配收入首次突破 4 万元。2020 年，姚庄镇实现地区生产总值 91.24 亿元，同比增长 21%，占嘉善县地区生产总值的 13.9%。

（三）生态环境有改善

姚庄镇深入开展污染防治攻坚专项行动，完成污水零直排区智慧监管平台试点建设。编制并启动太浦河长白荡饮用水水源地保护区生态保护提升项目，退养水产养殖 80 户、面积 1600 余亩。启动北部湖荡和 18 个行政村水系综合整治工程，基本完成全镇 6319 亩规模以上水产养殖户尾水处理，规模以上畜禽养殖实现腾退清零。地表水水质持续位列全市 72 个镇（街道）第一，获得省级"五水共治"工作考核优秀乡镇。深入实施农村环境"全域秀美"整治专项行动，省级卫生村实现全覆盖，7 个村通过全域秀美示范村验收。全镇病媒生物控制水平 B 级创建顺利通过省级验收，生活垃圾分类成为省级示范片区，建成长三角首批生态绿色加油站，荣获首批嘉兴市生态文明建设示范镇。

（四）乡村振兴有成效

姚庄镇深入实施美丽乡村建设和文旅产业发展专项行动，建设景观绿道 12 公里，北鹤村获评浙江省 3A 级景区镇。推进黄桃标准化管理创建，"姚庄黄桃"获得国家农产品地理标志登记证书，高分通过省级特色农业强镇验收。"两线六村一园"项目推进顺利，北鹤村"水上森林"、横港村彩色稻田、丁栅洪字圩景观荷塘成为网红打卡地，2020 年村均集体经济经常性收入 413.65 万元。十多年来，姚庄镇"带地进城"的农户已达 7000 多户，集聚率达到 70％，推动中心镇集聚已见成效。

二、主要做法：多措并举推动高质量发展夯实共富基础

（一）高质量发展，稳固富民强镇新基础

姚庄镇全面把握长三角一体化新发展阶段，推动核心示范建设，用高标准规划蓝图落实首位战略意图，不断提高综合实力和核心竞争

力,打造一批落实首位战略的支撑点、兴奋点、新亮点。始终把经济发展作为中心任务,立足工业经济优势,实现三次产业融合发展,稳固了富民强镇基础。秉持"发展环境就是生产力"理念,严格落实惠企政策,对重点企业实行"一企一策"对口服务,以"全省创首家、示范区作样板"为目标,推动一站式"涉外事务综合体"高效运行,助力打造一体化示范区最优营商环境。打造"五彩姚庄""两线六村"等农旅融合示范点,形成全域风景体系,争创市级乡村振兴示范镇。激发农村发展活力,建立特色农产品产储销一体的农业综合模式,通过建成一批精品民宿酒店、乡村景区,实现农业外延增值,发展绿色低碳循环的美丽经济。增加村集体"两创中心"投资占比,逐步提高集体经济和农民收入。

(二)高科技引领,打造产业融合新高地

姚庄镇始终把产业项目建设作为重要抓手,围绕"2+X"产业发展方向,推动产业集聚发展。着力引进超亿美元项目、20亿元项目和50亿元以上项目。深入实施项目攻坚行动,全力推动一批重点项目备案审批、开工建设、投产入规。加快发展现代服务业,培育壮大姚庄人力资源产业园。聚焦科技人才创新,助推科技成果转化。推动园区要素保障,突出盘活存量,加强"五未土地"整治,加快开发区东扩项目、重点地块征迁拔钉清障。提高农业发展质效,推进现代农业小微产业园建设和高标准农田建设,推进2000亩土地集中流转,实施覆盖全域18个村的土地综合整治项目。建设沿申嘉湖高速高标准农田示范区,改造提升2300亩的智慧生态高标准农田,大力发展黄桃、番茄等特色农业,积极争创省级果蔬特色产业优势区。

(三)高水平均衡,走出城乡统筹新路径

姚庄镇始终把城乡融合发展作为中心工作来抓,努力实现从"小城镇"到"小城市"的转变,构建城乡一体格局。全力打造美丽城镇,综合采用"微更新"、零星改造等方式,实施万泰路区域立面整治,推进桃源新邨等一批小区改造提升，强化"机制建设、项目推进、擦亮底色、氛围营造、短板提升、考核谋划"六项工作，确保美丽城镇 51 个建设项目按时落地，提升集镇承载能力。建设美丽城镇智慧化服务治理平台，通过系统集成、数字赋能，提升治理服务水平。全力优化交通环境，围绕农房集聚区块和工业园区启动五横五纵道路新改建工程，加强对外交通和内部路网的梳理提升，着力解决镇区内丁枫线、东西向道路拥堵问题。全力推进城市更新，保障农房改造集聚有序推进，实施小城市培育新三年行动计划，新建高标准农贸市场，商贸综合体开放运营。实施城市绿道、公园整治再提升工程，逐步构建网、点较为完善的慢行系统。加速乡村建设进程，扩充农村基础设施，做好农村水利补短，加强圩区标准化建设，建设姚庄乐水小镇、横枫泾美丽河道等"碧水绕村、碧水绕镇"项目。

(四)高颜值生态，描绘人居环境新画卷

姚庄镇始终把改善人居环境作为努力方向，强势推进环境整治，持续打好污染防治攻坚战，加强道路、建筑工地扬尘管控，机动车尾气污染管控，生活污染源管控，"六小行业"管控，工业企业深度治理，露天秸秆焚烧管控六大专项管控。强效推进生态修复，深化一体化示范区水、气、固废协同防治，联动实施生态修复工程建设，推进沉香荡清水绿廊建设，与先行启动区五镇共建"蓝色珠链"。全面完成嘉兴市北部湖荡整治，谋划启动北部湿地公园建设和水源保护区生态修复工程，启动嘉善东部水生态修复工程，完成盛家湾生态修复工程，实施"萤火虫回家"计划。建立生态保护网格机制，巩固提升 218 个区块污水零直排建设成果。强力推进全域秀美，全力打造智慧环卫，落实农村生活垃圾智慧化监管，推进生活垃圾分类减量，实现农村生活垃圾收集处理再升级，整建制生活垃圾资源化利用率达到 95% 以上。

(五)高品质生活，构建和谐幸福新家园

姚庄镇始终坚守为民初心，深入践行群众路线，让百姓共享发展成果。通过健全社保体系，推进全民参保基本养老保险、医疗保险。持续推进桃源新邨、丁栅中心社区棚户区改造项目和姚庄片城中村建设改造"棚户区"项目道路工程建设，启动养老中心二期、桃源新邨提升改造等项目建设，深化居家养老服务站改造。进一步健全社会救助体系和残疾人关爱服务体系，升级打造姚庄镇社会工作服务站，确保困难群众基本生活有保障。优化公共服务供给，推动公众健康体验馆实体化运作，提升社区医疗服务水平。打造"文明歌姚"2.0版，以江南非遗文化为核心，开展"十百千万"文化活动，推进新全民健身工程建设，持续增强文化惠民力度。加强社会治理创新，探索"一支队伍管执法"改革，建立基层队伍，集成执法力量，提高执法水平。建立智慧城镇综合管理机制，以党建引领扩大红色物业覆盖面，提升物业服务管理质量。在全镇推行"生态绿色加油站"模式，以"三治积分"的形式，构建起激励引导村民齐心为生态绿色"加油出力"的乡村治理长效机制，在局部区域、关键环节上探索实践生态绿色发展之路。吸收、发展、创新新时代"枫桥经验"，全面推动基层矛盾源头化解，抓紧抓好重点领域安全隐患常态排查整治，严格食品药品和安全生产监管，加强应急物资储备，加强防灾减灾意识能力，维护社会和谐安定。

三、实践成效：姚庄镇绘就全面共富图景

（一）经济建设得到大发展

"十三五"期间，全镇地区生产总值年均增速达10％以上，一般公共预算收入实现翻番，综合实力不断增强。现代农业增量提效，集约化、规模化、品牌化水平不断提高，粮食产量达到稳中有升，农产品线上零售交易额持续高速增长。工业发展成绩亮眼，完成工业固定资产投资152.87亿元，规上工业企业由2015年底的92家增至135家，累计实到外资5.38亿美元。三产服务业稳步发展，规上企业营业收入由2015年底的3.6亿元增至2021年的43.44亿元，年均增速

64.56％，三产累计投入 110.89 亿元，较 2015 年增长了 77.23％。规上亩均产值从 618 万元增至 784 万元，精密机械、电子通信两大主导产业企业从 38 家增至 72 家，规上产值占比提高至 73％以上，2020 年成功培育全县首家单体超百亿企业。科技创新实现跨越发展，高新技术企业累计达到 68 家，省市县级研发中心 49 家；建成院士工作站 1 个，博士后工作站 1 个，共引进高端人才 11 人，规上企业科技研发覆盖面达 83％以上。姚庄经济开发区在省级经济开发区排名从 36 名提升至 29 名，先后获得长三角最强中国制造产业集聚区、全国模范劳动关系和谐工业园区等荣誉。

（二）城乡统筹得到大融合

城乡统筹取得显著成效，累计引导 7000 余农村居民"带地进城"，姚庄医院、电影院等一批民生项目投入使用，小城市培育试点省级考核保持"全优"，并在 2018 年度获全省第一。基础设施大幅改善，完成了西区学苑路、学仕路、河滨路环网贯通、园区纬六路和清凉大道延伸等道路新建和改扩建工程，完成农危桥改造及新建道路配套桥梁 5 座，布局设立新能源汽车租赁点、公共自行车租用点等基础设施工程。乡村振兴深入实施，全域土地综合整治面积 2 万亩以上，整治率 90％，建成 9 个县级美丽乡村特色精品村，桃源渔歌风景线成为省休闲乡村旅游精品线路，"空间集聚"的姚庄模式入选浙江省乡村振兴十大模式。

（三）生态环境得到大提升

姚庄镇生态屏障不断筑牢，太浦河水源地水质达标率 100％，农村生活污水得以全面治理，生活垃圾无害化处理达 100％。城乡面貌全面改善，完成三个集镇环境整治，三改面积 491.82 万平方米，拆违 243.88 万平方米，环境整治获浙江省级样板镇。全镇 18 个村基本实现"四清四化"。截至 2020 年底，全镇农户生活污水治理率达 99％，生猪养殖业转型升级 220 户，拆除猪舍 10.48 万平方米，3 个出境断面水质全部为三类水,城乡生活垃圾全面实现市场化运行和分类处理,全域环境秀美综合整治向纵深挺进,创成国家园林城镇和首批浙江省美丽乡村示范镇,通过全国文明镇、国家卫生镇复评,吸引总投入约50亿元的"五彩姚庄""中国文艺青年小镇"项目入驻姚庄。

（四）干群关系得到大改善

"三治"积分既让村民明白为什么要这样做、这样做的好处在哪里,又让村民最后获得了这样做带来的实惠,得到了村民的最大认同,目前"三治"积分参与率82.81%。村民家庭"三治"积分为生态绿色加油出力,健全了围绕村党组织这一核心,村民议事会、村民代表大会、村民委员会、村务监督委员会和全体村民共同参与的乡村治理机制,要求党员干部多走基层、多访村民,既把党员干部的干劲用在了为村民家庭的服务上,又把村民家庭的生产生活引导到建设生态绿色家园、向往美好生活的正道上来,真正把生态绿色加油站建成了党员干部与村民生产生活相连的"连心站"。

（五）人民生活得到大实惠

社会事业全面进步,省等级幼儿园在园幼儿覆盖面达100%,社区卫生服务站改扩建全面完成;建成"城镇10分钟、农村15分钟公共文化服务圈",智慧书房覆盖3个集镇,礼堂覆盖18个行政村。健全社保体系,完成脱贫攻坚目标任务,建成镇级人力资源市场、残疾人就业辅助中心,打造桃源汇五星级居家养老中心,扩充社会养老机构床位,达到42张/千名老人;城乡基本养老保险参保率98.65%,基本医保参保率99.81%。社会秩序稳定有序,全面深化网格化管理工作,创新"四头"工作法经验,打造"一体两翼三基四联"基层维稳机制,连续15年获得市级平安镇称号,被授予平安金鼎。

四、经验启示与发展建议：答好高质量发展促进共同富裕的"姚庄"示范卷

（一）提升经济指数，在城镇能级上实现大突破

高质量发展是迈向共同富裕的前提和准备。共同富裕美好社会是高质量发展、现代化建设与共同富裕相互促进、螺旋上升的社会形态。实现共同富裕，离不开雄厚的物质基础。物质基础的"蛋糕"不仅要"大"，更要"好"，其关键就是高质量发展。下一步，姚庄镇要继续优化城镇功能布局，以建设商贸综合体、特色精品街，打造生态街景、城市绿地不断丰富城镇业态，优化城镇形态，推进经济、社会、城市、人口、体制五大转型。深化第四轮小城市培育试点，基本完成农房改造集聚，高效推进农民向市民转化，形成工农互促、城乡互补、协调发展、共同繁荣的新型工农城乡关系，率先打造一个有活力有影响力的小城市，着力创造城乡统筹新经验，为实现共同富裕奠定坚实的基础。

（二）提升融合指数，在产业发展上实现大突破

统筹城乡是通往共同富裕的关键点。在全面建成小康社会的道路上，如何突破城乡差距、地区差距、收入差距这三大"拦路虎"，关键靠改革。统筹城乡，实现跨区域、跨城市与农村的共同发展，是通往共同富裕的关键节点。下一步，姚庄镇要高标准建成现代小微农业产业园、高标准农田示范区，保障粮食生产安全，力争农业现代化水平显著提升。构建更具竞争力的科技创新体系，完成传统产业腾退升级，全力打造 G60 科创走廊、制造业链接基地、先行区优势产业集聚样板。五年招引 5 亿元以上项目 20 个，培育 20 亿元以上企业 3 家，规上工业总产值力争三年翻番，实现经济发展新跨越，着力创造城乡统筹新经验。

（三）提升生态指数，在乡村振兴上实现大突破

生态生产力为续航共同富裕提供动力。保护环境、改善生态，生

态力生产的发展既能高效利用资源,也能持续孕育资源,为共同富裕提供源源不断的内生动力。下一步,姚庄镇要继续以建设农村未来社区为方向,大力推进"三改一拆""五水共治""五气共治",深入实施"清三河""河长制",全面剿灭劣V类水河道,全面提升农村人居环境品质。扩展"桃源渔歌"文化张力,打响"五彩姚庄"田园综合体、文艺青年小镇品牌效应,实现美丽乡村全域升级,打造长三角"美丽田园画卷"的示范新窗口,走出平原地区践行"绿水青山就是金山银山"理念的新路子,为实现共同富裕注入澎湃动能。

（四）提升幸福指数,在社会治理上实现大突破

民生幸福工程是达成共同富裕的重要抓手。习近平总书记强调:"我们追求的发展是造福人民的发展,我们追求的富裕是全体人民共同富裕。虽然实现共同富裕要有一个过程,但我们要努力去做、不断推进。"共同富裕是物质与精神的双重富足,是社会主义的本质要求,体现了以人民为中心的根本立场。下一步,姚庄镇要继续以深化"三治融合"为重点,将民生幸福工程作为实现共同富裕的重要抓手。打造"15分钟公共服务圈",多层次社会保障体系更加健全,城乡居民收入水平趋向接近,精神文化生活愈加丰富,社会文明程度显著提升,基层自治、法治、德治、智治治理体系更趋完善,人民群众获得感、幸福感、安全感不断增强,全面建成姚庄幸福宜居新模式,努力走好共建共享的共富路。

作者单位:嘉兴市金融办

第六单元

汇"数智"促共富，激活共富动能

桐乡市乌镇镇：
数字技术赋能共同富裕

李　恒

摘要：乌镇镇在建设共同富裕示范区标杆小镇的过程中，积极利用数字技术的赋能作用，实现"三维一体"共同富裕发展模式：一是数字技术赋能经济发展，通过产业数字化和数字产业化，助推传统经济向数字经济转型，解放生产力的同时发展生产力，为共同富裕提供雄厚的物质基础；二是数字技术赋能社会治理，实现整体智治，持续优化生产关系，推动生产关系不断适应并促进生产力的发展；三是数字技术赋能公共服务，为数字经济发展和数字化治理提供均等普惠的公共服务，让经济社会发展的一系列成果为全民共享。乌镇通过数字技术赋能共同富裕，不仅社会经济实现了跨越式发展，城乡居民可支配收入比缩减到 1.56：1，低于全省和全国平均水平，而且政府治理能力和治理水平有了大幅度提升，建成普惠均等的数字化公共服务体系，实现生产力与生产关系的统一，推动共同富裕螺旋式上升。乌镇利用数字技术赋能共同富裕的"三维一体"模式对浙江省高质量发展建设共同富裕示范区具有重要的指导意义。

关键词：数字技术；高质量发展；共同富裕

一、研究背景：创新推动共同富裕的关键在于数字化改革

（一）政策背景

实现全体人民共同富裕是中国共产党的初心和使命，是社会主义的本质要求。《中共中央关于党的百年奋斗重大成就和历史经验的决议》提出，新时代中国共产党要"全面深化改革开放，促进共同富裕"。《第十四个五年规划和 2035 年远景目标纲要》和《"十四五"数字经济发展规划》（国发〔2021〕29 号）提出，促进数字技术与实体经济深度融合，赋能传统产业转型升级，以数字化转型整体驱动生产方式、生活方式和治理方式变革。2021 年 10 月 18 日，习近平总书记在主持中共十九届中央政治局第三十四次集体学习时指出，充分发挥数字政府作用，提升治理的现代化水平，积极利用新技术对传统产业进行全方位、全链条的改造，发挥数字技术对经济发展的放大、叠加和倍增作用。《中共中央　国务院关于支持浙江高质量发展建设共同富裕示范区的意见》提出，以数字化改革提升治理效能，强化数字赋能，聚焦党政机关整体智治等领域，探索智慧治理新平台、新机制、新模式，保障不同群体更好共享经济发展红利和数字红利。

为加快推进共同富裕示范区建设，浙江省和嘉兴市分别出台了相关实施方案。《浙江高质量发展建设共同富裕示范区实施方案（2021—2025 年）》和《嘉兴深化城乡统筹推动高质量发展建设共同富裕示范区的典范城市行动方案（2021—2025 年）》均明确提出，通过数字化改革推动共同富裕相关体制机制创新，促进有效市场与有为政府的高效结合，深化社会各领域全方位改革，形成先富带后富及推动建立共同富裕的目标体系、工作机制、政策制度和评价指标，获得一系列能够推广复制的经验。在方案中，不仅强调高质量构建以"产业大脑＋未来工厂"为基础的数字经济体系，形成在全球范围具有很强影响

力的数字产业集群，而且强调全面深化数字化改革，以数字化驱动制度重塑，构建与数字变革新环境相适应的生产、生活与治理，同时深入推进公共服务一体化，通过标准化公共服务建设实现服务均等化，缩小城市与乡村之间的公共服务供给差距，构建具有普惠性质的现代化公共服务体系。

（二）实践背景

数字技术在推动实现共同富裕的道路上进行了一系列实践。一方面，数字技术推动传统工业经济升级为数字经济，为共同富裕创造雄厚的物质基础。例如，浙江省"十三五"期间数字经济的核心产业增加值年均增长率达 15.2％，2020 年达 7020 亿元，对 GDP 增长贡献率达 34.9％。另一方面，数字技术推动政府治理方式转型，为共同富裕创造良好的制度环境。浙江省在"十三五"期间通过推进"掌上办事""掌上办公"，超过 80％的政务服务实现"一网通办"，"一图一码一指数"精密智控实现治理数字化。为了更好地将数字技术应用于改革实践，浙江省制定《浙江省数字化改革总体方案》（浙委改发〔2021〕2 号），提出数字化改革的意义不仅是具体的应用场景，而且实现全社会的生产、生活、治理等的方式变革，全方位满足未来各种场景需求。因此，数字技术在实现共同富裕的实践过程中起到关键性作用，一方面通过解放和发展生产力，推动产业数字化和数字产业化，实现经济高质量发展，为共同富裕提供坚实的物质保障；另一方面通过赋能政府治理模式转变，提升政府治理能力，为实现共同富裕提供制度保障，同时围绕教育服务、公共交通、文化旅游、医疗健康等领域，推进公共服务供给创新，实现优质公共服务资源统筹共享和均等化。

二、主要做法："三维一体"实现共富发展

乌镇积极利用数字技术的赋能作用，推动经济发展、社会治理和公共服务等领域全方位与数字技术融合，走出了一条高质量的数

字共富发展路径。

（一）数字技术赋能传统经济转型

1. 数字技术赋能传统产业数字化转型

乌镇镇政府积极推动传统企业拥抱数字技术，推动生产制造、营销模式、服务创新等方面的数字化转型。一是数字技术赋能生产制造转型。亘美集团积极利用数字技术对传统服装制造业进行数字化改造，构建"智慧大脑"，为每件衣服制定最优生产方案；建立工业互联网平台，解决生产过程中的数字化管控问题。二是数字技术赋能营销模式转型。老字号企业三珍斋食品利用数字技术创新营销方式，实现传统食品的个性化私人定制。三是数字技术赋能服务创新。乌镇景区利用数字技术对旅游服务进行改造，实现免费 Wi-Fi 全覆盖、刷脸入园与用餐、车船智慧调度等创新服务，满足海量游客的个性化需求。传统产业数字化转型的典型代表还有聚橙乌镇音乐剧基地、乌镇郎园 art 国际人文艺术村数字演艺创作基地等。同时，乌镇依托"华为＋创新中心"、全球工业互联网大会等平台，举办"智能制造""工业互联网融合创新应用"等主题沙龙活动，推动当地传统企业与数字高科技企业互动交流，加快传统产业的数字化转型。

2. 数字技术实现数字产业化

乌镇积极利用世界互联网大会举办地红利，吸引大量的原生数字企业来乌镇投资兴业，新招引落地原生数字化企业近 1300 家，从"点—链—面"打造数字产业生态，实现数字产业化。一是乌镇大力引进具有代表性的原生数字化企业，为建设数字经济产业链树立典范。如引进福瑞泰克智能驾驶项目，建成国际领先的全自动 SMT、雷达、摄像头、域控制器等生产线，为汽车产业提供智能驾驶解决方案。二是乌镇重视数字经济产业链的打造，围绕智能芯片、智能计算、智能驾驶三大标志性产业链持续进行建链、强链、补链和延链。例如，以智能网联汽车产业为切入点，引进智能网联汽车产业领军企业，构建起智能驾驶产业链。三是乌镇强化围绕百度人工智能、海光生态、航天北斗三大产业园,建设中国电科乌镇基地、华为创新中心、乌镇院士之家三大平台,加快引进与产业链相关的创新互补企业,形成有影响力的数字产业集群,从面上构建数字经济产业生态系统。

(二)数字技术赋能社会治理

1.数字技术赋能整体智治

乌镇通过建设"云享乌镇"城镇大脑,聚焦镇域社会治理智慧化提升,打造了集"一张图、四专题、五系统、百应用"于一体的智慧大脑,实现智慧城镇建设从"有"到"优"跨越,达到"五个一"建设目标,实现整体智治。一是一码关联,全维融合,建立全域空间治理网格。乌镇创新城市码应用,赋予每个空间唯一标识编码,实现空间网格"一位一码",建立三维立体网格,搭建起人、事、物统一的全时空、全属性社会治理网格体系,为精准决策、科学治理提供基础。二是一图可视,全晰治理,搭建"乌镇孪生"城市平台,绘制具有乌镇真实纹理的"孪生城市"三维地图,打造乌镇孪生城市治理平台,全面掌握镇域社会治理整体运行态势。三是一网感知,全局掌控,建设城镇物联管理系统。乌镇实现镇区5G信号全覆盖,构建物联设备综合管理系统,实现水闸、监控、烟感器、无人机、灯杆等物联设备的"互联互通",推动城镇多样化智能终端一网感知、一键管理。四是一湖数据,全时共享,打造城镇综合数据中心。系统梳理城镇治理综合数据,初步实现应急响应、社会治安、市场监管、综合执法等八大类160项数据采集。打破传统架构体系下数据壁垒,突破传统烟囱式信息孤岛,建立统一高效、安全可靠的数据资源共享共治系统,为整体智治提供强有力的数据支撑。五是一体联动,全域协同,优化乌镇管家联动体系。通过建立统一高效的城镇智慧大脑,乌镇实现从传统的经验治理向数据驱动的整体智治模式转变。

2.数字技术赋能多元共治

乌镇坚持共管共治,以群众自治提升整治实效,利用数字技术建立线上线下融合的"乌镇管家联动中心",充分发挥"乌镇管家"数量多、分布广、移动频的特点,动员和发挥民智民力,实现多元共治。通过乌镇管家平台,发动和吸收骨干人员参与基层社会治理,激发乌镇居民的主人翁意识,争做"乌镇管家",管家队伍已从最初的 2600 余人壮大到 4016 人,让基层百姓参与社会治理。管家通过微信平台以照片和语音等形式快速反映问题;联动中心收到相关信息后,将实时转达至各部门处理(24 小时完成,有些事即时即办、最长的在七天内办结);"管家"们可以实时查看反映的问题是否已经处理。截至 2022 年 3 月 20 日,"乌镇管家"共上报各类信息 93324 条,与民生服务相关的信息 77130 条,安全隐患相关信息 4662 条,老百姓矛盾纠纷相关信息 3644 条,其他信息 7888 条,信息处置率达 100%,将各类安全隐患和矛盾及时化解,较好地满足群众的多元化需求。通过"乌镇管家"平台,将传统依赖于政府部门的单一治理模式向"政府+各类群众"的多元治理模式转型,降低治理成本,提升治理效率。

3.数字技术赋能高效善治

乌镇利用数字技术重塑传统治理模式,赋能政府实现全流程、无死角的高效善治。例如,针对 494 家制造类企业安全监管过程中存在部门人力资源有限、全覆盖执法检查时间周期长、检查不及时、发生安全事故隐患、企业频繁配合检查增加企业负担等问题,乌镇利用数字技术建立跨部门多业务协同的"网格+安全监管"的模式,实现"高效协同+智慧监管"目标。上线企业端应用,督促企业全过程纪录安全作业,规范作业流程,实现安全事故可查可追溯的闭环管理,压实主体责任;上线监管端应用,共享部门安全检查信息,接入危化品仓库摄像头、烟感等物联感知设备,实现重点区域的监测预警能力。同时,坚持数字赋能和制度重塑并重,由应急部门牵头,制定作业指导书,明确协同检查事项，加强线下业务交流培训，实现"一员多能"。因此，通过数字技术的赋能作用，重构传统政府治理模式，提升监管效率与效果，达到善治目标。

（三）数字技术赋能公共服务

乌镇积极利用数字技术赋能传统公共服务，实现公共服务的均等、普惠和高效。例如，建立"互联网司法所"，通过构建司法大数据管理系统、建立在线司法服务、设置全天候不打烊法超市、村（社区）实现可视化智能终端机全覆盖等举措，让司法公共服务向移动化、随身化、个性化方向发展，满足全体居民的均衡、普惠司法服务需求。乌镇司法通过建立远程视频调解机制，让各相关方能够实时沟通，帮助各类案件得到快速处理，及时解决广大群的日常矛盾与纠纷。此外，乌镇打造一批智慧康养、智慧交通、智慧医院、智慧校园等应用示范场景[①]，通过数字化实现均衡精准的基本民生保障，高水平实现"幼有所育、学有所教、老有所得、病有所医、老有所养"公共服务目标，基本建成公共卫生、养老照料、体育健身等"15 分钟公共服务圈"。

三、实践成效：全体居民共享数字化成果

（一）数字经济推动经济持续高质量发展

乌镇通过拥抱数字技术，实施数字经济"一号工程"，大力发展数字经济，实现产业数字化和数字产业化，推动经济从传统旅游业单一驱动模式向"数字经济＋现代服务业"的双元驱动模式转变，实现经济高质量发展。乌镇生产总值从 2014 年的 28.4 亿元增加到 2021 年的 90.9 亿元，财政收入从 2014 年的 2.66 亿元，增加到 2021 年的 19.4 亿元（见图 1）。数字经济的快速发展不仅为高质量建设共同富裕标杆小

---

① 例如，2022 年 3 月 26 日，百度公司旗下的"萝卜快跑"自动驾驶出行服务正式落地乌镇，面向居民提供智慧化出行服务。

镇打下坚实的物质基础,而且极大提高了当地居民的收入水平。

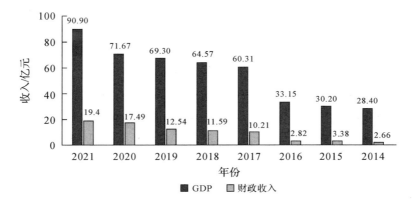

图 1   2014—2021 年乌镇地区生产总值和财政收入统计

注:由于行政区划调整,2017 年 8 月乌镇镇管辖区域新增了龙翔街道及濮院镇所辖的西浜村,2014—2016 年数据为原乌镇镇数据,2017—2021 年为区划调整后的数据,余同。

(二)居民收入稳步增长且收入差距逐步缩小

数字经济吸引了当地居民就业创业,共享发展成果,乌镇居民的人均可支配收入稳步增长,收入差距逐步缩小。统计数据显示,乌镇从 2014 年到 2021 年城镇居民和农村居民可支配收入分别从 23010 元和 41438 元增加到 43709 元和 68153 元(见图 2),分别增加了 64% 和

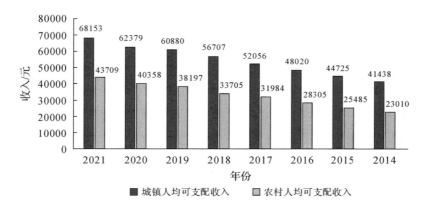

图 2   2014—2021 年乌镇城镇和农村人均可支配收入统计

90%，城乡居民收入比从 1.80 缩减到 1.56（见图 3），分别低于全国（2.50）、浙江省（1.94）和嘉兴市（1.60）的水平。

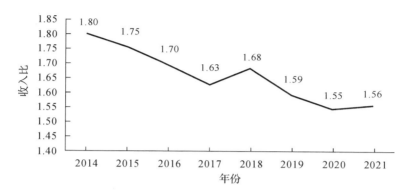

图 3　2014—2021 年乌镇城镇和农村人均可支配收入比

（三）数字化治理实现高效高质智治

通过利用数字技术创新社会治理，实现整体智治，极大提升了治理效率和治理效果，较好地维护了社会稳定和老百姓的利益，提升群众的安全感。统计数据显示，2021 年乌镇刑事警情数相比 2016 年下降 36.4%，生产安全事故起数同比下降 66%，火灾起数同比下降 19%，交通亡人事故数同比下降 47.8%，群众综合安全感达 97.7%。同时乌镇在 2019 年获评首批全国乡村治理示范乡镇，"平安乌镇"建设向纵深推进。

（四）数字公共服务让居民共享普惠服务

通过数字技术创新公共服务供给模式，乌镇初步实现了公共服务的均等化、普惠化和高效化。乌镇在数字公共服务方面取得一系列成果：一是数字网络通信服务的高效全覆盖，满足基础网络接入需求。通过大力发展数字新基建，建成全省首个大型超算中心"乌镇之光"，5G 基站和免费 Wi-Fi 基本覆盖镇区。二是数字政务公共服务的均等普惠。如"互联网司法所"和"未来智慧法庭"，便捷高效地为广大群众提供均衡普惠的公共法律服务。三是数字民生公共服务的普惠高效共享。如乌镇建立智慧养老公共服务平台,居家养老服务实现全覆盖,获评"全国智慧健康养老应用试点示范乡镇";建成全国首个5G＋智慧生态公园和首家互联网医院等创新民生公共服务项目。

四、经验启示:数字化改革是锻造高质量发展促进共同富裕的重要途径

(一)赋能经验:创新数字经济、数字化治理和数字化公共服务

1. 以发展数字经济为根本,为共同富裕夯实物质基础

数字技术作为当前的通用目的技术,其对经济发展的变革是革命性的,不仅能够推动传统产业的数字化转型,实现产业数字化,而且通过持续开发利用数据,实现数字产业化,最终解放和发展生产力。通过发展数字经济,能够高质量地创造更多物质财富,为共同富裕夯实物质基础。

2. 以创新数字化治理为手段,为共同富裕提供制度保障

乌镇以数字化手段推进政府治理全方位、系统性、重塑性变革,通过构建整体高效的政府运行体系实现全域智慧的协同治理,打造整体智治的现代有为政府,推动生产力快速发展。乌镇利用数字技术提升社会治理水平,优化生产关系,为共同富裕提供制度保障。

3. 以均等普惠公共服务为宗旨,为共同富裕压实基础支撑

利用数字技术对公共服务进行改造,实现公共服务的均等、普惠和高效,满足人们的公共需求。数字化普惠公共服务是实现共同富裕的压舱石,不仅实现公共服务的均等化和一体化,而且为社会全体成员提供基础服务,为实现共同富裕提供基础支撑。

(二)赋能机理:数字技术赋能实现生产力和生产关系的统一

数字技术的赋能作用实现生产力和生产关系的统一(见图4)。

"三维一体"共富发展模式，不仅能够解放和发展生产力，而且通过提升社会治理能力，不断优化调整生产关系，实现均衡、普惠和高效的公共服务供给，满足生产力的发展要求。生产力的发展对生产关系提出新的要求，生产关系的不断优化推动生产力的发展，推动互动曲线持续扩张，最终实现更高水平的共同富裕。

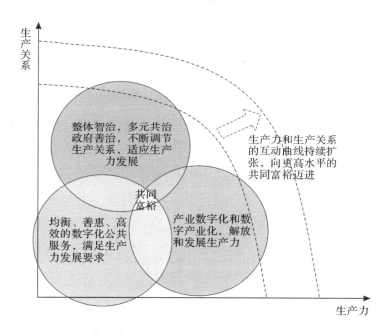

图 4　数字技术"三维一体"赋能共同富裕的内在机理

（三）赋能路径：数字技术赋能共同富裕螺旋式上升

数字技术赋能共同富裕不能一蹴而就，需要基于各地所处环境和拥有的资源情况，先易后难，持续推进，实现共同富裕的螺旋式上升。以乌镇经验为例，在发展数字经济的过程中，最初以传统企业的数字化转型为主，提供配套支持措施，实现产业数字化；随后建立"乌镇互联网创新发展综合试验区"，大力引进原生数字化企业，实现数字产业化。在利用数字技术赋能社会治理的过程中，最初（2015 年）以"乌镇管家"为抓手，实现多元共治；2019 年启动"云享乌镇"平台项目，

2020 年开始全面建设智慧治理平台,建设"云享乌镇"平台。在利用数字技术赋能公共服务的过程中,首先建立数字基础设施,如免费Wi-Fi、5G 网络、超算中心等;其次解决老百姓急需的民生问题,先启动智慧养老服务,然后建设智慧公园,无人驾驶公交车、无人驾驶出租车等数字化公共服务;最后推动政府相关部门公共服务的均等、普惠和高效,如互联网司法所、5G 法庭、乌镇互联网医院等项目。

乌镇利用数字技术赋能共同富裕,实现共同富裕的螺旋式上升(见图 5)。一方面,数字技术向消费和生产领域渗透,解放和发展生产力,推动生产力向更高水平发展;另一方面,高水平的生产力要求生产关系持续优化调整,以便满足高水平的生产力发展需求,为此政府需要利用数字技术的赋能作用,提升治理能力和水平,创新公共服务供给。因此,数字技术推动生产力和生产关系的持续优化与互动,驱动共同富裕螺旋式上升。

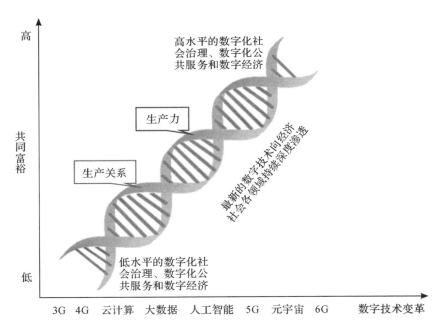

图 5　数字技术赋能共同富裕螺旋式上升

五、发展建议：深化数字改革持续赋能共同富裕

（一）创新平台机制，推动企业数字化转型

乌镇在推动企业数字化转型过程中，需要继续依托"华为＋创新中心"、全球工业互联网大会等平台，举办"智能制造""工业互联网融合创新应用"等系列沙龙活动，推动传统企业通过自建平台或加入第三方平台实现经营模式的数字化转型，提升经营效率。传统企业通过数字化转型，能够在未来的竞争中获得优势，持续扩张，增加就业和税收，为共同富裕创造雄厚的物质财富。

（二）变革治理模式，实现政府治理现代化

各级政府需要统筹应用数字化技术、数字化思维和数字化认知，把数字化、一体化和现代化贯穿于日常行政管理的全过程，实现政府治理现代化。一是善于利用数字工具，提升行政效率、治理效率和治理能力。各级政府需要积极利用各类平台工具，建立一站式的政务公共服务平台，提升整体行政效率，减少群众和企业的跑腿次数，实现"最多跑一次"，乃至"一次都不跑"。二是拥抱互联网，实现与群众的直连互动，利用群众力量实现多元共治。各级政府基于自身资源情况，初级模式可以采用建立微信群组和公众号等形式，条件成熟可以考虑建立类似"云享乌镇"和"乌镇管家"这类平台系统，实时感知并了解群众需求，快速敏捷地提供服务；注重群众中的骨干力量和乡贤力量，解决基层矛盾和问题，实现多元治理。三是注重数据积累，加强数据分析，实现数据驱动的政府服务创新。政府通过分析各类数据，及时发现群众需求，找准工作方向，提升治理效率，满足群众需求。通过政府管理机制和管理模式转型，实现政府治理现代化，不断调整和优化生产关系，为经济发展和共同富裕提供制度保障。

（三）赋能公共服务，满足群众个性化需求

各级政府在加强专项资金投入新建各类公共设施（学校、医院、道

路等)的基础上,需要积极利用数字技术赋能各类公共设施和服务,让其智能化和人性化,更好地满足群众个性化需求。如开发专业医保报销系统,对接各部门相关系统的数据,让群众不出家门也能够实现医保报销;建立低收入人口的大数据库,对他们进行就业能力培训(如通过在线教育系统进行培训),加强与当地企业就业岗位对接,实现从传统的输血扶贫向造血致富转变;利用微信公众号和微信群进行法治教育,禁毒宣传,培养群众的法治意识等。通过利用数字技术的赋能作用,实现公共服务的均衡、普惠和高效,为实现共同富裕提供基础保障。

(四)加强技能培训,提升群众数字化素养

为了让群众更好地使用各类智能设备,掌握各类数字化工具,提升群众的数字化素养,各级政府需要从以下角度加强数字技能培训:一是生产与商业领域的数字技能培训,如对当地中小企业经营者进行工业互联网领域的宣传培训,鼓励经营者尽快推动企业经营模式转型;对基层群众的网络工具培训,培养群众更好地使用电商平台进行经营、利用直播工具带货、利用社交工具直连用户等。二是生活领域的数字技能培训。基层百姓,特别是年龄偏大的居民对各类互联网工具不熟悉,面临数字化障碍;各级政府可以联合志愿者,定时组织居民进行数字化技能培训,培养数字化技能和网络安全意识,包括手机银行的使用、在线医院挂号、在线医保报销等,同时提醒居民注意网络安全,谨防各类网络诈骗。

主要参考文献

[1] 中共中央宣传部,国家发展和改革委员会.习近平经济思想学习纲要[M].北京:人民出版社,学习出版社,2022:121.

[2] 李勇坚.数字经济助力共同富裕的理论逻辑、实现路径与政策建议[J].长安大学学报(社会科学版),2022,24(1):24-34.

［3］欧阳日辉.数字经济促进共同富裕的逻辑、机理与路径[J].长安大学学报(社会科学版),2022,24(1):1-15.

［4］夏杰长,刘诚.数字经济赋能共同富裕:作用路径与政策设计[J].经济与管理研究,2021,42(9):3-13.

［5］李实.共同富裕的目标和实现路径选择[J].经济研究,2021,56(11):4-13.

［6］刘培林,钱滔,黄先海,等.共同富裕的内涵、实现路径与测度方法[J].管理世界,2021,37(8):117-129.

作者单位:嘉兴大学